CAFÉ CORBUSIER
PHILIPP MOHR
EINE REKONSTRUKTION IN BERLIN

e[D]ition Kronzeugen

Danksagung

Ohne die Hilfe unzähliger Personen und Institutionen wären weder dieses Buch noch die Renovierung der Wohnung 258 im Le Corbusier-Haus zustandegekommen.

An erster Stelle ist der **Fondation Le Corbusier** in Paris mit ihrer Direktorin **Brigitte Bouvier** für ihre Hilfe bei der Bereitstellung von Dokumenten und bei weiteren Recherchen zu danken; ebenso gilt mein Dank den Mitarbeitern der Fondation Le Corbusier, darunter **Arnaud Dercelles**, verantwortlich für das Dokumentations- und Recherchezentrum, die Dokumentalistin **Delphine Studer** sowie **Bénédicte Gandini** und **Claudia Weigert**. Weiterhin danke ich: **Uta Raschke** und **Silke Haas** von der VG Bild-Kunst; **Lorraine Auguste** von Les Couleurs® Le Corbusier; **Griff Thomas** von GRANGER; **Frank Schütz** von der Architektursammlung der Berlinischen Galerie; **Tomas Rabara** von PLACART; **Monika Bartzsch**; **Aileen Tomzek** und **Tamina Kletke** vom Landesarchiv Berlin; **Vanessa Casari** vom Landesarchiv Baden-Württemberg; **Anna Carina Popp** und **Prof. Norbert W. Hinterberger**; Alexander Wewerka und **Antje Wewerka** vom Alexander Verlag Berlin; **Natalia Svedlund** und **Henrik Svedlund**, den neuen Besitzern von Apartment 258 in Berlin sowie **Deepak Srinath** und **Nitya Rao** von Phantom Hands in Bengaluru.

Darüber hinaus gilt mein Dank den folgenden Institutionen: dem **Washington-Alexandria Architecture Center der Virginia Tech University**; dem **Institut national de la jeunesse et de l'éducation populaire** (INJEP); der **Cité de l'architecture & du patrimoine** in Paris; dem **Centre national d'art et de culture Georges-Pompidou** in Paris; der **Volksbank Pforzheim**; der **Citi Bank New York**; der **Banco Sabadell Barcelona**; der **Bauhaus-Universität Weimar**; dem **Pratt Institute in New York**; der **Columbia University**; der **Cooper Union in New York**, **TsAO & McKOWN Architects**; **Arquitectonica**; **Archi-Tectonics**; **Fairfax & Sammons**; dem **Architekten Dipl.-Ing. Dieter Freymark**; **Klaus-Jürgen Bauer Architekten**; der **ARGE Rohbau Bundeskanzleramt**; dem **Numéro Magazine**; der **Welt**; dem **Wallpaper Magazine**; **Casabella**; **Abitare**; **ARCH+**, **Bauwelt**; den **Unternehmen Cassina**, **Vitra**, **NEMO Lighting**, **DESIGN WITHIN REACH**, **Les Couleurs®** Le Corbusier, **KEIMFARBEN**, der **Victor Mayer GmbH**, **Plumento Foods**, **ASA Cultural Tours**; den **Architekten, Designern** und **Zeichnern** des **Philipp Mohr Design Studios**: Norberto Victor Pacciani,

Dimitris Tsiakkas, Luca Iacovoni, Daniel Greenfield-Campoverde, Marc Newman, Bryan Raguskus, Andreas Neckritz, Varvara Larionova, Mea Adams, Brandon Steward, Truman Chia, Michael Tishinahay, Hillevi Robertsson, Gary Chung, Roberto Bassi, Birger Dammann, Milton Naula, Yingru Huang, Xavier Climent, Rodrigo Álvarez, Alex F. Azofra, Xavier Springer, David Gonzales, Aimee Mayer, Kerry O'Conor, Carie Mae Rose und Alexis DuPont; **Andrea Nicolò Studio Berlin;** für die Fotografien: **Rainer Gollmer, Martien Mulder, Joe Clark, Didier Gaillard-Hohlweg;** für ihre Übersetzungen: **Francesca Bee;** für die Textbearbeitung: **Detlef Plaisier;** für das Lektorat und Korrektorat: **Marcus Klugmann** und **Katja Karau** sowie den Autoren **Stephen Crafti** und **Le Corbusier.**

Danke auch an: **Pam Kohll, William Grob, Arthur Floss, Joop Schot, John Erik Karkula, Thomas Felbermair, Dave Roemer, Desi Santiago, Elmar Weber, Elvira Münster, Marcus Nitschke, Peter Steinhauer, Cristian Chironi, Anne Schütz, Jochen Hellbeck, Ben Sargent, Tom Tykwer, Erin Silvers, Lisa Bienstock, Stefan Nonnenmacher, Dr. Herbert Mohr-Mayer, Dr. Marcus Mohr, Dr. Daniel Mohr, Manfred Mohr, Estarose Wolfson, Ilse Schenke, Viola Schlumm, Christoph Lampa, Tobias Langanke, Lukas Weichselmann, Kai Schulz, Daniela Rube, Stephan Bultmann, Jeremy Baker, Christoph Sziwek, Laura Sophia Buddensieg, Monica Castiglioni, Hans Helwing, Andreas Vamvakopoulos, Sigrid Liguda, Stephanie Eisenberg, Stephan Giering, Nye Basham, Florence Montmare, Alexa Hoyer, Jean Chandler, Prof. Ruggero Tropeano, Prof. Arthur Rüegg, Prof. Winka Dubbeldam, Prof. Simona Pierini, Prof. Giorgio Grassi, Prof. Peter Eisenman, Prof. Ara H. Merjian, Annabelle Selldorf, Paola Antonelli, John Bennett, Michael Kasiske, Alma Egger, Cora Egger, Chris Heart, Basti Heart, Riccardo Simonetti, Marc Goehring, Gianni Bettucci, Piotr Grzegorz Borzecki, Michael Garvey, Naomi Crafti, Andrea Zurek und Marlies Grönwald.** Vielen Dank auch an alle Mitarbeiter∗innen, Kolleg∗innen, Kund∗innen, Freund∗innen und Bekannten, die mich über die Jahre unterstützt haben.

Philipp Mohr,
Barcelona am 20. April 2021

Reproduktionsrechte

Die Fondation als universale Vermächtnisnehmerin Le Corbusiers ist Inhaberin der Urheber- und Vermögensrechte an allen Werken Le Corbusiers. Jegliche Reproduktion von Bauwerken, Plastiken, Möbeln oder Texten ist nur mit vorheriger Zustimmung der Fondation und der ADAGP (Gesellschaft der Autoren grafischer und plastischer Kunst), die von der Foncation mit der Wahrnehmung geistiger Eigentumsrechte beauftragt wurde, gestattet. Jede Veröffentlichung muss mit der Nennung von ©FLC-ADAGP betitelt werden.

Für alle Bilder des architektonischen und künstlerischen Werks von Le Corbusier liegen alle Bildrechte bei der FLC/ ADAGP.

Weitere Informationen

ADAGP 11, Rue Berryer 75008 Paris, Frankreich
Tel : +33 (0) 1 43 59 09 79
Fax : +33 (0) 1 45 63 44 89
www.adagp.fr
adagp@adagp.fr

Verwertungsgesellschaft
Bild-Kunst Weberstr. 61 D-53113 Bonn
+49 (0)228 - 915 34 61
+49 (0)228 - 915 34 59
www.bildkunst.de

Soweit ein Fotograf nicht ermittelt werden konnte oder der genannte Name fehlerhaft ist, bitten wir den Urheber oder dessen Bevollmächtigten sich mit dem Verlag edition Kronzeugen in Verbindung zu setzen.

Die Farben der Polychromie von
Le Corbusier sind lizensiert durch:

Les Couleurs Suisse
AG MFO Mehrwertfabrik Oerlikon
Affolternstrasse 52
CH-8050 Zurich Switzerland
Tel: +41 (0)44 941 40 12
www.lescouleurs.ch

IMPRESSUM

Erstausgabe im Verlag edition Kronzeugen, Westrhauderfehn.

ISBN 978-3-9821953-6-0

November 2021.

Umschlagabbildung

Außentreppe der Unité d'Habitation „Typ Berlin" von Le Corbusier, 1957.

Fotograf: Didier Gaillard-Hohlweg, 2018.

Grafikdesign: Clémence Kertudo.

Druck: Vanguard Gràfic. S.A., Barcelona, Spanien

Das Werk in allen seinen Teilen ist urheberrechtlich geschützt. In der Europäischen Union gedruckt. Jede Verwertung außerhalb der Grenzen des Urheberrechtsgesetzes ist ohne Zustimmung des Verlages unzulässig. Dies gilt insbesondere für elektronische oder sonstige Vervielfältigung, Übersetzung, Verbreitung und öffentliche Zugänglichmachung.

Bibliografische Information der Deutschen Nationalbibliothek:
Die Dt. Nationalbibliothek verzeichnet diese Publikation in der Dt. Nationalbibliografie. Detaillierte bibliografische Daten sind im Internet über:
http://dnb.d-nb.de abrufbar.

Nichts ist übertragbar ausser Gedanken. Grosse Kunst wird mit einfachen Mitteln gemacht.

Le Corbusier (geb. Charles-Édouard Jeanneret-Gris, 1887-1965), Architekt, Schriftsteller, Künstler.

inhalt

2 Danksagung
4 Impressum
9 Inhalt

STEPHEN CRAFTI

12 Vorwort: Treten Sie ein in Philipp Mohrs liebevolle Restaurierung einer Le Corbusier-Wohnung in Berlin

PHILIPP MOHR

16 Einleitung

27 Café Corbusier
28 Kapitel 1: Ich hab' noch einen Koffer in Berlin
34 Kapitel 2: Die Welt wurde in Berlin erfunden
40 Kapitel 3: Nach Amerika
45 Kapitel 4: Gold und Glanz
50 Kapitel 5: Fabergé? Liberté- Corbusier!
61 Kapitel 6: Im Tigerkäfig
75 Kapitel 7: Alles Betonköpfe
80 Kapitel 8: Die Betonlampe von Lä-Kuh-Vosiäh
81 Kapitel 9: Mein Haus ist (k)ein Corbusier!
84 Kapitel 10: Die (originale?) Wohnung 258
100 Kapitel 11: Die Wiederentdeckung der Farbe
115 Kapitel 12: Betonhimmel über Berlin
128 Kapitel 13: Der runde Turm
130 Kapitel 14: Fahrradwege und Transport
132 Kapitel 15: Ein kalter Krieg
145 Kapitel 16: Rom und die Architektur Europas
148 Kapitel 17: Der Untergang
153 Kapitel 18: Ist es original oder Fauxbusier?
160 Kapitel 19: Ein Café à la Corbusier, bitte!
176 Kapitel 20: Tagträumen und bye bye Berlin

LE CORBUSIER

193 Anhang I: Berlintext: Unités d'Habitation de Grandeur Conforme
208 Anhang II: Pressetext: Wohnhochhaus „Typ Berlin"

216 Philipp Mohr Nachwort
220 Quellen und Bibliografie

▶ **Wohnzimmer und Küche der Wohnung 258 in der Unité d'Habitation „Typ Berlin". Entwürfe:** Charlotte Perriand, Jean Prouvé, Le Corbusier und Philipp Mohr, 1952-58 und 2017. **Fotograf:** Didier Gaillard-Hohlweg.

.01

▶ **Wohnung 258** mit zweigeschossigem Wohnraum und Galerie. Zeichnung von Philipp Mohr nach Plänen von Le Corbusier.

treten sie ein in philipp mohrs liebevolle restaurierung einer le corbusier-wohnung in berlin

STEPHEN CRAFTI, WALLPAPER MAGAZIN

Der in Westdeutschland aufgewachsene Architekt Philipp Mohr fühlte sich schon immer zur Bauhaus-Ästhetik hingezogen, auch als Anfang der 1990er-Jahre viele dieser modernistischen Bauten im Verfall begriffen waren. „Damals fühlte ich mich wie ein Archäologe, der zum ersten Mal die wahre Moderne entdeckte", sagt Mohr, der seine Zeit zwischen seinen Büros in Brooklyn, New York und Berlin teilt.

Als Mohr, der das Glück gehabt hatte, an der Bauhaus-Universität in Weimar zu studieren, in Berlin eine Wohnung kaufen wollte, entdeckte er eine der Le Corbusier-Wohnungen im Unité d'Habitation-Gebäude. „Ich besuchte dieses Gebäude zum ersten Mal 1989 als Teenager", erzählt er. Nur einen Steinwurf vom Olympiastadion von 1936 entfernt und angrenzend an das Waldschutzgebiet Grunewald, war Mohr erfreut zu sehen, dass sich der damals baufällige Wohnblock nun deutlich dem Le Corbusier-Design annähert, zumindest was das Äußere des Gebäudes und das öffentliche Foyer betrifft. „Meines Wissens war keine der Inneneinrichtungen der Wohnungen jemals von Le Corbusier selbst realisiert worden. Aber ich hatte immer den starken Drang, eines dieser wichtigen Interieurs so zu sehen, wie es Le Corbusier gemacht hätte", sagt Mohr, der eine der bescheidenen zweistöckigen Einheiten gekauft hat.

„**Es gab buchstäblich nichts** in der Wohnung, das die Handschrift von Le Corbusier trug. Sie ähnelte vielen anderen modernen Sozialwohnungen, die man in Berlin findet", fügt er hinzu. „Le Corbusier stieß auf Ablehnung bei den Planungsbehörden und den örtlichen Architekten, die dieses Projekt ausführten". Mohrs Recherchen führten ihn nach Frankreich, er mietete eine Wohnung in der Unite d'Habitation in Marseille, nahm an Führungen teil und besuchte so viele der benachbarten Wohnungen wie möglich. Es folgten Besuche bei Spezialisten, darunter Historiker sowie Kunst- und Möbelhändler, die sich mit Le Corbusiers Nachlass beschäftigen. Als der Architekt nach Berlin zurückkehrte, nachdem er fast alles gelesen hatte, was über Le Corbusier geschrieben wurde, begann die physische Arbeit an seinem neu erworbenen Domizil. Im Internet stieß er auf zwei Originalstücke aus dem Gebäude in Marseille, einen Küchentresen und einen Teil einer Treppe.

Es folgten Lampen, Stühle und Tische (Re-Edition von Cassina), denn es sollte nachgebaut werden, wie es Le Corbusier geplant hatte. Diejenigen, die das Glück hatten, diese bemerkenswerte Verwandlung zu sehen, einschließlich dieses Autors (als ich mit einer Gruppe Australier diese Wohnung im Rahmen einer Tour besuchte), waren absolut sprachlos. Obwohl doch bescheiden in seinem Umfang, ist es eine große Freude zu sehen, dass das, was Le Corbusier in den 1950er Jahren hätte verwirklichen können, nun in Erfüllung gegangen ist. Die Berliner Wohnung ist wie eine Reise in die Vergangenheit, mit einer von Le Corbusier entworfenen Originalküche (wenn auch aus Marseille), einer üppigen Farbpalette und Details, die den Meister auszeichnen, sowie einer entzückenden skulpturalen „Chaise", die in die Seite einer Duschkabine geschnitzt wurde. „Ich habe die Treppe nach den Originalplänen, die nie realisiert wurden, wieder aufgebaut", sagt Mohr, der die Wohnung zum Glück an einen Le Corbusier-Kenner verkaufte, der sogar jedes einzelne Möbelstück erwarb. Mohr fügt hinzu: „Le Corbusier hat mit einfachen und preiswerten Mitteln einen sehr hohen und demokratischen Lebensstandard für alle geschaffen. Ich fühle mich glücklich, Teil dieses Prozesses gewesen zu sein."

▶ **Offenes Erdgeschoss** der Unité d'Habitation „Typ Berlin" mit Außentreppe und Betonpfeilern nach Plänen von Le Corbusier von 1956.
Fotograf: Didier Gaillard-Hohlweg.

.02 Einleitung

▸ **Das 25 Meter lange Diorama der „Modernen Stadt von drei Millionen Einwohnern"** mit 50 Meter hohen Wohnhochhäusern, ausgestellt von Le Corbusier und Pierre Jeanneret im Grand Palais in der Pariser Herbstausstellung von 1922. Geschäftszentrum, öffentliche Grünanlagen und Wohnviertel. **Quelle:** FLC L3(20)1.

PHILIPP MOHR

Die Kodierung der neuen Welt

Le Corbusier, den kennt eigentlich jede und jeder : „Corbusier, das sind doch diese schwarzen Würfelsessel aus feinem Leder mit verchromten Stahlröhren im Wartezimmer eines Hausarztes." Diese Sessel sehen schön und elitär aus, beruhigend und versichernd. Und das Wort Corbusier klingt ja auch schön französisch und abgehoben. Man spricht es einfach fast so aus wie das Wort „Kubus": KUBU-sier.

Einleitend ist es mir wichtig, den Eindruck zu korrigieren, dass hier nochmals ein großes neues Le Corbusier-Buch vorgelegt wird. Meine Erzählung ist vielmehr eine sehr persönliche Überlegung, warum es in Berlin gar kein echtes Gebäude des großen modernen Architekten Le Corbusier gibt, obwohl man in Deutschland doch so begeistert von der Moderne ist. Es war mir wichtig, meine eigene Autobiografie und meine Erfahrung mit diesem Thema zu verbinden. Es ist eine Geschichte, die sich nicht nur um den Verlust von Architektur, sondern auch um den Verlust von Kultur und Identität dreht. Daher haben wir auch den Buchtitel *CAFÉ CORBUSIER, eine Rekonstruktion in Berlin* gewählt. Dieser Titel ist mit Absicht etwas geheimnisvoll. Hatte der französische Architekt Le Corbusier wirklich für Berlin ein elegantes Café-Bistro entworfen? Sollen sich Leserinnen und Leser zuhause einen Milchkaffee zubereiten, um sich auf der Couch von leichter Lesekost beduseln zu lassen? Oder schaut man sich vielleicht gerade ein schön gedrucktes Kaffeetisch-Bilderbuch an? Vielleicht ein wenig von jedem. Doch die plakativen Buchstaben auf dem Titelfoto weisen auf einen komplexeren und tiefgründigeren Inhalt hin. Die französische Künstlerin Clémence Kertudo hat den Inhalt des Buches grafisch interpretiert und umgesetzt. Die monumentalen Fotos des Franzosen Didier Gaillard-Hohlweg bilden den visuellen Hintergrund für den Buchumschlag und den gesamten Text. Nicht zuletzt bin ich dem Verleger Detlef Plaisier dankbar, der mich als Debut-Autor beim Schreiben und Veröffentlichen dieses Buches unterstützt hat.

Eine Fragestellung dieses Buches ist, warum die moderne Kultur scheinbar auf vereinfachte Kodierungen und geometrische Formen reduziert wurde. Einfache Formen, die mal schöner, mal hässlicher, mal mit viel Inhalt und manchmal komplett ohne Bedeutung, leer und ohne Qualitäten sind.

Das ursprüngliche Design von Le Corbusier für die 530 Berliner Wohnungen war vom damaligen Bauteam total verhunzt worden. In den letzten 60 Jahren haben sich ganze Scharen von Architekten und Hobbydesignern daran gemacht, diese Wohnungen irgendwie zu renovieren und umzugestalten. Tausendschaften von Architektur-Enthusiasten haben sich mit der Architektur dieses Gebäudes auseinandergesetzt. Ich bin bislang der einzige Designer, der Interesse daran hatte, die originalen Zeichnungen Le Corbusiers in den Pariser Archiven zusammenzusuchen und dann in Innenarchitektur umzusetzen. Das macht mich sehr nachdenklich. Ich bin mir sicher, dass mein internationaler Lebenslauf, mein Hintergrund als Trauma-Überlebender und mein nicht-heteronormativer Lebensstil sehr viel damit zu tun haben, dass ich mich so sehr von den deutschen Designern unterscheide. Ich bin einerseits sehr anders und dennoch unheimlich germanisch. Auch wenn ich heute komplett anders denke, sehe, spreche und schreibe, kann ich das Denken der Deutschen dennoch gut nachvollziehen. Ich hoffe, dass sich auch Menschen, die sich mit Architektur, Literatur oder Geschichte

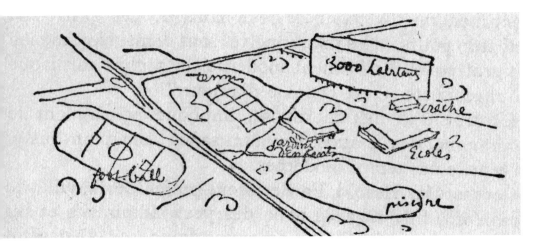

▶ **Le Corbusier und Pierre Jeanneret:** Wohnhochhaus für 3000 Einwohner, Schule, Tennis- und Fußballplatz, Schwimmbad, Kindergarten, Parkanlage und Verkehrsverbindung. **Quelle:** Le Corbusier: *Quand les cathédrales étaient blanches*, Paris, Librairie Plon, 1937, Seite 272.

nicht gut auskennen, für mein Thema und meine Darstellungsweise interessieren werden. Wir veröffentlichen hier im Buch einige historische Texte, Modelle, Zeichnungen zum ersten Mal. Ich bin begeistert, den bisher unveröffentlichten Berlintext von Le Corbusier als Weltpremiere vorstellen zu dürfen. Die Fondation Le Corbusier in Paris war über alle Maßen hilfsbereit, mir die Rechte zu diesen Materialien zur Verfügung zu stellen. Auch hier stelle ich mir wieder die Frage, warum niemand zuvor auf die Idee kam, diese Quellen auszuwerten und zu veröffentlichen. Immerhin handelt es sich bei dem Hochhaus in Berlin um eine Ikone der modernen Architektur, ein wegweisendes Gebäude, das als Grundlage fast aller Nachkriegsarchitektur gilt, ein epochemachendes Gebäude. Und noch extremer: Die allgemeinen Akzeptanz des Minimalismus als Stilmittel in allen Ecken der Erde und allen Ebenen der Gesellschaft hat mit diesem Betongebäude etwas zu tun. Gleichzeitig ist so wenig über diese Architektur bekannt, nur wenige der Unterlagen wurden bisher publiziert. Die Gründe dazu scheinen alle auf dieselbe Zeitperiode hinzuweisen, nämlich auf einen blinden Fleck in der Geschichte, auf ein Tabuthema und eine wunde Stelle, die sich als Dreh- und Angelpunkt unserer gegenwärtigen globalen Weltanschauung entpuppt. Es ist ein schwieriges Thema, zuweilen traurig und unglaublich spannend.

Le Corbusier war einmal der bekannteste Architekt der Welt. Das heißt er war es gleich mehrere Male in verschiedenen Epochen des zwanzigsten Jahrhunderts, und das lange, bevor es überhaupt Stararchitekten gab. Er war der erste globale Stararchitekt überhaupt. Im Zeitalter immer neuer Massenmedien und der aufkommenden Vergötterung von Prominenten wusste er geschickt alle verfügbaren Mittel zu nutzen, um sich selbst und seine Ideen in aller Welt bekannt zu machen. Es gibt in der heutigen Zeit nur wenige Visionäre, die unsere Realität und unser kollektives Bewusstsein genauso umgeworfen und geprägt haben. Viele Techniker und Wissenschaftler haben mit ihrer Grundlagenforschung zu diesen großen Veränderungen beigetragen. Die Visionäre, an die ich denke, haben den ideellen Code für die Gegenwart geschrieben, den Code, nach dem unser Zeitgeist programmiert ist. Le Corbusier schrieb den architektonischen Formencode, den bis heute noch alle Architekten verwenden. Ein anderes bedeutendes Beispiel ist Steve Jobs von Apple. Er schrieb den Code für unsere alltägliche digitale Welt und darüber hinaus auch für die physischen Formate und Funktionen, nach denen sich unsere gesamte moderne Kommunikation richtet. Beide hatten denselben Grundgedanken: Wie kann es sein, dass die alltäglichen Gebrauchsgegenstände so stark vereinfacht sind, dass sie überall auf der Welt ohne Gebrauchsanleitung zu benutzen und zu verstehen sind? Wie kann es sein, dass diese Gegenstände so billig produziert werden können und so schlicht designt sind, dass sie allen Menschen rund um den Globus gefallen? Und warum sind dagegen manche andere Dinge so veraltet und kompliziert, dass sie nur von einer Elite verstanden und genutzt werden können? Corbusier zog den Vergleich zwischen einem schneidig designten Auto und der der klassizistischen Wohnhausvilla. Bei Jobs war es die Linie zwischen der elektrischen Kaffeemaschine, die man kinderleicht mit nur einem Knopfdruck bedienen kann, zum komplexen Computer. Wie schafft man es mit allen vorhandenen Mitteln, die Gebrauchsgegenstände und die Immobilien der Elite für jedermann zugänglich zu machen? Wie kann ein Haus für jedermann so einfach und günstig gebaut werden wie ein seriell hergestelltes preiswertes Auto, und wie kann ein Computer so einfach bedient werden wie ein Küchengerät? Das ist die logische Entwicklung in der modernen Gesellschaft, in der jeder gleichberechtigt ist, wo auch das schwächste Glied noch etwas zählt, und der kleinste gemeinsame Nenner regiert. Die Elite kann in der modernen Welt sprichwörtlich zuhause bleiben. Und dort kann sie heute mit einem Finger auf den einen Knopf ihres Handys oder ihrer Nespresso-Maschine drücken, genauso gleichberechtigt wie der gewöhnlich Mensch eben auch.

Die Visionen Le Corbusiers sind aber so genial und vielfältig, dass sie bis heute noch nicht komplett verstanden und umgesetzt werden konnten. 1958 entwarf er eine Neuplanung für Berlins kriegszerstörte Innenstadt. Er verbannte die Autos fast komplett in Tunnels und Parkhäuser und schlug eine weitläufige autofreie Zone vor, noch lange, bevor es überhaupt einen Begriff „verkehrsberuhigte Innenstadt" gab. Er sagte in Berlin: „Der Fußgänger muss sein verlorenes Königreich wiedererhalten und Herr der Innenstadt sein. Das Automobil ist keine Göttin, das Automobil ist eine Dienerin." Corbusier sah eine ästhetische Stadt vor sich, die so einfach zu verstehen und zu benutzen ist wie ein iPhone. Die Berliner Stadtplanung begreift Corbusier als dreidimensional. Er schlägt eine künstlerische Komposition mit niedrigen und wenigen hohen Gebäuden vor, an denen sich der Fußgänger immer einfach orientieren kann. Ausgangspunkte für die gesamte Gestaltung dieser

▶ **Le Corbusier:** Modell einer L-förmigen Maisonettewohnung, die in das Betonskelett des Hochhauses hineingesteckt wird. **b** = Zweigeschossiger Wohnraum, **c** = Balkon. **Quelle:** FLC.

1. Gerosa, Pier Giorgio: Le Corbusier. Urbanisme et Mobilité. Basel: Birkhäuser, 1978, S.195.

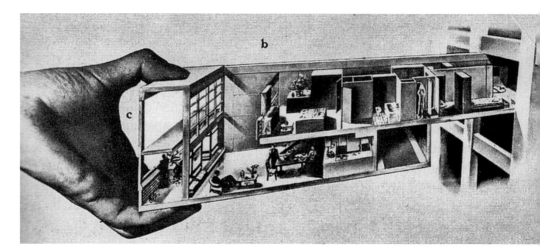

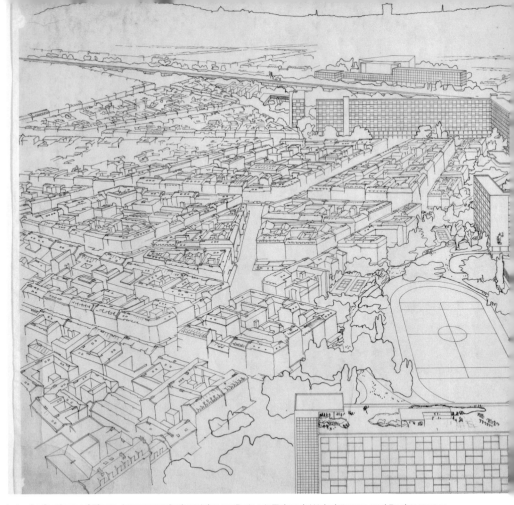

▶ **Le Corbusier und Pierre Jeanneret:** Sadtansicht von Paris mit Zickzack-Wohnhäusern und Dachterrassen. Unrealisierter Plan für Paris von 1930: La Ville Radieuse - Die Strahlend Stadt. **Quelle:** FLC.

Idealstadt ist immer der Mensch und eine Standardwohnung, eine sehr großräumige „Zelle", die allen Menschen die gleichen Grundlagen und idealen Voraussetzungen zum Leben bietet, für jeden erschwinglich, bestens ausgestattet, modern, modulierbar und hygienisch durchlüftet, perfektioniert wie ein Produkt von Apple. Finanziert, organisiert und verwaltet wird diese Idealstadt gesamtheitlich vom Staat mit seiner jeweilig vorherrschenden politischen Regierungsform. Welche Politik herrscht, sei ihm egal, solange der Staat möglichst viel Kontrolle über die Gesellschaft hat, so Corbusier.

Beim Vergleich der gebauten Umwelt in Berlin mit Le Corbusiers Katalog moderner Bauformen kommt man aus dem Staunen nicht heraus. Es scheint, als seien Corbusiers Architekturzeichnungen im Nachhinein von anderen Architekten an jeder Ecke der Stadt umgesetzt worden, manchmal schlechter und manchmal sogar auch besser. Nur er selbst kam als Architekt nicht dazu, seine Visionen in Berlin umzusetzen. Ich meine: Insgesamt ist eine trostlose Stadtlandschaft in Berlin entstanden, denn es mangelt überall an Qualität und Nutzbarkeit. Mit den Planungen der fünfziger bis neunziger Jahre muss man sich heute leider zufriedengeben. Die wiedervereinigte Stadt sieht jetzt so aus, wie sie eben aussieht. Kann man hier überhaupt noch von einem Stil sprechen? Die Frage bleibt offen, welcher Stilbegriff die gesamte Architekturepoche in Berlin Ost und West nach 1945 abdeckt. Ist es Nachkriegsmoderne oder zusammenfassend der Stil Corbusier? Denkwürdig ist, dass dieser moderne Architekturstil im Unterschied dazu in der Innenstadt von Paris bis heute fast gar keine sichtbaren Spuren hinterlassen hat.

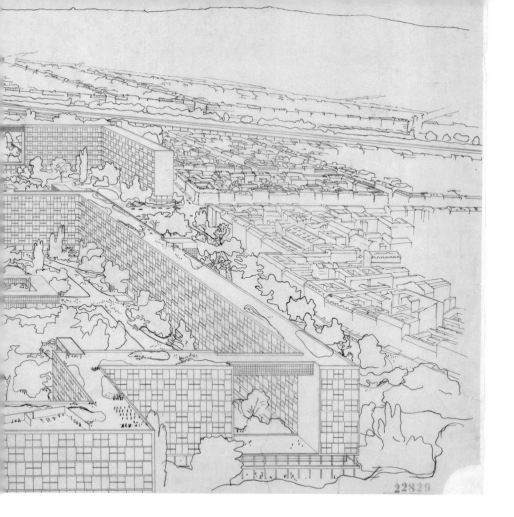

Kultur ist der große Überbegriff für alles das, was unsere sichtbare und unsichtbare menschengemachte Umwelt prägt. Wenige mutige Visionäre mit großen Ambitionen und großem Einfluss haben diese tatsächlich in ihre jeweiligen Bahnen gelenkt. Niemand hat es so verstanden wie Le Corbusier, die klassische dekorative Designwelt des *Ancien Régime*, der „guten alten Welt" so vernichtend zu kritisieren und dann zu revolutionieren. Mit dem Resultat, dass bis heute niemand mehr ernsthaft im Stande ist, irgendetwas anderes zu entwerfen als das, was man zusammenfassend als minimalistisch oder eben modern beschreiben könnte. Wir haben heute eine Welt ohne Ornamente akzeptiert. Das Ornament gilt sogar flächendeckend als *das* Tabu der modernen Industriegesellschaft. Ein mehr oder weniger sichtbares Ornament in Form eines Tattoos am eigenen Körper ist heute für einige das individuellste Statement, um gegen dieses ungeschriebene Gesetz zu rebellieren. Schon im Jahr 1908 waren die Gefängnis-Tattoos österreichischer Verbrecher das Hauptargument gegen Ornamente schlechthin, nachzulesen in dem epochemachende Referat „Ornament und Verbrechen" des modernen Architekten Adolf Loos. Diese Kampfschrift der Moderne wurde oft anders und falsch zitiert, nämlich als „Ornament ist Verbrechen." Aber warum war ausgerechnet der einflussreiche Architekt ein Kenner von Wiener Gefängnissen und deren tätowierten kriminellen Insassen?

Le Corbusier hat einen Weltkrieg später durch seine Buchveröffentlichung *Vers une architecture* (1923) und seiner *Modernen Stadt von drei Millionen Einwohnern* (1922) die gesamte Architektur- und Designwelt davon überzeugt, dass es keinen Sinn mehr mache, traditionelle Architektur zu entwerfen. Dabei muss man ehrlich eingestehen, dass es für beide Architekten (Loos und Le Corbusier) viele Vorgänger gab, ebenso wie für Steve Jobs und alle anderen große Visionäre und Propheten. Was jedoch zählt, ist allein der Einfluss der jeweiligen Person auf ihre Zeitgenossen sowie die Schlagkraft der Argumente und der jeweiligen Umsetzung. Der architektonische Brutalismus ist Le Corbusiers Antwort darauf, wie brutal der Mensch und seine gar nicht ganz so heile Welt sind. Schönheit und Gewalt dulden einander nicht. Doch Brutalität ist unheimlich und schön zugleich. In der Architektur ist dies in Berlin im Jahr 1958 in Form des sogenannten Corbusierhauses ausgedrückt, vis-à-vis Hitlers Olympiastadion von 1936. Das Wohngebäude wird auch Wohneinheit, Wohnmaschine, Wohnwabe, Unité d'Habitation „Typ Berlin" oder Cité radieuse genannt, komplett gebaut aus Sichtbeton. Oder wie Le Corbusier es erfinderisch nannte: *béton brut.*

Einer der größten Visionäre, der alle Fragen des modernen Lebens scheinbar perfekt und verführerisch gelöst an seine Landsleute vermarktet hat, war Adolf Hitler gewesen. Bis heute hat sich die Welt nicht von seiner *Gleichschaltung* erholt. Steckt das „Gleichmachen" und das Homogene bis heute in jedem Detail unserer globalisierten Realität? Hier beginnt auch meine schwere und schmerzliche Forschungsarbeit zu dem Thema Corbusier in Berlin.

Le Corbusier synthetisierte die Probleme der modernen Maschinengesellschaft und präsentierte die Lösungen in Form von standardisierter Architektur, Städtebau und schöner Innenarchitektur. Das Heil der Welt entstand in seinen Augen durch Maschinen, die dem Menschen dienen und ihn in einen höheren Lebensstandard und ein glücklicheres Zuhause katapultieren sollen; ganz so, wie es der amerikanische Traum und dessen Visionär Henry Ford, aber zeitgleich auch die Ideologie des Kommunismus versprachen. Ein faustischer Pakt also mit dem neuen Geist der Maschine. Nicht nur sprachlich liegen das „Heil" der modernen Welt, das „Sieg Heil!" und das „Heil Hitler!" nah beieinander. Hitler und die anderen faschistischen Führer des 20. Jahrhunderts waren, jeder für sich, ein heilbringender „Heiland", ein Erlöser von dem Bösen und Verbrecherischen.

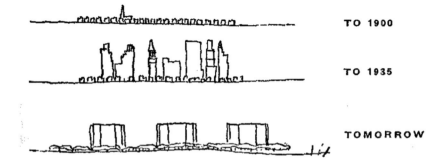

▸ **Le Corbusier und Pierre Jeanneret:** Die Form der Stadt von 1900, von 1935 und in der Zukunft. **Quelle:** Le Corbusier: *Quand les cathédrales étaient blanches*, Paris, Librairie Flon, 1937, Seite 272.

Der Minimalismus hat aber auch sein eigenes spirituelles Innenleben, eigene unzerstörbare Ursprünge und archaische Bedeutungen. Der älteste mystische Minimalismus entspringt dem afrikanischen Kontinent in Form von Pyramiden, die aus einfachen und perfekten Dreiecken geformt sind. Reine Geometrie! Abstrakter und minimalistischer kann man kaum noch werden. Und haben die geometrischen afrikanischen Masken nicht auch den Kubismus Pablo Picassos inspiriert? Hat nicht auch Japan eine erstaunlich minimalistische Kultur? Und das erste Gebot des Propheten Moses in der Tora ist eindeutig ein Aufruf zu Minimalismus und Abstraktion: „Du sollst dir kein Gottesbild machen und keine Darstellung von irgendetwas am Himmel droben, auf der Erde unten oder im Wasser unter der Erde."[2] Dies ist ganz unmissverständlich ein Gebot, nur abstrakt zu gestalten und zu bauen, ohne figürliche Darstellung. Kultur ganz ohne Realismus, übrigens auch laut Altem Testament, denn der Purismus der Protestanten fußt ebenfalls darauf. Die gesamte islamische Baukultur basiert ebenfalls auf demselben Gebot. Für einige Jahrhunderte gab es im Islam keine Bilder und Skulpturen, sondern nur sehr abstrakte geometrische Zeichen und Symbole. In der islamischen Architektur, auf Teppichen und in der Schrift, ist alles wunderbar geometrisch und abstrakt. Mystisch. Corbusier sah das alles direkt vor Augen auf seinen Reisen in den Orient, ebenso wie die rechteckigen weißen Gebäude überall im Mittelmeerraum. Noch viel früher fielen ihm die abstrakten Details der gotischen Kathedralen auf, die ja von islamischer Architektur inspiriert waren. Abstrakte Darstellung und Schrift fördern abstraktes Denken.

Der jüdische Berliner Architekturtheoretiker Julius Posener deutet nach dem Krieg auf Hitler, um ausgerechnet zwischen ihm und Le Corbusier einige entscheidende Gemeinsamkeiten aufzuzeigen. Er nennt Hitler und Corbusier zynisch „große Vereinfacher", die beide auf ihre Weise die komplexen Probleme vereinfachend auf den Punkt brachten[3]. Mit einfachen Formen, Parolen und Bedeutungen, und mit einem eigenen Glauben und einer neuen Mystik. Posener sagt weiter über Corbusier: „Und etwas anderes verbindet ihn mit Hitler, seinen übermäßigen Geschmack für die leidenschaftliche und schnelle Verbreitung von Ideen."[4]

Ausgerechnet Adolf Hitler und Le Corbusier miteinander zu vergleichen, scheint genauso absurd, wie Kommunismus mit Faschismus gleichzusetzen oder parlamentarische Demokratie als Diktatur zu beschimpfen. Politik und Architektur, Kultur und Politik, Kunst und Politik sollen doch bitte nichts miteinander zu tun haben! Kultur soll doch für alle da sein, neutral sein, lieb sein, schön sein! Kultur soll doch bitte auch schön viel Geld einbringen! Posner sagte in Bezug auf Corbusier, dass man als Architekt eben gerade nicht unpolitisch sein dürfe. Diese Meinung hat mich beim erneuten Studium der gesamten Materie tief beeindruckt. Ich bin nach meiner Recherche zu diesem Buch jetzt nie wieder unpolitisch, und ich will alles wissen und verstehen. Insbesondere im Jahr 2021 ist es, so denke ich, an der Zeit, Farbe zu bekennen und zu Wahrheit und Fakten zu stehen. Die deutsche Jüdin Esther Bejarano sagte, die heutige Generation habe nur eine Möglichkeit, etwas gegen Faschismus und Diktatur zu tun: den Mund aufmachen. „Wir dürfen nicht schweigen! ... Ich sage immer: Ihr seid nicht schuld an dieser schrecklichen Zeit, aber ihr macht euch schuldig, wenn ihr nichts über die Geschichte wissen wollt."[5]

2. Die Bibel, Ex 20,2–17.

3. Posener, Julius, Lektionen für eine Geschichte der neuen Architektur, Le Corbusier 1, 8. Lektion, Berlin: ARCH+, 2013, S. 44 ff.

4. Ebd.

5. https://taz.de/Zum-Tod-von-Esther-Bejarano/!5784797/

entwicklung berliner stadtzentrum

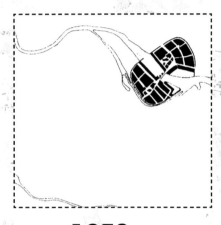

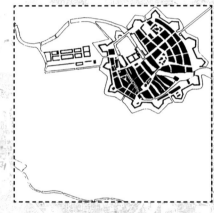

1350

1690

▸ **Philipp Mohr:** Handzeichnung der historischen Berliner Stadtentwicklung im Architekturkurs Prof. Giorgio Grassi in Mailand, 1995.

1800

1939

.03

▶ **Rekonstruktion des Dachpavillons** der Unité d'Habitation „Typ Berlin" von Le Corbusier von 1956. **Quelle:** Zeichnung von Philipp Mohr, 2018.

▸ **Als die Kathedralen noch weiß waren** - Eine Reise in das Land der Ängstlichen... Le Corbusiers Titel von *Quand les cathédrales étaient blanches,* Librairie Plon, Paris, 1937. **Fotograf:** Didier Gaillard-Hohlweg.

ich hab' noch einen koffer in berlin!

Ich wache in einer Altbauwohnung in Berlin-Neukölln auf. Ich blicke auf die 3,70 Meter hohe Stuckdecke und die breiten Holzdielen des Fußbodens. Ich sehe aus dem Fenster auf der anderen Straßenseite die Berliner Altbaufassaden mit den hölzernen Sprossenfenstern, und ich weiß: Hier, genau hier bist du zuhause.

Nach über 20 Jahren Auslandsaufenthalt war ich von Brooklyn nach Deutschland zurückgekehrt. Meine Mutter war im Jahr 2014 in Baden-Baden im Alter von nur 72 Jahren unerwartet an Krebs gestorben. Sie hatte noch mitten im Leben gestanden und war voller Pläne. So konnte ich in Deutschland ihren Nachlass regeln und mich mit meiner Familie gemeinsam an die Trauerarbeit machen. Trauerarbeit, ein Wort und ein Konzept, das es nur im Deutschen gibt. Ich nutzte die Zeit auch, um mich mit alten Bekannten und meiner Großfamilie neu zu verbinden und die Staaten der Europäischen Union zu bereisen, die während meines jahrelangen Aufenthalts in den USA entstanden waren. Ich hatte Europa fast vergessen und musste den Kontinent ganz neu verstehen lernen. Denn die USA konnte ich über viele Jahre hinweg nicht länger als ein paar Monate am Stück verlassen. Schließlich hingen meine Lebensgrundlage und meine gesamte Existenz an der Green Card, die man leicht wieder verlieren konnte. Erst mit dem Erwerb der amerikanischen Staatsbürgerschaft hatte ich diese Sorge nicht mehr.

In Berlin hatte ich schon einmal als Architekt gearbeitet. 1998 war ich für ein Jahr nach Deutschland zurückgekehrt und bin, wie Tausende andere junge Berliner auch, aus der Stadt wieder geflohen, weil es doch nicht genug gute Arbeit gab. Berlin war damals die größte Baustelle der Welt. Von Ost nach West fuhren noch keine Bahnen. Man nutzte entweder das Auto, oder man steckte ständig im Bauschlamm. Die neuen Bürogebäude in der Innenstadt standen leer, die örtlichen Architekturbüros gaben reihenweise auf, darunter auch große Namen. Die lukrativen Aufträge waren bis auf wenige Ausnahmen alle an Stararchitekten aus dem Ausland vergeben worden, und danach war das Geld zum Bauen aufgebraucht. Bei meinem letzten Job in Berlin musste ich beim Betonguss der

Kellergeschosse und geheimen unterirdischen Verbindungen des Bundeskanzleramtes im neuen Regierungsviertel die Kabel und Materialien nachmessen und mit den Plänen der Bauausschreibung vergleichen. Damit sollte der vorgegebene Kostenrahmen überwacht werden. Ob es auch an mir lag, dass das Gebäude bei der Abnahme erheblich teurer wurde?

▶ **Porträt des Autors** in der Wohnung Le Corbuisers in Paris.
Fotograf: Didier Gaillard-Hohlweg, 2019.

Ich habe also noch einen Koffer in Berlin, dachte ich damals. So wie in dem romantischen Lied von Marlene Dietrich, die in Berlin in dem sozialistischen Bezirk „Rote Insel" aufgewachsen war. Mit ihrer Weltberühmtheit wollte sie den Nazis eins auswischen und hatte die Soldaten der Alliierten im Zweiten Weltkrieg an der Front mit kleinen Konzertauftritten zum Durchhalten aufgemuntert. Sie starb in Paris, alleine, in einer kleinen Wohnung, wo sie die letzten Jahre im Bett zugebracht hatte. Sie war nach dem Krieg, außer einem einmaligen Besuch, nie wieder nach Deutschland zurückgekehrt und soll sich hauptsächlich von Alkohol ernährt haben.

Sie sang 1954 aus dem Exil in einem New Yorker Musikstudio: „Wunderschön ist's in Paris auf der Rue Madeleine … Doch ich häng, wenn ihr auch lacht, heut' noch an Berlin. Ich hab' noch einen Koffer in Berlin, deswegen muss ich nächstens wieder hin. Die Seligkeiten vergangener Zeiten sind alle noch in meinem kleinen Koffer drin. Ich hab' noch einen Koffer in Berlin. Der bleibt auch dort und das hat seinen Sinn. Auf diese Weise lohnt sich die Reise, denn wenn ich Sehnsucht hab' dann fahr ich wieder hin."[1]

Und sie sprach damit für die vielen Millionen Auslandsdeutschen, die im 19. und 20. Jahrhundert Deutschland meist gezwungenermaßen und schweren Herzens den Rücken gekehrt hatten. Bis heute sieht man nicht viel von ihr in Berlin, in einem Kinoeingang oder in einem Café vielleicht

---

1. Text von Aldo von Pinelli und Ralph Maria Siegel, Berlin, 1951.

mal ein Plakat ihrer Filme an der Wand. Selbst das Museum der Filmstudios in Babelsberg tut sich schwer, die Zeit vor 1933 mit ihren oft jüdischen Stars zu feiern. Berlin hat der Dietrich das Nestbeschmutzen und den Vaterlandsverrat wohl nie verziehen. Es gab nie wieder eine solch erhabene Figur wie sie in der deutschen Filmbranche oder auf dem Musikmarkt. Deutsche Stars nach dem Krieg, wie die Knef oder eine Brigitte Mira, selbst Helene Fischer und weltbekannte Bands wie Tokio Hotel oder auch der Filmregisseur Roland Emmerich haben nichts, was auch nur entfernt mit dem epochemachenden Kulturschaffen und der unglaublichen Originalität dieser Art Weltstars zu tun hätte.

Wie waren diese Welttalente, wie zum Beispiel die bahnbrechenden Filmregisseure Fritz Lang, Friedrich Wilhelm Murnau und Ernst Lubitsch, in den 20er Jahren entstanden? Einsteins Relativitätstheorie, Schönbergs Zwölftonmusik? Wie kamen die übermäßige Kultur und das Talent damals nach Berlin und Deutschland? Die Antwort ist vielleicht: durch Austausch über Jahrhunderte mit allen anderen europäischen Kulturen, eine Weltoffenheit und ein Eingebundensein in die großen Netzwerke der Kultur und Wissenschaft aus verschiedenen Regionen. Das vielbesagte Land der Dichter und Denker konnte sich vor allem dadurch zu einer weltweit beneideten Kultur entwickeln, da es ein großes Miteinander gab. Das kontroverse und heute von vielen beschimpfte „Multikulti". Ein über Generationen gewachsenes Netzwerk von Talenten und deren Förderern. Genau dies wurde von den Nazis zerstört und seither verhindert. Die sogenannte Gleichschaltung und damit ein Gleichmachen der Kultur und jedes Lebensbereiches hatte zur Folge, dass jeder Bereich nur noch mit sich selbst zu tun hatte, nur noch das gemacht wurde, was notwendig war, und der große Austausch, die großen Zusammenhänge und Verbindungen wurden zerstört und verhindert. Nicht nur in Deutschland – diese Bewegung fand auch in allen anderen Ländern der Welt in den dreißiger Jahren statt. Heute noch spürbar ist die Idee des „Sich-Spezialisierens", der Fachidioten, wenn man so will.

Eine Erklärung, warum wir es als Menschheit nicht geschafft haben, die Klimaveränderung zu stoppen, soll ja angeblich sein, dass kein Bereich mehr mit dem anderen zu tun hatte und der ganz große Zusammenhang nicht rechtzeitig klar war. Vor allem war dieses Problem des Klimawandels wohl nicht allen genügend klar, die eigentlich dafür Verantwortung trugen.

Und hat man nicht das Gefühl, dass es sich auch fast niemand mehr zutraut mehr als zwei Dinge gleichzeitig gut zu können? Ein Haus entwerfen UND selbst das Buch darüber zu schreiben? Eine Sängerin wie Lady Gaga, die auch eine Kinofilmrolle annimmt, das ist fragwürdig, ein Skandal fast! Vorbei ist die Ära der Alleskönner, jetzt hat man ein spezielles Wort für diese extremen Ausnahmeerscheinungen: Multitalente. Hollywoodstar Ginger Rogers konnte alles gleich gut: singen und schauspielern und tanzen wie Fred Astaire, und zudem noch in Stöckelschuhen und rückwärts. Und auf der Baustelle geht es heute dem Architekten nicht anders: Ein Fliesenleger, der auch einen Wasserhahn installieren kann? Auf gar keinen Fall! Das wäre wirklich zu viel verlangt. Was sollen auch die Gewerkschaft und die Rentenversicherung dazu sagen?

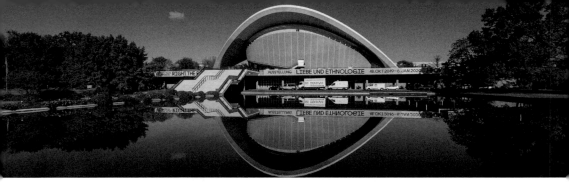

▶ **Philip Johnson nannte es** „das sonderbare Geschenk der Amerikaner". Die Kongresshalle wurde von Architekt Hugh Stubbins zur IBA 1957 im Corbusierstil erbaut. Sie liegt gegenüber dem Berliner Reichstag, an Stelle des Ehrenhofs der unrealisierten Regierungsgebäude von Hitlers Planung der Stadt „Germania".
Fotograf: Didier Gaillard-Hohlweg.

Selbst Hitlers Architekt Albert Speer gibt nach dem Krieg zu, dass man diesen Unterschied in der Kultur sofort nach Hitlers sogenannter Machtergreifung 1933 spüren konnte: „Der kleine Parteigenosse wurde dazu erzogen, daß die große Politik viel zu kompliziert sei, um von ihm beurteilt zu werden. Infolgedessen fühlte man sich ständig verantwortet, wurde nie zu eigener Verantwortung aufgerufen. Die ganze Struktur des Systems ging dahin, Gewissenskonflikte gar nicht aufkommen zu lassen. Das hatte eine vollkommene Sterilität aller Gespräche und Auseinandersetzungen unter Gleichgesinnten im Gefolge. Es war uninteressant, sich die uniformen Meinungen gegenseitig zu bestätigen. Noch bedenklicher war die ausdrücklich geforderte Beschränkung der Verantwortung nur auf den eigenen Bereich. Man bewegte sich in seiner Gruppe, etwa der Architekten, Ärzte, Juristen, Techniker, Soldaten oder Bauern. Die Berufsorganisationen, denen jeder zwangsweise angehörte, nannte man Kammern (Ärztekammer, Kunstkammer), und diese Bezeichnung definierte treffend die Abgrenzung in einzelne, voneinander wie durch Mauern geschiedene Lebensbereiche. Je länger Hitlers System andauerte, umso mehr bewegte sich auch die Vorstellung in solchen einzelnen Kammern. Hätte sich diese Übung auf einen Zeitraum von Generationen ausgedehnt, wäre schon allein dadurch, wie ich glaube, das System verdorrt, da wir zu einer Art ‚Kastenwesen' gekommen wären. [... L]etztlich war es eine Gemeinschaft von Isolierten."

Aber hat sich dieses Kastenwesen nach 1945 jemals aufgelöst? Programmiertes Schubladendenken: Architekten- und Ärzte*kammern*, Lehr*fächer*, Studien*gänge* ... alles ist seitdem und bis heute in kleine Schubladen und kleine Räume abgeteilt. Mit dicken Mauern umgeben. Wie war das vorher? Man kann es sich kaum vorstellen. Hier ist Le Corbusiers Lebenslauf vielleicht ein Paradebeispiel für ein Leben außerhalb jeglicher Kästen, Gänge und Schachteln. Le Corbusier ist nie in eine Architektenkammer eingetreten, hat sich nie in eine Universität eingeschrieben und auch später dringendst abgewehrt, irgendwo eine Professur anzunehmen. Aber nicht nur Le Corbusier – Mies van der Rohe, Peter Behrens, die großen Namen des frühen 20. Jahrhunderts. Marlene Dietrich war längst ein Star, ehe sie Schauspielunterricht nahm, und der Architekt und Bauhausgründer Walter Gropius hatte keinen Studienabschluss. Sie gehören alle noch zu der Generation vor dem allgemeinen Schubladendenken. Talent lässt sich nicht in der Isolation erzeugen, schon gar nicht in der Retorte, in der Fachisolation der Akademien. Visionäre und Avantgardearchitekten wie Hans Poelzig, Architekten der Gläsernen Kette[3],

---

2. Speer, Albert: Erinnerungen, Berlin: Propyläen, 1969, S. 46.

3. Die Mitglieder der Künstlergemeinschaft Gläserne Kette wollten eine transparente und farbenfrohe Architektur schaffen. Mit Rundbriefen tauschten sie zwischen November 1919 und Dezember 1920 ihre Ideen aus. Der Gruppe gehörten die Berliner Architekten und Expressionisten Bruno Taut, Max Taut, Wilhelm Brückmann, Alfred Brust, Hermann Finsterlin, Paul Goesch, Jakobus Goettel, Otto Grone, Walter Gropius, Wenzel Hablik, Hans Hansen, Carl Krayl, Hans Luckardt, Wassili Luckhardt und Hans Scharoun an.

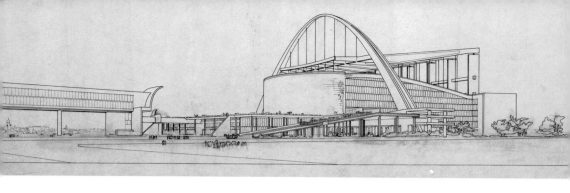

▶ **Le Corbusier und Pierre Jeanneret**, Entwurf für das russische Regierngsgebäude, Palast der Sowjets in Moskau, 1931.
Quelle: Fondation Le Corbusier.

Erich Mendelsohn, Theatermacher Bertolt Brecht, Wissenschaftler Albert Einstein ... Alle haben sie etwas Wichtiges und Nachhaltiges beigetragen zu der Vielfalt, die den Nährboden für Kultur bildet. Das damals unglaublich chaotische Berlin selbst bildete die Laborschale für die Entwicklung eines neuen Zeitgeistes.

Der amerikanische Jahrhundertarchitekt Philip Johnson übertrieb nicht, als er 1995 rückblickend über die deutsche Kultur der 20er Jahre sagte: „Die Welt wurde hier in Berlin geschaffen." Denn: „Zu dieser Zeit gab es in den Vereinigten Staaten keine ‚moderne' Kultur. Es gab keinen Klee, keinen Kandinsky, kein Bauhaus, keinen Mies van der Rohe, keinen Taut, keinen Mendelsohn, keinen modernen Tanz, keinen Wigman, keinen Moholy-Nagy, keinen Piscator für Theaterdesign."[4]

Die Kunst und die Architektur in Deutschland nach dem Zweiten Weltkrieg bis heute sind ein Zeugnis für die Unmöglichkeit, Talent nur an der Universität zu fördern. Ein Zeugnis für die isolierten Kreativen, die alle in ihrer Fachkarriere versuchen, ihr Genie zu entwickeln und auszudrücken. Was kam dabei heraus? Plattenbau, die immergleichen Formen von Autos, Waschmaschinen, Gebrauchsgeräten. Es ist kein Zufall, dass nach der Phase der weltweiten Normierung und Gleichschaltung während des deutschen Faschismus die Vielfalt der Ideen und Formen verloren gegangen ist. Die Normierung des täglichen Lebens nach Einheitsformaten fand in der Architektur während der Zeit des Nationalsozialismus zum Beispiel durch den ehemaligen Bauhäusler Ernst Neufert statt. Danach ist die gebaute Umwelt nicht nur fast überall gleich und ähnlich, egal wo man sich befindet, es wird auch alles rechteckig, „quadratisch, praktisch, gut", wie in der populären Schokoladenwerbung. Es überrascht deshalb überhaupt nicht, dass die Architektur des deutschen Stararchitekten der Nachkriegszeit, Oswald Mathias Ungers, ungelenk und rechtwinklig ist. Uninspiriert. Man hat seine postmodernen Gebäude am Berliner Lützowplatz von 1983 schon längst wieder abgerissen, nach nur 30 Jahren. Es steckt wohl kein kultureller Wert in seinen Gebäuden, der über den Wert des reinen Baumaterials hinausgeht. Das Berlin der neunziger Jahre gehörte Architekten wie Giorgio Grassi, Jürgen Sawade und dem Designer des Berliner Gebäudes mit dem ironischen Graffiti „Bonjour Tristesse",[5] Álvaro Siza. Es ist alles tolle Architektur, das muss man zugeben, aber so einzigartig, dass es nicht auch ein beliebiger anderer Architekt hätte bauen können, ist es alles eben doch nicht.

---

4. Johnson, Philip, Berlin's Last Chance, Domus Dossier, Nr.3, 1995, S. 6 ff.

5. „Bonjour Tristesse" ist zugleich der Titel eines internationalen Bestsellers von Françoise Sagan von 1954. In der Berliner Architektur ist der aufgesprühte Kommentar zu dem Gebäude unmissverständlich als Kritik an der ornamentlosen grauen Architektur der 80er Jahre gemeint.

▶ **Die Bauhausschule Dessau** im Jahr 1990, Architekt Walter Gropius. **Fotograf:** Philipp Mohr

die welt wurde in berlin erfunden!

Selbst Peter Eisenmans Holocaust-Mahnmal. Ja natürlich, es ist ausdrucksstark. Aber hätte es nicht auch ein Architekturstudent im Grundstudium genau so entwerfen können? Ja. Leider. Dutzende als „Affen" belächelte Architekturstudenten, sogenannte Eisenmonkeys, arbeiten bei Peter Eisenman in New York kostenlos an den vielen Variationen seiner Entwürfe und bauen aus Pappe kleine Versuchsmodelle. Eisenman schaut dann auf die Ergebnisse und wählt eine Form aus, die ihm gefällt. Ein Zufallsprinzip, eine Vorstufe zur Kunst ohne Autoren, die im Idealfall nur vom Computer entworfen wird. Ein Arbeitsvorgang, den schon mein in New York lebender Onkel Manfred Mohr in den 60er Jahren als Pionier der Computerkunst entwickelt hatte. Ich bin als Kind mit seinen Computerbildern an den Wänden meines Schlafzimmers aufgewachsen, das gesamte Haus meiner Eltern war angefüllt mit dieser Kunst. Auch ich selbst war in New York Jahre später so ein Eisenmonkey und formte zahllose Architekturskizzen und Modelle für Peter, wie ihn alle, ganz demokratisch und modern, nannten.

Die Idee, dass der Künstler nicht mehr die Autorität über die Form hat, sondern ein wissenschaftliches, biologisches oder mathematisches Prinzip der Formenspender ist, war schon seit der Französischen Revolution ein Anliegen der Avantgarde. Vernunft und Ordnung! Nach dem Zweiten Weltkrieg war es eine Antwort auf die grausame Diktatur von faschistischen Künstlern oder Architekten, die mit ihrer persönlichen Ästhetik eine ganze Nation oder die gesamte Welt bestimmen und kontrollieren oder auch verführen wollten. Es ist auch ein Abwenden vom Sentimentalismus, Ablenkung und Propaganda, welche man fortan in jeglichem romantischen Ausdruck verborgen sah. Sogar übergroßes persönliches Talent und Virtuosität sind seitdem nicht mehr akzeptabel. Aber die Bewegung etwa hin zum biologisch entstandenen Design verbirgt sich schon in den Naturformen des Jugendstil, oder auch in der Abwendung vom Romantischen bei den Kubisten und dann den Expressionisten. In einem Satz erklärt hat dies 1951 der Philosoph der Frankfurter Schule Theodor Adorno: „Kulturkritik findet sich der letzten Stufe der Dialektik von Kultur und Barbarei gegenüber: nach Auschwitz ein Gedicht zu schreiben, ist barbarisch, und das frisst auch die Erkenntnis an, die ausspricht, warum es unmöglich ward, heute Gedichte zu schreiben."

6. Adorno, Theodor W., Kulturkritik und Gesellschaft, (1951). In: Kulturkritik und Gesellschaft I. Gesammelte Schriften. Band 10, 1. Hg. von Rolf Tiedemann. Darmstadt: Wissenschaftliche Buchgesellschaft 1998, S. 30.

Das Klischee in den USA heißt: Deutschland – Ost und West – hat in den letzten 70 Jahren kulturell nichts auf den Markt gebracht, was sich im Entferntesten mit der Zeit vor 1933 vergleichen ließe. Hollywood machte einen Film dazu: *Cabaret* mit Liza Minelli. Der homosexuelle Schriftsteller Christopher Isherwood hatte mit der autobiografischen Vorlage *Leb wohl, Berlin* schon 1935 die Zerstörung einer bunten Kultur durch die Sturmabteilung der Nazis, der SA, beschrieben. Und er drehte der verrückten Großstadt, wie viele andere Ausländer, für immer den Rücken zu. Erstaunlich, dass sich in Berlin trotz dieses geerbten Kulturvakuums heute dennoch vieles tut und es hier eine der größten Ansammlungen von professionellen Künstlern weltweit gibt. Im Covid-Jahr 2020 wurden sie immerhin mit über zwanzig Milliarden Euro aus der Staatskasse unterstützt. Die Berliner Musik der letzten 40 Jahre hat weltweit großen Einfluss, vor allem die elektronische. Durch das deutsche Stigma werden deutsche Künstler aber ungerne erwähnt. Ausnahmen sind vielleicht das Tanztheater Pina Bausch in Wuppertal, und natürlich eine Menge Ausnahmekünstler wie zum Beispiel Joseph Beuys oder der Berliner Architekt Jürgen Mayer H. Die Antwort darauf, wie es dazu kam, dass man Kultur nicht mehr auf ein Weltniveau heben kann, ist ebenso banal wie traurig und verblüffend.

Wieder klärt mich Albert Speer über die Zusammenhänge auf: „Die Zwanziger Jahre Berlins waren die inspirierende Kulisse meiner Studienzeit. Zahlreiche Theateraufführungen beeindruckten mich sehr: die Inszenierung des ‚Sommernachtstraums' durch Max Reinhardt, Elisabeth Bergner in der Shawschen ‚Jungfrau von Orleans'[7], Pallenberg in der Piscator-Inszenierung von ‚Schwejk'[8]. Aber auch die Charellschen Ausstattungs-Revuen mit ihrem großen Aufwand fesselten mich.[9] Dagegen hatte ich am bombastischen Pomp von Cecil B. de Mille noch keinen Gefallen gefunden; nicht ahnend, daß ich diese Filmarchitektur zehn Jahre später übertrumpfen würde. Ich fand seine Filme noch ‚recht amerikanisch geschmacklos'. Doch wurden alle Eindrücke verdunkelt von Armut und Arbeitslosigkeit. Spenglers ‚Untergang des Abendlandes' hatte mich überzeugt, daß wir in einer Periode des Verfalls lebten, die Ähnlichkeiten mit der spät-römischen Epoche hatte: Inflation, Verfall der Sitten, Ohnmacht des Reiches. Der Essay ‚Preußentum und Sozialismus' faszinierte mich durch die Verachtung von Luxus und Bequemlichkeit. Hier trafen sich Spenglers mit Tessenows Lehren."[10]

Mit diesem Bild der Endzeit im Kopf war Speer bei weitem nicht allein. Schon ein Jahrhundert lang machten sich die Deutschen alles Denkbare zum Problem, was für heute Lebende kaum noch nachvollziehbar

---

7. George Bernard Shaw (1856-1950). Der Engländer war ein wichtiger Schriftsteller seiner Generation und politischer Aktivist. Er war Sozialist, aber unterstützte sowohl Stalin als auch Hitler.

8. Erwin Piscator (1893-1966). Der Berliner inszenierte in seinem eigenen Theater am Nollendorfplatz avantgardistische Stücke mit konstruktivistischen Bühnenbildern. 1928 *Die Abenteuer des braven Soldaten* Schwejk von Jaroslav Hašek. 1931 emigrierte er in die Sowjetunion.

9. Erik Charell (1894-1974) war ein jüdischer und homosexueller Theaterregisseur in Berlin und emigrierte 1933 in die USA. Er entdeckte unter anderem Marlene Dietrich und die Comedian Harmonists und produzierte 1930 die Musikrevue *Im weißen Rössl* und die Filmoperette *Der Kongress tanzt*.

10. Speer, Erinnerungen, S. 28.

ist. Oder erleben wir heute nicht schon wieder dieselbe Situation? Noch nie ging es Menschen auf der Welt so gut wie heute, und dennoch sind die Deutschen so unzufrieden und hassen alles, was ihre traditionellen Werte im Geringsten gefährden könnte. Angefeuert durch Fehlinformation und ständige Propaganda. Man diskutierte damals, ob eine Hausfassade so oder so aussehen sollte, und brachte sich dabei fast gegenseitig um. Aus heutiger Distanz betrachtet, sehen diese Häuser um 1900 alle fast gleich aus. Sie haben die gleiche Qualität. Genauso wie alle Fachwerkhäuser aus dem 15. Jahrhundert für uns heute alle die gleiche Qualität haben. Tödliche Streitereien um Kultur gab es aber schon immer. Aber man hatte im 20. Jahrhundert zum ersten Mal in der Menschheitsgeschichte Maschinengewehre, Bomben und Panzer und bald Atombomben, um alle Streitthemen um den jeweiligen Kultur-, Wett- oder Kirchenkampf ein für alle Mal auszufechten. Im Nachhinein ist es absurd, dass der Streit um den Zerfall der Kultur nichts Weiteres bewirkt hat als einen Zerfall der alten Kultur. Der Streit in den 1920er Jahren um Flach- und Schrägdächer. Kleinlich. Peinlich. Das heutige Auge sieht den Unterschied der Architektur der Berliner Flachdach- und Pultdachsiedlungen fast gar nicht. Doch haben sich die Architekten in den 20er- und 30er Jahren in Deutschland darüber die Köpfe eingeschlagen. Nicht nur, dass Speer vom Berlin der 20er Jahre so inspiriert war, wurmt mich, weil ausgerechnet er und sein Busenfreund Adolf Hitler einen großen Teil dazu beigetragen haben, diese alte Kulturwelt für immer zu zerstören. Der Film *Cabaret* war für mich als Kind ein Lichtblick in der öden Nachkriegskulturlandschaft. Die goldenen Zwanziger Jahre. Fast noch mehr irritiert hat mich, dass meine eigene Mutter ausgerechnet die beiden Bände in ihrer großen Bibliothek hatte, die ich nun geerbt habe: Albert Speers Erinnerungen und seine Spandauer Gefängnistagebücher, 1280 Seiten. Heruntergestutzt von über 25 000 Seiten, die er heimlich auf Toilettenpapier geschrieben hatte. Speers Einflüsse der 20er Jahre waren demnach allesamt Juden, Bolschewisten und Homosexuelle, die während seiner Schaffenszeit des Landes verwiesen wurden. Man muss sich das vorstellen: Die Gründer und der Architekt des alten Friedrichstadt-Palastes, alle waren sie gezwungen zu emigrieren, um zu überleben. Jetzt in Berlin hatte ich Zeit, die Speer-Erinnerungen zu lesen und mich darauf zu besinnen, dass auch meine Mutter den Begriff „Untergang des Abendlandes" häufig gebrauchte oder „Nacht der langen Messer", „Nestbeschmutzer". Sie kommt aus der Generation, als auch Worte wie „Bombenstimmung" und „bombastisch" oder „Bombenwetter" noch ganz andere, zweite Bedeutungen hatten.

▸ **Computergemälde** "P-197n" von Manfred Mohr, Druckerzeichnung auf Papier, 60 cm x 60 cm, 1977
Fotograf: John Behrens, New York.

Vergl. S. 138

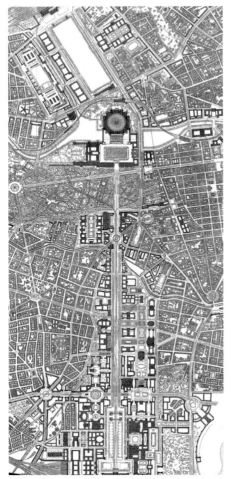

▶ **Welthauptstadt Germania,** Planung von Albert Speer und Adolf Hitler, Berlin. Planungen der Nord-Süd-Achse von Nordbahnhof bis Südbahnhof, 09.02.1942. **Quelle:** Landesarchiv Berlin.

▶ **Antrag des Grossvaters** zur Aufnahme in die Nationalsozialistische Deutsche Arbeiterpartei, Gau Danzig vom 18.03.1936. **Quelle:** Bundesarchiv

Es machte für mich nie Sinn, dass meine Mutter behauptete, ihr im Krieg verschollener Vater sei Jude gewesen. Meine Mutter konnte viele jüdische Witze auswendig und kannte sich mit jüdischer Kultur unglaublich gut aus. Sie hatte jüdische Freundinnen, denen sie diese Witze gerne erzählte. „Geht der Rabbi zum Moishe und sagt: …" Erst jetzt weiß ich, dass das alles nur angelesenes Wissen war. Was meine Mutter und meine Großeltern wirklich waren, entdeckte ich in einem großen Koffer, der sich in ihrem Nachlass befand. Er enthielt eine umfangreiche Sammlung von Fotos und Hunderten persönlicher Familiendokumente aus dem Zweiten Weltkrieg, die niemand in meiner Familie zuvor gesehen hatte. Ich versuche zu verstehen, zu verzeihen und zu trauern über den Verlust meiner Mutter. Den Verlust eines Ideals, welches sich mit der Realität nicht mehr deckt. Wer war sie, wer waren die Menschen ihrer Generation wirklich? Und wer bin ich dann, was habe ich alles abbekommen von Hitlers Gleichschaltung und dem Gleichschritt einer ganzen Nation? Der Begriff Trauerarbeit trifft tatsächlich zu. Erst später bemerke ich, dass ich mir dabei wirklich viel Arbeit mache, um den Verlust von Identität, vielleicht sogar falscher Identität, zu verarbeiten und zu betrauern.

Zwei Dokumente aus diesem Koffer machen mir am meisten zu schaffen. Das eine war eine Fahrkarte aus dem Büro der Danziger NSDAP von 1945, mit der die gesamte Familie meiner Oma dem Kriegsgebiet entkommen konnte. Das zweite war ein erschütternder Abschiedsbrief meines Onkels, der sich 1973 mit nur 25 Jahren zuhause bei meiner Oma in der Badewanne das Leben genommen hat. Er war der einzige Bruder meiner Mutter. War sein Selbstmord ausgelöst durch posttraumatischen Stress zweiter Hand der ersten Nachkriegsgeneration? Merkwürdigerweise erinnere ich mich an die Badewanne in der Wohnung meiner Oma, in der sich mein Onkel die Pulsadern aufgeschnitten hatte. Obwohl ich nur zwei oder drei Jahre alt gewesen sein kann. Ich wurde laut angeschrien, weil ich mich über die freistehende Badewanne mit Füßen unglaublich amüsiert hatte. Ich wusste ja gar nicht, über was sich die Erwachsenen unterhielten. Jahre später erinnere ich mich an diese Vorfälle und meine Recherche zu der

Vergangenheit meiner Familie, aber auch der deutschen Geschichte bringt mich immer weiter auf der Suche nach psychologischen Hintergründen. Bin ich nicht selbst durch all die Verwirrung und einen jahrzehntelangen Identitätsschwindel in meiner Familie tiefer traumatisiert als ich denke? Von dem Selbstmord meines Onkels wusste ich mein Leben lang nichts. Erst mein Cousin klärte mich unlängst auf. So erfuhr ich auch, dass der Onkel homosexuell war und dass er meiner Danziger Oma immer mehr Fragen zum Zweiten Weltkrieg gestellt hatte, wie viele seiner Generation, die sich 1968 mit der Nazi-Vergangenheit ihrer Eltern auseinandersetzten. Hatte ihm damals niemand bei seiner Identitätssuche und Verarbeitung helfen können? Homosexualität war in Deutschland bis 1969 komplett verboten und der § 175 des deutschen Strafgesetzbuches existierte vom 1. Januar 1872 bis noch zum 11. Juni 1994. Homosexuelle Handlungen waren in unterschiedlichem Maß noch bis 1994 verboten. Bis 2017 waren homosexuelle Straftaten bei Deutschen noch verzeichnet. Wer sollte meinem Onkel da helfen? Mein Cousin sagte, die Oma habe seit 1968 nie wieder ein Wort über die Vergangenheit verloren und für die gesamte Familie dadurch ein Wirrwarr an Vergangenheitstheorien hinterlassen. Eine Tante von mir zog sogar eine Weile lang nach Jerusalem, um nach ihren vermeintlichen jüdischen Spuren zu suchen. Meine andere Tante erzählte mir vor kurzem, meine Oma habe ihr gesagt, sie solle sich zu den Wissenslücken über die Vergangenheit einfach etwas ausdenken. Jetzt ist mir klar: Meine Mutter hat sich ihre Identität einfach ausgedacht und solange sie konnte überlebt.

Ich mache schon jahrelang, wie jeder gute New Yorker, zweimal die Woche Psychotherapie, auch mit EMDR Traumabehandlung[11], und lese alles Mögliche über Traumata. Patrick J. Carnes sagt über die jahrelange systematische Abhärtung des deutschen Volkes und somit die Formung einer Armee kleiner Psychopathen: „Deutsche Kinder in den 1920er und 1930er Jahren wurden an physische Gewalt gewöhnt. Sie sahen sie in ihren Elternhäusern, wo körperliche Bestrafung zur Routine gehörte. Nach heutigen Maßstäben wäre die gleiche Form der Bestrafung missbräuchlich. Sie sahen es auf der Straße. Deutschland verlor einen Krieg, den es hätte gewinnen müssen. Sie fühlten sich von ihren Führern verraten. Politisches und wirtschaftliches Chaos umgab sie. Kinder lernten, sich von der Gewalt abzuspalten. Sie lernten, sie unwirklich zu machen, weshalb sie als Erwachsene, wie Miller betont, in der Gegenwart von Konzentrationslagern sein konnten und ungerührt blieben."[12]

Der Abschiedsbrief meines Onkels endet mit: „Gott helfe unserem deutschen Vaterland von Psychopaten und Irren. Zu denen ich mich jetzt auch leichten Herzens zähle, nachdem ich es erkannt habe."

---

11. EMDR, Eye Movement Desensitization and Reprocessing, zu Deutsch Desensibilisierung und Verarbeitung durch Augenbewegung. Dies ist eine Therapie, bei der traumatische Erlebnisse der Vergangenheit in einem meditativen Zustand bearbeitet werden.

12. Carnes, Patrick J.: Betrayal Bond, Revised: Breaking Free of Exploitive Relationships, Health Communications Inc EB, 1997, S. 18.

▶ **Der Autor 1994** in Brooklyn in einem 1964 Ford Galaxie-500. **Fotograf:** Jens Peter Schmidt.

nach amerika

Ich bin damals als Student ins Ausland gezogen, um mich nicht mit all dem Deutschsein, der Spießigkeit, aber auch der Homophobie auseinandersetzen zu müssen. Nur um dann zu lernen, dass man seine Probleme immer mitnimmt, egal wohin man geht, und dass man die Deutschen im Ausland immer noch nicht besonders mag. Ich erkannte: Homophobie beginnt bei mir selbst als „internalisierte Homophobie". Auch wenn man glaubt, es mit einem sehr unterhaltsamen oder sehr erfolgreichen Lebensstil vertuschen zu können, um diese innere Scham kommt niemand hinweg, selbst diejenigen nicht, die ihre noch so latente Homosexualität niemals ausleben. Vor Hitlers grosser Machtübernahme war das allerdings in Deutschland gar kein so großes Problem. Seine SA war bis zur Massenermordung der gesamten Führung der SA in der sogenannten Nacht der langen Messer zu großen Teilen offen homosexuell. Hitler hatte ja kurz zuvor noch den offen homosexuellen Ernst Röhm zum obersten SA-Führer ernannt.

Ja, die Welt hat ihren Respekt vor uns Deutschen, und man bewundert unsere Autos und Maschinen. Aber die beiden Weltkriege hängen uns nach, egal wohin man geht im Ausland. Wohin man auch schaut, hat man längst alles Deutsche in Dänisches oder Holländisches oder Schweizerisches umgewandelt. Selbst Österreichisches! Unsere sympathischeren Landesnachbarn. Aber es lässt sich nicht leugnen, dass ein sehr großer Teil der Amerikaner deutscher Herkunft ist. Das englische Königshaus ist deutsch. Die gesamten Königshäuser Europas von Lissabon bis Moskau waren alle deutsch. Überall im westlichen Ausland versteckte Deutsche oder deren Nachfahren. In den USA entpuppt sich sehr vieles als deutsch, wenn man etwas an der Oberfläche kratzt: Hamburger, Wienerwürste, das Cinderellaschloss in Disneyland, Albert Einstein, Donald Trump, George Bush.

Es ist für den Rest der Welt einfacher zu sagen, dass die Deutschen den einzigen und größten Fehler der Weltgeschichte begangen haben, als sich selbst kritisch zu betrachten. Noam Chomsky glaubt, die Gerichtsprozesse für einen Nazi der „nur" Buchhalter eines Konzentrationslagers gewesen war, seien am Ende politische Ablenkungsmanöver, und die Intellektuellen sollten sich nicht davon aufhalten lassen, ihrem eigenen System heute kritisch gegenüberzustehen – damals zum Thema USA und Vietnamkrieg.[13] Dies sagt er natürlich nicht, ohne den Holocaust an sich zu verdammen.

Aber es trifft auch heute noch zu. Wer macht sich schon ernsthaft Gedanken über die hunderttausenden Toten und gefolterten Menschen allein seit dem Beginn des Irakkrieges vor zwanzig Jahren. Sklaverei, Ausbeutung, endlose Kriege und alle Arten von Konzentrationslagern gibt es heute überall auf der Welt.

---

13. Chomsky, Noam: „The Responsibility of Intellectuals" in: The New York Review of Books, 23 February 1967.

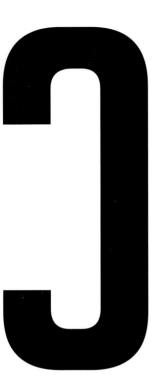

Der postmoderne Architekt Léon Krier glaubt auch, dass die moderne Architektur nach 1945 nur deshalb in der ganzen Welt die klassische Architektur abgelöst hat, weil man sie als Sündenbock des Naziproblems verwendet hatte. Anstatt sich immer wieder um seine Moral zu kümmern, hat man einfach alle öffentlichen Gebäude ohne klassische Verzierung gebaut und somit klargestellt, dass man demokratisch, bescheiden und unparteiisch ist, dass man nichts zu verheimlichen hat und nichts verschwendet.

Aber ist das so, und ist auch diese moderne Architektur tatsächlich wieder nur eine Fassade? Das Bundeskanzleramt in Berlin – eine Betonfassade mit großen runden Löchern, die das Regieren demokratisch erscheinen lässt. Die Glaskuppel auf dem Berliner Reichstag, ohne Verzierung – ein Symbol. Aber wofür genau? Nur weil man durch die neuen Gebäude hindurchschauen kann, gibt es deshalb keine Geheimnisse? Die Architektur spielt in der Gesellschaft eine so große Rolle, dass man sie entthronen musste. Man musste ihr alle Verzierungen nehmen, wie einem Offizier, dem man alle Orden abnimmt, meinte einmal ein Holländer zu mir, in Bezug auf die deutsche Nachkriegsarchitektur. Den Kontrast sieht man wohl im Extrem am 2020 wiederaufgebauten Berliner Schloss, mit neuem Namen Humboldt Forum. Nichts Besonderes, Dutzende zerstörte Stadtschlösser sind in deutschen Innenstädten gleich nach dem Krieg wiederaufgebaut worden, ohne extreme Kosten oder Debatten. Aber am Humboldt Forum sieht man den Kontrast zwischen der modernen Fassade an der Ostseite des Gebäudes und der klassischen, wiederaufgebauten Fassade des Stadtschlosses und fragt sich: Was bedeutet das? Die moderne Fassade zum Osten hin soll wohl Sozialismus oder Demokratie ausdrücken, während die anderen drei Fassaden Monarchie und Geschichte darstellen. Zu einfach.

Das Thema war schon Teil meiner städtebaulichen Studienarbeit bei Professor Giorgio Grassi 1995 in Mailand an der Technischen Universität. Was sollte man überhaupt mit der Spreeinsel anfangen, dem Ort des Berliner Schlosses *und* gleichzeitig des Palasts der Republik? Ich entschied mich damals, das Stadtschloss, und auch gegenüber, Friedrich Schinkels Bauakademie, genau so „wiederaufzubauen", wie es alles einmal dort stand, innen und außen, mit klassischer Fassade auch im Osten zur Spree hin. Und den Rest der Spreeinsel beplante ich mit modernen Zeilen im Raster der Blockgröße der Friedrichstadt. Aber warum machte ich das? Aus Ideenlosigkeit heraus, oder weil ich bei einem Star der modernen Architektur in der Architekturklasse war? Um in dieser Klasse zu bestehen, war es gewissermaßen eine Voraussetzung, dem Meister zu huldigen und ihn zu kopieren. Häuserzeilen und Quadratfenster. Material: Backstein. Genauso einfallslos sieht am Ende auch das gebaute Wohnhausprojekt von Giorgio Grassi am Potsdamer Platz von 1993 aus. Dass alle seine „Ideen" von Le Corbusier stammen, hatte er damals nicht zugeben wollen. Le Corbusiers Wettbewerbsentwurf für das Zentrum Berlins aus dem Jahr 1958 haben wir damals nicht studiert, obwohl es eindeutig ist, dass Grassi seine Ideen von dort geholt hat, ebenso wie Aldo Rossi und andere rationalistische Architekten. Ich erinnere mich an einen Vorfall an der Weimarer Bauhaus Universität, als ein Student mit seinem Professor, einer lokalen Koryphäe, zu streiten anfing, weil er nicht die vorherrschende Schachtelarchitektur der 90er Jahre entwerfen wollte, sondern etwas Emotionales und Verrücktes. Freie Formen und bisher unbekannte und merkwürdige Gebilde.

Er sagte, dass so etwas in seinem Kurs für architektonisches Entwerfen nicht geschehe. Der Student antwortete: Was wäre aber, wenn er eines der ganz großen Genies der Architektur sei, oder andersherum, was wäre mit einer Zaha Hadid oder einem Rem Koolhaas passiert, wenn sie in der Architekturschule gezwungen worden wären, nur Kisten zu entwerfen? Der Professor antwortete, dass es ihm nicht darum gehe, solche Stararchitekten auszubilden, und dass sich der jeweilige Student eben einen anderen Kurs suchen könne, wo er solche Formen entwerfen dürfe. Er könne sich ja bei einer der wenigen sehr freien Universitäten einschreiben, der Cooper Union in New York oder der AA in London zum Beispiel, wo man eben genau solche Architektur lehre.

Die Deutschen haben kulturell nun auch wieder nicht – *nichts* zu bieten. In der Musik zum Beispiel wird der sogenannte Krautrock international gepriesen, allerdings gewissermaßen heimlich und unter der Hand. Deutsche Rockbands wie CAN haben Generationen der ganz großen Rockmusiker inspiriert, sind aber im In- und Ausland beim gewöhnlichen Publikum so gut wie unbekannt. Nur heimlich kann geduldet werden, dass man sich kulturell auf Deutschland bezieht, und innerhalb Deutschlands tut man sich ebenfalls schwer, zur eigenen Leistung zu stehen. Aber häufiger kommt es vor, dass Deutsche sich als etwas anderes ausgeben, um Erfolg zu haben, wie das Supermodel Veruschka, die nicht aus Russland, sondern aus Deutschland stammt.

Oder die mexikanische Künstlerin Frida Kahlo, die behauptete, ihre Familie väterlicherseits sei jüdisch-ungarischer Abstammung, deren Vater allerdings aus der süddeutschen Stadt Pforzheim stammte.[14] Sie ist eine Pforzheimerin, das wird immer wieder unter den Teppich gekehrt. Die Stadt Pforzheim sollte sich glücklich schätzen! Hätte die Welt sie aber auf ein so hohes Podest gestellt, wenn sie sich als reiche Erbin deutscher Schmuckfabrikanten entpuppt hätte, wie es nun einmal der Fall ist? Wohl nicht. Oder: Die gesamte Marke Apple basiert heute ausschließlich auf dem Design des deutschen Designers Dieter Rams, das er für die Firma BRAUN von 1960-80 entwickelte. Jony Ive von Apple gab es einmal am Rande zu. Andere Deutschsprachige, wie Arnold Schwarzenegger und Heidi Klum, schaffen es, zu internationalen Ikonen zu werden, gerade weil sie einen so harten deutschen Akzent haben, und merken vielleicht selber gar nicht, dass sie nur als Klischee des Deutschseins gesehen werden, zum Belächeln.

---

14. Franger, Gaby; Huhle, Rainer: Fridas Vater, München: Schirmer/Mosel, 2005, S. 45.

▸ **Monumantalskulpturen** „Diskuswerfer"
von Karl Albiker am Olympiastadion von 1936.
Fotograf: Didier Gaillard-Hohlweg, 2018.

Kein leichtes Unterfangen, das Deutschsein, wenn man international anerkannt werden will - weder in Deutschland noch im Ausland. Die Deutschen könnten bis in alle Ewigkeit an alle Welt Lollipop-Lutscher verschenken, sie würden dennoch niemals das Klischee des unmenschlichen Nazis loswerden.

Vielleicht wäre das Totschlagargument schon längst aus der Welt geschafft, wenn sich die echten deutschen Nazis nach dem Krieg zu ihren Fehlern bekannt hätten, sich entschuldigt und eine lebenslange persönliche Wiedergutmachung angestrebt hätten. Leider ist das nicht passiert, und nun haben alle folgenden Generationen gefälligst mit diesem Stigma zu leben. Kann man als neue Generation jetzt noch etwas wiedergutmachen, sich bekennen, sich wahrhaftig entschuldigen?
Wie man mit seiner dunklen Vergangenheit angemessen umgehen kann, zeigte Anfang des Jahres 2021 der Österreicher Arnold Schwarzenegger. Er antwortete auf den Sturm auf das Kapitol durch die Trump-Anhänger, indem er die Tat verurteilte und sie mit der Reichspogromnacht von 1938 verglich. Er betonte dabei, dass er als Sohn eines bekennenden Nazis und Gendarmeriekommandanten aus der Geschichte gelernt habe und forderte seine Mitbürger auf, es ihm gleichzutun.

Er ging damit einen sehr mutigen Schritt. Sein berühmter Muskelkörper der 70er Jahre ähnelte ausgerechnet den muskulösen Statuen, die Hitler so gerne mochte, dem arischen „Übermenschen". Hitlers Berliner Olympiagelände steht heute noch voll von diesen Männerstatuen. Diesen Vergleich zum „Übermenschen" hätte sich zu Beginn von Schwarzeneggers Karriere niemand einfallen lassen. Ist Schwarzeneggers Suche nach diesem körperlichen Ideal seine eigene Bewältigungsstrategie dieses Post-Traumas aus seiner Nazifamilie? Papa zu gefallen?

Auf einer Party in New York sagte mir vor vielen Jahren eine Auslandsdeutsche: „Wenn du schon über fünfzehn Jahre in New York gelebt hast, kannst Du nie wieder nach Deutschland zurückziehen. Das schafft keiner." Ich habe nie verstanden, was sie mir damit sagen wollte. Und dachte, sie sei vielleicht einfach zu schwach und ein bisschen dumm. Natürlich kann ich immer zurück. Gerade ich! Ich bin doch dort geboren, meine Ur-ur-urelterm kommen alle von dort, und ich bin dazu noch blond und blauäugig!

Fabergé Bernstein Ei, 18kt Gelbgold, Emaille, Rubin, Bernstein und Diamanten, Bernsteinmuseum Danzig, Polen. **Foto:** Fabergé Werkmeister Viktor Mayer, Pforzheim, 1995.

Gold und Rausch

Ich bin Jahrgang 72. Ebenfalls wie der Vater von Frida Kahlo, komme ich aus der Schmuck- und Uhrenstadt Pforzheim im Nordschwarzwald, Baden-Württemberg. Deutschland 1972 – das hört sich inzwischen unglaublich veraltet an und ist es vielleicht auch. Ich stamme noch aus dem 20. Jahrhundert. Zugegeben komme ich ebenfalls aus einer kleinen Dynastie von Schmuckfabrikanten und lernte in frühen Jahren schon, wie Le Corbusier übrigens auch bei seinem Vater, das Ziselieren, die Metallgravur, Löten und alles, was sich um die Schmuckproduktion dreht. Mein Vater war Produzent für die Firma Fabergé in Paris, und als Jugendlicher fuhr ich mit dem Orient-Express, der damals noch jede Nacht um 00:30 Uhr am Hauptbahnhof hielt, von Pforzheim direkt mit dem Schlafwagen nach Paris-Nordbahnhof. Dort brachte ich Fabergé-Schmuck zu Monsieur Lahovary, einem echten Prinzen, der mit einem Mitarbeiter des russischen Juweliers Peter Carl Fabergé verschwägert war. Nämlich in die Luxusstraße Rue du Faubourg Saint-Honoré, Nummer 281.

Vergl. S. 214

Übrigens wird auch ungern erwähnt, dass die historische Person Peter Carl Fabergé deutschsprachig aufgewachsen ist und seine Jugend in Dresden verbracht hat. Also auch eher deutsch als russisch.

Einen von vielen kuriosen Augenblicken erlebte ich einmal im Zusammenhang mit meiner Familienherkunft: Als Student arbeitete ich in einem Architekturbüro in New York. Nach der großen Eröffnung und geschlossenen Feier für die Ausstellung „Fabergé in America" im Metropolitan Museum kam ich am nächsten Morgen zu spät ins Büro.

Als ich ganz nervös die Wahrheit sagte und erklärte, dass ich die ganze Nacht davor mit Catherine Deneuve und Erzherzog Géza von Habsburg bei der Met Gala gewesen sei, fiel meiner damaligen Chefin förmlich die Kinnlade runter. Minutenlanges Schweigen. Spätestens dann wusste ich meine zweite Identität von meinen Architektenkollegen besser fernzuhalten. Der Begriff Fabergé steht für alles, was moderne Architekten ablehnen, Ornamente ohne Sinn und Zweck, Luxus und Verschwendung, Monarchie und Imperialismus. Auch als ich bei einem anderen großen Fabergéball in New York mit der damaligen Freundin des Prinzen Alberts von Monaco die ganze Nacht wild auf der Tanzfläche tanzte, während der Prinz sehr erstaunt von seinem Tisch aus zuguckte, verschwieg ich, wo ich war. Ehrlich gesagt war ich an dem Abend ganz betrunken gewesen. Am nächsten Morgen im Büro sagte ich dieses Mal nur, dass ich verschlafen hätte und nahm lieber die allgemeine Beschämung für meinen Kater in Kauf. Übrigens ist mir erst heute beim Googeln aufgefallen, dass die Dame, mit der ich damals getanzt hatte, inzwischen zur Fürstin von Monaco gekrönt worden ist!

Alles um den Schmuck drehte sich auch bei Schriftsteller Blaise Cendrars, den Le Corbusier in seinem Berlintext hochpreisend erwähnt und der ebenfalls Handelsreisender für Schmuckfabrikanten war, unter anderem auch in Pforzheim. - Mit „Berlintext" beziehe ich mich fortan auf den Text von Le Corbusier, der im Anhang zu finden ist. Der Berlintext ist in seiner Originalform in Deutsch und Französisch geschrieben und wird hier zum ersten mal gedruckt. - Cendrars' einflussreiches Buch Gold[15], auf das sich Le Corbusier dort bezieht, handelt vom Goldrausch des sehr habgierigen und Alkoholkranken Schweizers Johann August Suter. Man kann auch sagen, eines reinen Kapitalisten nach amerikanischem Modell, der in Kalifornien zu sehr großem Reichtum kommt und dann in seiner extremen Selbstsucht wieder alles verliert. Ein Buch, das Charlie Chaplin als das beste Drehbuch aller Zeiten bezeichnete. Gut verfilmt wurde es bisher allerdings noch nicht. So viel zum Thema Schmuck; und Gold und Ehrlichkeit mit dem Familienhintergrund. Die Katze ist aus dem Sack, mich begleitet kein Mythos vom armen Künstler, der sich wie vom Schicksal gelenkt irgendwohin bewegt hat – doch ich stehe auch zu den Privilegien, mit denen ich aufgewachsen bin. Und ist Mythos nicht einfach nur ein feierliches Wort für Lüge? Haben wir uns als Menschheit nicht genug in die eigene Tasche gelogen, unsere Kinder angelogen, uns alles zurechtgemacht, um nicht mit unbequemen Themen umgehen zu müssen?

Ach ja, die Vorlage für die Romanfigur August Suter war natürlich, wie man sich vielleicht denken kann, kein Schweizer, sondern in Wirklichkeit ein deutscher Staatsbürger. Er stammte aus Kandern bei Freiburg in Süddeutschland, um genau zu sein. Und dieser Stoff wurde natürlich von der Nazipropaganda 1935 für einen deutschen Heimatfilm mit Publikumsliebling Luis Trenker verwendet. Trenker war ein Österreicher, der sich zuerst mit Nazideutschland identifizierte und dann später versuchte, sich davon zu distanzieren. In diesem Film spielte er aber neunzig Minuten lang ganz stolz einen Deutschen … Welche anderen Österreicher kennen wir, die zur Nazizeit einen Deutschen spielten? Ach ja, den Adolf Hitler zum Beispiel. Oder geht man noch ein bisschen weiter in der Geschichte zurück, dann findet man die Habsburger Kaiser in Wien, die bis 1806 das Heilige Römische Reich deutscher Nation regierten. Aber heute

---

15. Cendrars, Blaise: Gold. Die fabelhafte Geschichte des Generals Johann August Suter, Basel/Zürich/München: Rhein-Verlag, 1925.

wollen die Österreicher natürlich nichts mehr von ihrer „deutschen" Identität wissen. Dies ist ein weiteres Detail, welches die internationale Ächtung des Deutschtums, von der ich hier erzählen wollte, gut darstellt. Wenn man heute zum Beispiel einen Schweizer oder Österreicher, der nahe der deutschen Grenze lebt, fragt, ob er Deutsch spricht, dann schauen sie ganz entsetzt und sagen, sie sprechen entweder Österreichisch oder unter anderem Schweizerdeutsch. Sind diese Nationalsprachen aber in Wirklichkeit nicht einfach ein Deutsch mit einem kleinen bisschen Dialekt? Kontrovers! Der Grund für diese Abneigung ist in meinen Augen ganz einfach. Alle europäischen Nachbarstaaten Deutschlands hatten in den 20er und 30er Jahren faschistische Parteien und waren auf dem Weg, sich mit Hitler zu verbünden und ein neues Europa zu schaffen. Die von Le Corbusier so kontrovers gepriesene „Neuordnung Europas" durch Adolf Hitler. Heute will es aber keiner mehr zugeben. Es ist politisch auch viel zu kompliziert, da man inzwischen ja tatsächlich ein neues Europa geschaffen hat. Es soll ja nicht der Gedanke aufkommen, dass diese Idee der EU mit ihren 27 Mitgliedsstaaten aus den 30er Jahren stammte. Die Frage ist jedoch sehr wichtig für das Thema der Architektur, der Moderne und eben auch für Le Corbusier.

Es kommt mir so vor, als hätte meine Generation im Vergleich zu den vorgehenden Generationen nichts Wichtiges oder Weltbewegendes mehr hervorgebracht. Es wurde eher etwas an uns herangebracht, und vieles floss einfach an uns vorbei, vor allem in den Medien. MTV, das Ende des Kalten Krieges, das Internet, das neue Europa, das iPhone. Man nannte uns nach der „Null-Bock-Generation" die „Generation X". Ich empfinde uns auch als eine verlorene Generation. Gleiches sagte man schon über die Generation nach dem Ersten Weltkrieg aus ganz anderen Gründen. Allerdings wuchs ich auch im Krieg auf, dem Kalten Krieg. Auch dieser Krieg war ein Weltkrieg und spielte sich über 40 Jahre hinweg überwiegend im geteilten Deutschland ab. In meiner Generation entstand vor allem ein von mir so empfundener kultureller Stopp, ein Anhalten der kulturellen Entwicklung. Umberto Eco sagt 2001: „Wir sind in eine neue Epoche eingetreten, in der mit dem Untergang der Ideologien, dem Verblassen der traditionellen Trennlinien zwischen rechts und links, Progressiven und Konservativen, auch endlich jeder Generationskonflikt an Kraft verliert."[16] als ob sich die sehr rasche Entwicklung seit der industriellen und sozialen Revolution ab dem Jahr 1980 ausbalanciert und in alle Ecken der Welt verbreitet hätte. Alle sozialen Themen scheinen mehr oder weniger demokratisch abgehandelt zu sein, und technische Neuerungen scheinen sich auf einem für alle Menschen akzeptablen, größtenteils bezahlbaren und bequemen Wohlstand zu befinden; zumindest in der westlichen Welt, zunehmend auch in allen sogenannten Entwicklungsländern. Jetzt arbeitet man sich nur noch einmal an Themen wie Gender, Rassismus, Homosexualität und anderen unter der Buchstabenfolge LGBTQIA+ zusammengefassten sexuellen Orientierungen ab – soziale Themen, die eigentlich vor 40 Jahren schon einmal geklärt waren, dachte ich. Jetzt erst ist mir klar, dass diese Themen, die in den 60er Jahren teilweise zum ersten Mal zum öffentlichen Thema gemacht wurden, bis heute für viele noch zur Debatte stehen. Auch im modernen Deutschland.

---

16. Eco, Umberto. Auf den Schultern von Riesen, Wuppertal, Hammer, 2019, S. 31.

Seit 1980 tragen wir fast alle in der Freizeit dieselbe Blue Jeans, hören denselben Klang der Pop-, Rock- und elektronischen Musik, die klassische Musik sowieso. Unsere Autos und Telefone haben fast alle die gleichen zwei bis drei Farben, Größen und Formen. Unsere Küchen und Einrichtungen sehen weltweit ähnlich aus, und es gibt generell zwei bis drei Haupt-Stilrichtungen und Farben für Sofas, Betten und so weiter. Konsumprodukte aller Art sind bei allen fast acht Milliarden Menschen auf der Welt beinahe identisch, ob sie Kommunisten in China, Kapitalisten in den USA oder parlamentarische Demokraten in den Wohlfahrtsstaaten Europas sind, ob sie Jugendliche oder Rentner, Millionäre, Männer, Frauen, hetero-, trans- oder homosexuell, asexuell, religiös oder atheistisch sind. Irgendwie hat sich unsere weltweite Kultur mit nur wenigen Arten von Massenprodukten mit sehr ähnlichem Aussehen angeglichen. Der iranische Präsident twittert 2020 ebenso wie der amerikanische Präsident. Die Weltkulturen scheinen sich in starkem Maße auf die gleichen Lebensstandards und Weltbilder eingependelt zu haben.

Meine Generation ist unbestimmt und unklar. Zuerst waren wir noch sehr gegensätzlich, ob politisch oder kulturell. Zu meiner Gymnasialzeit in Pforzheim gab es noch die deutsche Terrororganisation RAF. Im nahegelegenen Stuttgart wurden Terroranschläge auf deutsche Politiker ausgeübt. In meiner Schule gab es gespaltene Meinungen dazu. Der Kleidungsstil und die Musikvorlieben meiner Mitschüler unterschieden sich extrem voneinander. Das ging von Punk über New Wave und Popper-Schönlinge bis zu Öko, von sehr rechts bis sehr links. Wir diskutierten viel, und viele meiner Mitschüler gingen auf die Straße, gegen Atomkraftwerke oder dafür, gegen das Waldsterben und für viele andere Themen. Der Kalte Krieg zwischen den USA und der damaligen Sowjetunion war ein Dauerthema und Grund für Existenzangst. Unsere Generation ist ausgerechnet die, die über die Umweltzerstörung der Welt in der Schulzeit genau informiert wurde. Nachweislich haben wir aber absolut nichts dazu beigetragen, die Umwelt zu schützen, sondern haben uns blind an der ständigen Steigerung des CO_2-Verbrauchs und dem wilden Plastikkonsum beteiligt. Unsere Wohlfühlaktionen haben nichts Wirkliches bewirkt: Fahrradfahren, Einkaufstasche selber mitbringen, Ökoglühbirne, das Lichtausmachen, wenn man den Raum verlässt, und heute der aus dem Verkauf verbannte Plastikstrohhalm.

Die Klimaentwicklung hat mich in meiner Arbeit als Architekt seit Jahren beschäftigt. Die rapide Erderwärmung ist mir seit etwa 2006 bekannt, und sie wurde für mich auch persönlich spürbar. Durch meinen Aufenthalt in den USA konnte ich bei meinen regelmäßigen Besuchen in Deutschland jährlich den Unterschied im Klima, immer mit einem Abstand von zwölf Monaten, bemerken. 2012 wurde die gesamte Downtown Manhattans zum ersten Mal in ihrer Geschichte überschwemmt, und die U-Bahnen liefen bis über das Straßenniveau mit Wasser voll. Zu meiner Schulzeit gab es bei 25 Grad Hitzefrei. Das kam damals insgesamt maximal ein Mal pro Jahr vor. Jetzt heißt es, man muss es in Arbeitsräumen bis 35 Grad Celsius aushalten können.

Seit dem Hurrikan in New York hatte ich meinen eigenen Anteil an der CO_2-Belastung bewusst drastisch heruntergefahren: Ich hatte mein Auto wieder verkauft, nutzte nur öffentliche Verkehrsmittel, flog weniger, kaufte

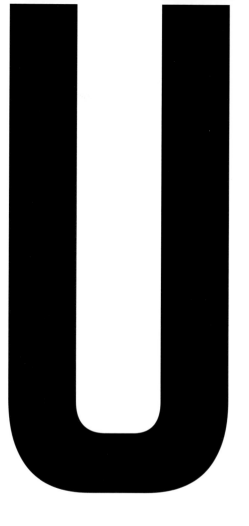

weniger ein und ging in den Tante-Emma-Laden nebenan, statt bequem auf Amazon zu bestellen. Ich fing an, alles abzulehnen was ich bisher aus Bequemlichkeit heraus und gegen mein besseres Wissen und Gewissen immer noch gewohnt war zu tun. Eine zweite Überschwemmung New Yorks wollte ich nicht mitmachen und entschied mich, nach Europa zurückzuziehen. Nach Berlin, fernab von Wasser, Erdbeben oder sonstigen Naturkatastrophen, so dachte ich damals. In Berlin hatte ich ja schon früher gelebt und gearbeitet, und so schien mir die Stadt ein guter Anfangspunkt nach dem Klimaschrecken in New York zu sein.

Tatsächlich schreibe ich dieses Buch aber nicht von Berlin, sondern vom Mittelmeer aus. Ich schaue im Jahr 2021 von meinem Schreibtisch in der Stadt Barcelona nach Süden auf den grünen Montjuïc, seit zwei Jahren schon. Nicht von einer Wohnung eines berühmten Modernisten aus, auch nicht aus einer Gaudí-Wohnung, noch nicht einmal von einer Wohnung aus, die ich selbst renoviert habe. Ich wohne zur Miete in einer ehemaligen Airbnb-Wohnung mit hohen Stuckdecken, die wie ein Hotel ausgestattet ist. Ich lasse es mir während der Covid-19-Quarantäne einfach nur gutgehen und schreibe auf, was ich in Berlin erlebt habe. Ich lese mich endlich durch die vielen Reihen von Büchern, die sich bei mir angesammelt haben und die mit nach Barcelona umgezogen sind. Auch aus der geerbten Bibliothek meiner Mutter. Die Dame auf der New Yorker Party hatte Recht: Nicht nur ich kann jetzt nicht mehr in Deutschland leben. Es sind auch die Deutschen, die mich nicht mehr verstehen. Ich bin jetzt ein Ausländer im eigenen Land.

▶ **Blick aus dem Esquire Building** Loft auf die Südseite Brooklyns, die Williamsburg Brücke und den East River, 1994. **Fotograf:** Philipp Mohr.

fabergé? liberté - corbusier!

1994

In New York hatte ich das unglaubliche Glück, meine Gönnerin Stephanie Eisenberg zu treffen. Ich hatte sie über Servas International kennengelernt und durfte in ihrem riesigen zweigeschossigen SoHo-Loft wochenlang kostenlos wohnen. Sie ist eine Jüdin aus Brooklyn, die in den 80er Jahren zusammen mit ihrer Schwester eine Metallfabrik und einige Gebäude von ihrem Vater geerbt hatte. Stephanie zeigte Interesse an deutschen und europäischen Einwanderern, denen sie auf die eine oder andere Weise half. Vor allem war sie an Kunst und jedem Menschen interessiert, der irgendwie kreativ tätig war. Als junger Architekturstudent an der Cooper Union University und an anderen Schulen in New York hatte ich eine spezielle Verbindung zu ihr. Ich konnte ihr helfen, etwas aus ihren leerstehenden Gebäuden in Brooklyn zu machen und ihre Träume umzusetzen. Die paar Wochen in ihrer Wohnung waren alles, was ich brauchte, um in New York Fuß zu fassen. In New York kann man mit Talent alles erreichen, und das in Windeseile. Die Stadt sucht alles und jeden, der eine besondere Eigenschaft mitbringt, eine besondere Begabung oder spezielles Wissen hat. Ansonsten spuckt sie alles aus oder lässt sich bestenfalls für eine kurze Zeit bewundern. Ein New Yorker zu sein, zu dieser auserwählten Gruppe zu gehören, das tragen alle, die dort leben, wie einen Orden am Revers oder manchmal wie eine Monstranz vor sich her. Eigentlich ist es allerdings ein Rucksack, den man zusätzlich mit sich trägt, manchmal schwerer, manchmal leichter.

Nach der kostenlosen Anfangszeit ging es bei mir schnell auf der Karriereleiter hoch und immer höher. Nach Winka Dubbeldams Büro ging es zu Eisenman und so weiter. Wenig später wohnte ich günstig in einem kleinen Zimmer in einem der anderen Häuser von Stephanie in Brooklyn, zusammen mit ihrem

Sohn Paul Eisenberg. Das Zimmer war genauso groß wie eine Bettmatratze, aber es hatte ein kleines Fenster mit einem Ausblick auf das Empire State Building, das nachts immer hell angestrahlt war. Ein New Yorker Freund sagte damals zu mir: „Du musst immer mal wieder den Himmel angucken, wenn Du hier überleben willst." Als Gegenleistung für Stephanies Hilfe fertigte ich kostenlos Architekturentwürfe und Pläne für die Umgestaltung ihres massiven Fabrikgebäudes am East River an, neben dem ich wohnte. Das Gebäude in der komplett verödeten Nachbarschaft von Williamsburg neben der Williamsburg Bridge stand schon lange leer, noch vor der städtischen Verwüstung Brooklyns durch die Drogenkrise der 80er- und 90er Jahre. In den zweigeschossigen Hallen aus Stahlbeton kreierte ich über einhundert Grundrisse für Maisonette-Wohnungen mit doppelten Geschosshöhen à la Corbusier entlang der Fensterfronten. Als Stefanie Eisenberg das Gebäude viele Jahre später endlich sanierte und die rohen Fabriketagen als zerteilte Loft-Wohnungen mit nur einem Bad und einem Küchenanschluss verkaufte, erhielt ich als Dank eine Wohnung zum Materialpreis im Rohbauzustand. Das war ein Bruchteil des damals gängigen Quadratmeterpreises in New York. Hier renovierte ich meine eigene Maisonette-Wohnung mit Ausblick auf die Williamsburg Bridge und die gegenüberliegende Stadt Manhattan, mit Sonnenuntergängen hinter dem Empire State Building. Mein Ausblicklick aus dem 10. Stockwerk fiel zufällig direkt auf die Backsteinhochhäuser am anderen Flussufer, die von Le Corbusiers „Plan für Manhattan" von 1935 inspiriert waren. Hier wohnte ich seit 2001, und hier hatte ich auf der unteren Etage mein eigenes Büro. Alle Nachbarn waren ebenfalls Künstler und Kreative, viele von ihnen aus Europa und Deutschland.

Um unser Gebäude herum entwickelte sich die öde, verwüstete Stadtlandschaft langsam zu einem brummenden Stadtteil mit ausgeflippten Hipstern und Künstlern. Doch dann überstiegen die Lebenshaltungskosten irgendwann auch die Erlöse aus meinem Architekturbüro. Bald war es so weit, dass die ganz großen Marken hier ihre Vorzeigeläden aufmachten und ein Apple-Laden an der Bedford Avenue landete. Auch wenn ich die Wohnung verkauft oder vermietet hätte, hätte ich nicht weiter in Williamsburg leben können. Jedenfalls nicht so unbeschwert, wie es mal in den 90er Jahren gewesen war. Ich hatte mich selbst hinaus-gentrifiziert, ein Wort, das so viel bedeutet wie, durch Verschönerungen und zu viel Renovierung den Wert des heruntergekommenen Stadtteils zu erhöhen. Ein Wort, das mittlerweile auch jedem Deutschen ein Begriff sein dürfte. In den USA bedeutet es aber hauptsächlich, die urbanen Afro-Amerikaner durch zu hohe Mieten und kommerzielle Kultur zu vertreiben. Also waren wir die weißen „Gentlemen", die über eine ethnische Stadtgegend hergefallen waren. Das wurde mir erst mit der Zeit bewusst. Dass es in unserem Stadtteil überhaupt keine Bankkredite für Gebäuderenovierungen und auch keine guten Schulen und Kindergärten gab, entpuppte sich später als durchgeplante rassistische Politik von ganz oben. Ich hatte mich damals immer gewundert, warum niemand in einer Gegend, die eine U-Bahn-Station von Manhattan entfernt liegt, wohnen oder

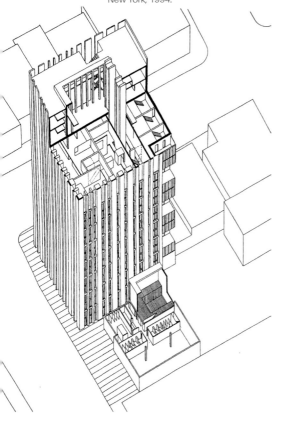

▸ **Umgestaltung der Esquire Schuhcremefabrik** in Brooklyn in ein Wohnhochhaus mit Maisonettewohnungen. Entwurf und Axonometriezeichnung von Philipp Mohr, New York, 1994.

▶ **Wohnung im 9.** Geschoss in der Esquire Schuhcremefabrik in Brooklyn mit Blick auf die Williamsburg Bridge und die Domino Zuckerfabrik.

dort investieren wollte. Heute bin ich um einiges schlauer, die Amerikaner wussten das natürlich immer, konnten darüber aber nicht offen reden. Man behielt bis vor #Blacklivesmatter seine Meinung immer für sich. Ich hatte mich schon mehrmals durch die hohen Preise in Manhattan von einem Stadtteil zum anderen -, und dann wieder zurück nach Brooklyn vertreiben lassen. Daraus wurde immer mehr ein Kampf ums Überleben und immer weniger ein Genießen der Stadt. Ich arbeitete immer härter und länger. Es folgten Herzkasper, Herzinfarkt-Klinik, vierzigster Geburtstag, frühe Midlife-Crisis und ein heftiger New York-Burnout. Ich saß auf einem Hausboot am Rande der Stadt, reparierte das Boot und das, was von mir noch übrig war ...

Durch meine amerikanischen Architekturkunden war ich es gewohnt, dass Häuser oder Wohnungen mit derselben Selbstverständlichkeit verkauft und gekauft wurden wie Autos. Aus der Erbschaft meiner Mutter hatte ich in New York zwei Hausboote gekauft, sie renoviert und mit Gewinn weiterverkauft. Aus diesem Erlös und den Mieteinnahmen meiner Wohnung in Brooklyn wollte ich in Berlin über einen extrem niedrigen Zins bei einer Bank zwei Wohnungen kaufen und den Umbau mit dem Kredit finanzieren. Auch diese Projekte waren Teil meiner Trauerarbeit und Selbstfindung nach dem Tod meiner Mutter. Ich gab mein Architekturbüro in New York mit ursprünglich zehn Mitarbeitern auf, beziehungsweise arbeitete ich mit wenigen meiner Architekten, die nach Barcelona zurückgezogen waren, über das Internet per Homeoffice weiter. Schließlich kehrte ich mit meinem neuen amerikanischen Reisepass und meinem alten deutschen Pass nach Berlin zurück.

▶ **Hausboote S.S.**
James Franco und Ziggy Stardust, Rockaway Beach, Queens - New York, 2015. **Fotograf:** William Grob, New York.

Auf der Suche nach einer Berliner Wohnung wurde mir klar, dass sich die Verhältnisse innerhalb von 15 Jahren drastisch verändert hatten. Als ich mich mit meinem frisch bewilligten Bausparvertrag nach Kaufwohnungen umsah, gab es noch viele günstige Immobilienangebote. Ein Berliner Bekannter und Leiter eines Berliner Theaters hatte im selben Jahr in Neukölln noch eine Zweizimmer-Wohnung für nur eintausend Euro pro Quadratmeter gekauft und mit fast null Prozent Bankkredit finanziert. Das war billiger als mieten, wenn man einen kleinen Batzen Geld für die Kreditanzahlung zur Verfügung hatte.

Es gibt vielleicht an keinem anderen Ort der Welt so viele Miet- und Eigentumswohnungen so vieler bedeutender Architekten des 19., 20. und 21. Jahrhunderts wie in Berlin. Berlin ist so etwas wie eine internationale Weltausstellung der Wohnideen aller wichtigen Architekten der letzten 200 Jahre. Vor allem gibt es exemplarische Ideen des Wohnens der modernen Architekten in diesen Wohnungen; ob privat, vermietet oder öffentlich. Ich wollte keine Wohnung in einem anonymen Gebäude. Ich schaute zuerst auf den einschlägigen Onlineportalen nach berühmten Architekturikonen: Oskar Niemeyers Wohnhaus im Hansaviertel, Wohnungen in der Stalinallee von Richard Paulick und Hermann Henselmann. Etwas vom Architekten Bruno Taut aus den 1920er Jahren? Vielleicht eine Wohnidee von Peter Eisenman oder Álvaro Siza, oder eine Plattenbauwohnung im Stil WBS 70?[17]

Am Ende entschied ich mich für die Maisonette-Wohnung Nr. 258 im sogenannten Corbusierhaus[18] am Berliner Westend, S-Bahnstation Olympiastadion. Als Architekt kannte ich natürlich die Architektur der historischen Person „Le Corbusier" fast in- und auswendig, und ehrlich gesagt: Ich verehrte ihn fast ein bisschen religiös. Gleichzeitig wusste ich über ihn als Person

---

17. WBS 70 steht für „Wohnungsbauserie 70", einen Wohnhaus-Typ in der ehemaligen DDR in Plattenbauweise.

18. Das Corbusierhaus ist der erste Plattenbau aus Sichtbeton in Deutschland. Es ist eine Mischung aus Ortbeton und vorgefertigten Betonbauteilen. Zwischen den Bauteilen sind einige Metallteile verbaut. Also quadratisch, praktisch, gut, auf dreistöckigen Betonpfeilern aufgestelzt, so dass man (theoretisch) darunter laufen und sitzen kann, und damit der Vorläufer aller aufgestelzter moderner Architektur.

wenig.[19] Wie jeder Architekturstudent nach 1945, habe ich die Gebäude Le Corbusiers in Büchern und Vorlesungen gesehen, studiert und mir eingeprägt. Das Berliner Corbusier-Hochhaus hatte ich als Architekturstudent schon besichtigt. Die „Fünf Punkte zu einer neuen Architektur" (Cinq points de l'architecture moderne) von Le Corbusier und Pierre Jeanneret, CIAM, die Kapelle Notre-Dame-du Haut von Ronchamp, Unité d'Habitation und die verschachtelten Maisonette-Wohnungen mit den Innentreppen kennt jeder Architekt. Ich erinnere mich gut an die klugen Worte eines Kunstprofessors am Küchentisch in Berlin zu Le Corbusier: „Ganz tolle Architektur natürlich! Aber sein Städtebau war schrecklich." Als ich mit einigen befreundeten deutschen und amerikanischen Architekten über den Kauf der ehemaligen Sozialwohnung mit den weißen Raufasertapeten und dem Spannteppichbelag sprach, ermutigten mich alle: „Mach es! Renoviere es! Aber mach daraus etwas Eigenes, interpretiere Corbusier neu!"

Niemand fand es interessant oder möglich, so eine banale Wohnung derart umzubauen, dass sie als Le Corbusier-Wohnung erkennbar sein würde. Genau das reizte mich aber und gab mir auch die Möglichkeit, mehr über Le Corbusier als Person zu erfahren. Noch am selben Abend recherchierte ich im Internet und in Büchern aus den Büchereien Berlins und sichtete nahezu alles, was man über Le Corbusier finden konnte. Texte, Fotos, Le Corbusier-Ferienwohnungen, Originaltexte, Übersetzungen, Pläne, Antiquitäten, Neuauflagen von Möbeln, Lampen und Tapeten, dazu neue Le Corbusier-Lichtschalter und Armbanduhren und original Le Corbusier-Wandfarben. Im Fernsehen schaute ich mir in meiner Neuköllner Altbauwohnung, die ich bereits fast fertig umgebaut hatte, einen Dokumentarfilm über den Mount Everest an. Im Rückblick empfinde ich die Rekonstruktion der Le Corbusier-Wohnung wie die persönliche Everest-Besteigung in meiner bescheidenen Architekten-Karriere. Ich kann dieses Projekt nicht wirklich rational erklären. Es hat mich viel Energie und Geld gekostet und fast in den finanziellen Ruin getrieben. Die Deckendurchbruch-Affäre mit den Hauseigentümern war mein „Hillary-Step", die letzten Schritte zum Gipfel, an denen viele Bergsteiger wohl scheitern. Warum war mir dieser Gipfel mit der doppelten Deckenhöhe in der Sozialwohnung so wichtig, dass ich es darauf anlegte, eine ganze Wohngemeinschaft in Berlin gegen mich aufzubringen? Dazu später mehr.

Als langjähriger New Yorker, ehemaliger Berliner und inzwischen auch Amerikaner, war mir das kapitalistische Konzept geläufig, die Wohnung eines namhaften Architekten wie ein Sammler zu besitzen und zur Schau zu stellen. Auch das Konzept, eine Wohnung oder ein Haus vollends stilgerecht umzubauen, hatte ich in Amerika verinnerlicht. In den New Yorker Architekturbüros, in denen ich mich vor allem mit Innenarchitektur beschäftigt habe, lernte ich eine Unvoreingenommenheit kennen, die ich in Deutschland nie erlebt hatte. Schon seit den Vorkriegsjahren ist es in den USA Tradition, ab einem gewissen sozialen Stand einen Designer oder Entwerfer zu engagieren, der das eigene Wohnhaus baut oder umbaut

---

19. Le Corbusier (1887-1965) bekam seinen französischen Pass im Jahr 1929 in Paris. Er nahm diesen Künstlernamen als Pseudonym erst 1919 in Paris an, um mit seinem Künstlerfreund Onzefant mehr Artikel unter verschiedenen Autorennamen in der gemeinsamen Heftreihe „L'Esprit Nouveau" veröffentlichen zu können. Den Namen Le Corbusier verwendete er ausschließlich, wenn es um architektonische Themen ging. Seinen Geburtsnamen Charles-Édouard Jeanneret-Gris verwendete er bei Themen der Bildenden Kunst und zur Signatur seiner Kunstwerke.

und einrichtet. So entsteht ein komplettes Werk, ganz auf den Kunden abgestimmt. Der Stil ist beliebig, und man sucht sich entweder einen passenden Designer, Architekten oder Raumausstatter, der den gewünschten Stil vertritt, oder die jeweiligen Designer versuchen, den gewünschten Stil zu emulieren. Es ist ein Statussymbol, so ein individuelles Wohnhaus oder eine Wohnung zu besitzen, und es ist gesellschaftlich anerkannt und alltäglich. Vor allem in New York und den Wohngebieten der wohlhabenden gesellschaftlichen Mittel- und Oberschicht, die sich von den ärmeren Wohngebieten oft ganz bewusst und klar abgrenzt, ist es fast Standard, das Heim so stark individuell gestalten zu lassen. In den USA ist die Wohnung die Visitenkarte und wird im besten Fall in einer führenden Zeitschrift veröffentlicht.

Amerikanische Designer und vor allem Innenarchitekten sind in historischen Stilen und allen Arten von Stilen bewandert und gehen damit ganz selbstverständlich um; ganz im Gegensatz zu Deutschland, wo ich es seit den 1970er Jahren nicht anders kenne, als dass man immer etwas „Neues" kreieren will und dabei stilistisch modern bleibt. Etwas Künstlerisches zu schaffen, bedeutete in meiner Ausbildung immer ganz eindeutig, dass das Neue rein formal gesehen modern zu sein hatte. Ich habe das stets hinterfragt, wurde aber belächelt, ja sogar als dumm tituliert. Darüber konnte man mit Lehrenden oder Studierenden nicht ernsthaft diskutieren. Jeder Versuch des Historismus war gleichgestellt mit Dummheit; es sei denn, man tat es aus Ironie und um das Historische dadurch noch klarer in den Schatten zu stellen, postmodern eben. Im Fach Architektur wurde der Historismus als Baustil nur in Zusammenhang mit Restaurierung, Wiederaufbau oder Dokumentation erwähnt. Etwas ernsthaft Historisierendes neu zu entwerfen, kommt in Deutschland und Europa nach 1945 und ebenso für öffentliche Gebäude in den USA einfach nicht vor. Keine Diskussion.

Warum eigentlich? Das frage ich mich seit Jahrzehnten und habe mich in New York mit allen Baustilen auseinandergesetzt. In New England habe ich 2012 mit meiner eigenen Architekturfirma ein modern erweitertes Haus in Greenwich, Connecticut im georgianischen Stil umgebaut, sowie den Innenausbau von modern auf georgianisch umentworfen und ausgeführt. Das war für meine Berliner Architekturkollegen lächerlich und Disneyland im reinsten Sinne. Für die Kunden in New England war es dagegen perfekt, und sie konnten das Wohnhaus mit sechs Schlafzimmern und sieben Badezimmern für den doppelten Preis (8,5 Millionen Dollar) 2017 weiterverkaufen. Jetzt wird das Haus schon wieder nach dem Geschmack der neuen Eigentümer weiterrenoviert.[20] 2021 ist die Villa wieder in der neuesten Designvariation für denselben Kaufpreis zu haben.

Mir gefällt es, auf welche Art Le Corbusier in seiner Büchern hinterfragt: „Warum eigentlich Rom?", so fragt er im Zusammenhang mit der *École des Beaux-Arts*, bei der immer wieder ausschließlich die römische antike

---

20. Das Wohnhaus 16 Chimney Corner Lane in Greenwich, Connecticut wurde 1922 im georgianischen Stil gebaut, ein größerer Anbau wurde 1993 im postmodernen Stil erweitert. In den US-Staaten nördlich von New York, die zusammengefasst Neu England genannt werden, ist der georgianische Stil bis heute sehr geläufig. Die georgianische Zeit verdankt ihren Namen den vier aufeinanderfolgenden englischen Königen George aus dem deutschen Adelshaus Hannover von 1714 bis 1830. Ein sehr deutscher Stil also, wenn man will.

Architektur als Stilform verwendet werden darf. Es wurde damals keine andere Stilart akzeptiert, schon gar nicht etwas Modernes. Le Corbusier war in der ersten Hälfte des 20. Jahrhunderts in den meisten Akademien weltweit verpönt und verschrien, und wie im Fall Professor Tessenows in Berlin waren seine Bücher in der Architekturschule verboten. Das war bis 1945 so. Danach, wie durch Magie, kehrte sich diese Bewertung um. Ein Paradigmenwechsel. Jetzt durfte plötzlich außer Le Corbusier weltweit nichts anderes mehr gelehrt werden. Warum das so ist, hat mich ebenfalls beschäftigt, und ich habe dazu eine persönliche Meinung entwickelt.

Durch diese Art von Designarbeit in den USA bin ich auch dazu gekommen, mich an die Renovierung einer Ikone des Modernismus heranzuwagen. 2008 arbeitete ich bei der deutschen Architektin Annabelle Selldorf in New York. Als Mitglied des Architekten Teams habe ich ein wichtiges Haus des modernen italienischen Architekten Gio Ponti, ein Gebäude in Mailand aus der faschistischen Zeitperiode, für die Modefirma Abercrombie & Fitch komplett entbeint und bis auf die Steinverkleidung der Fassade komplett erneuert. Der Palazzo Ferrania im Mailänder Corso Matteotti war seit den 1930er Jahren so oft umgebaut worden, dass vom Originalzustand nicht viel übriggeblieben war. Die Erneuerung war dann nicht eine zeitgenössische Neuinterpretation Gio Pontis, sondern eine Auseinandersetzung mit dem historischen Designer Gio Ponti in seiner Zeit, den 1920er und 1930er Jahren. Es war der Versuch einer Annäherung an das, was er damals entworfen hätte und vielleicht auch nachträglich noch entworfen haben könnte. Das Resultat des Entwurfs der Außenfassade und auch der neuen Innenausstattung, Fenster und Türen stellte die Mailänder Behörden und Denkmalpfleger zufrieden. Das Gebäude gilt jetzt als stilechter Ponti und wird inzwischen wieder von einem neuen Mieter umgebaut.

Diese amerikanische Philosophie des Umgangs mit Design und Eigentum ist für mich vergleichbar mit der Selbstverständlichkeit, mit der man in Europa und weltweit beim Autorenovieren generell umgeht. Jedermann versteht wohl den Unterschied, wenn man bei einem zerstörten Oldtimer eine stilgerechte Rekonstruktion vornimmt, oder wenn man es dagegen nach eigenem Geschmack oder „modern" umbaut. Den meisten Menschen graust es wahrscheinlich, wenn ein berühmtes altes Auto, wie zum Beispiel ein Opel aus den 1920er Jahren, mit einer Knallfarbe lackiert und mit viel moderner Technik ausgestattet ist und der Originalzustand des Autos bestenfalls noch zur Hälfte erkennbar ist. Geschmackssache. Andere, aber doch ähnliche Vergleiche zum Auto fielen auch Le Corbusier auf, als er in seinem Buch *Ausblick auf eine Architektur* 1922 die große Merkwürdigkeit darstellte, mit der Menschen damals eine neue Formensprache bei Autos akzeptierten, aber bei Architektur und Gebäuden vehement ablehnten.

Diese Selbstverständlichkeit, mit der wir Stile annehmen und ablehnen, finde ich als entwerfender Designer sehr interessant und spannend. Und sie ist, glaube ich, auch Thema meiner Le Corbusier-Renovierung in Berlin. Und es ist das Thema des Kampfes um den Deckendurchbruch, der mit der Ablehnung bei der Eigentümerversammlung noch nicht beendet war.

▶ **Der Künstler Cristian Chironi** fertigte 2019 einen Fiat 127 Special in den Farben der Wohnung 258 an. Mit dem Auto fuhr er für seine Projekte „My House is a Corbusier" und „My sound is a Corbusier" von Italien nach Berlin. **Bild**: Cristian Chironi, 2019.

▶ **Olympiastadion Berlin** mit Blick auf den Hitlerturm.
Fotograf: Didier Gaillard-Hohlweg, 2018.

▸ **Hitlerturm im Maifeld des Berliner Olympiastadions** von 1935, wiederaufgebaut 1962. **Entwurf:** Werner March, Albert Speer, Adolf Hitler. **Fotograf:** Didider Gaillard-Hohlweg, 2018.

im tigerkäfig

Sehr nervös ging ich zu meiner ersten Eigentümerversammlung des Corbusierhauses. Die Wohnung Nr. 258 gehörte mir seit knapp einem Jahr. Die Versammlung war in der großen Coubertinhalle der Stadionterrassen, eines Teils des alten Berliner Olympiastadions, anberaumt, nur wenige Schritte entfernt vom Corbusierhaus. Mein Vorhaben an diesem Tag war es, einen von mir geplanten Deckendurchbruch in der Betondecke meiner zweigeschossigen Wohnung vorzustellen und eine letzte Genehmigung von den Miteigentümern zu bekommen. Ich wollte den berühmten großen Schlafzimmerbalkon von Le Corbusier nachbauen. Ich fühlte mich unwohl, allein schon deswegen, weil ich, um an dieser Versammlung teilzunehmen, dieses Gebäude des deutschen Faschismus aus den 30er Jahren betreten musste. Es ist ein sehr monumentales, weißgetünchtes Gebäude mit vereinfachten neo-klassizistischen Säulen. Ein Design von vielleicht 1934/35. Ein bisschen Kulturschock für mich, etwas aus einer ganz anderen Zeit und von einem ganz anderen Planeten. Im Hintergrund ragt der Hitlerturm empor. Ich war sehr abgelenkt, sowohl von dem dumpfen Gefühl im Magen als auch von ein paar dunklen Gedanken an meine und unser aller Nazivergangenheit. Und ich war wirklich verwirrt von den architektonischen Stilelementen. Ich versuchte mich auf meinen eigenen Kampf zu konzentrieren: Mein Kampf – der Deckendurchbruch!

Abb. S. 62

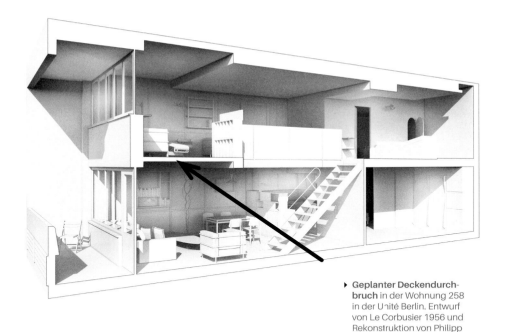

▸ **Geplanter Deckendurchbruch** in der Wohnung 258 in der Unité Berlin. Entwurf von Le Corbusier 1956 und Rekonstruktion von Philipp Mohr. **Zeichnung**: Philipp Mohr, Berlin, 2017.

Meine Unterlagen bestanden aus der Baugenehmigung, der Genehmigung von der Unteren Denkmalschutzbehörde, statischen Berechnungen und Bauplänen. Ich hatte ein paar Kopien einiger neuer Unterlagen dabei, die ich zuvor noch nicht eingereicht hatte, und fragte jemanden, an wen ich diese übergeben könnte. Ich legte die Dokumente einem der Vorstandsmitglieder vor, die sich langsam auf die temporäre Tribüne am Ende des Saales begaben. Ein Herr sagte zu mir: „Diese Dokumente brauche ich von Ihnen gar nicht. Machen Sie sich keine Hoffnung. Herr Mohr, schauen Sie nur in den Saal hinein! Schauen sie sich nur diese Leute an! Glauben Sie wirklich, dass diese Leute das durchgehen lassen?" Ich lief rot an und schaute mir die Leute im Saal zum ersten Mal an. Ich ließ die Unterlagen auf dem Vorstandstisch liegen und setzte mich auf einen der vielen Plastikklappstühle an einen der Klapptische. Neben mir hatte schon einer meiner Hausnachbarn Platz genommen, den ich vorher noch nie gesehen hatte. Wir führten Smalltalk. Mir war nicht so ganz klar, warum der Herr das vorhin zu mir gesagt hatte. Sehe ich denn so komisch oder anders aus als die anderen hier? Ich bin ein weißhäutiger Mann, trage einen Vollbart, bin mit 45 Jahren mit Abstand der Jüngste im Saal. Alle Herren hier sind im Gesicht rasiert, leicht graue Kopfhaare bei den meisten. Es sind gleich viele Männer wie Frauen, alle weißhäutig, sicherlich deutsch, westdeutsch. Durchschnittlich normales Aussehen, eher konservativ, heterosexuell, würde ich mal schätzen. Alle tragen Alltagskleidung, niemand hat sich besonders in Schale geworfen. Es wirkt so, als trügen alle die Kleidung, die sie auch in ihren Wohnungen tragen. Eine homogene Truppe, dachte ich. Bin ich so auffällig und anders? Ich trage zur Feier des Tages ein kariertes Hemd und meine gute, leicht zerrissene schwarze Jeans. Irgendwie war mir schon klar, dass hier irgendetwas lief, und mein Bauchgefühl sagte mir schon die Wochen vorher, dass irgendetwas nicht stimmen würde. Das sagte mir nicht nur mein Bauchgefühl, auch der eine oder andere zufällig mitgehörte Kommentar im Umfeld der Hausgemeinschaft. Eine meiner neuen Nachbarinnen hatte mich im Flur zu meiner Renovierung einmal gründlich ausgefragt.

Ich kannte erst zwei oder drei meiner Mitbewohner beziehungsweise Miteigentümer. Obwohl ich jetzt schon fast ein Jahr im Corbusierhaus wohnte, hatte ich von den Hunderten Mietern und Bewohnern des Gebäudes nur etwas mehr als eine Handvoll Leute überhaupt gesehen. Wenn man die große, überdimensionierte Eingangshalle des Corbusierhauses betritt und auf den Aufzug wartet, sieht man selten überhaupt eine andere Person. Meist ist man beim Betreten und Verlassen des Gebäudes allein. Vielleicht spricht man kurz mit dem Herrn in dem unglaublich kleinen Laden neben den Aufzügen, in den maximal drei Personen hineinpassen, wenn man die Tür noch öffnen und schließen will. Warum findet diese Jahresversammlung nicht einfach in dieser riesigen ungenutzten Eingangshalle statt, die genauso groß zu sein scheint wie die angemietete Halle, in der wir jetzt alle warten? Oder auf dem großen begehbaren Flachdach des Gebäudes? Dann wäre es wenigstens einmal im Jahr von den Bewohnern genutzt worden. So, wie es eigentlich vom Architekten geplant gewesen war. Sogar eine der Innenstraßen des Gebäudes wäre locker groß genug, um diese Versammlung abzuhalten. Oder zwischen den Betonstelzen unter dem Gebäude, geschützt, falls es im Sommer doch mal regnet. Ach, das geht ja nicht, weil dieser Bereich zum überdachten Parken genutzt wird, entgegen den ausdrücklichen Erklärungen des Architekten in seinen Büchern. Nach Corbusiers Manifesten, die heute zu den Grundlagen eines jeden Architekturstudiums gehören, soll gerade dieser Bereich von den Fußgängern genutzt werden. Das lernt heute jeder Architekturstudent im ersten Studiensemester. Daher sieht man nicht zufällig täglich mindestens eine Gruppe Architekturstudenten von irgendwo in Deutschland um das Haus herumschleichen und das Gebäude studieren, nur um dann festzustellen, dass man hier weder unter dem Haus herumgehen noch auf das Dach steigen kann, noch gibt es eine Wohnung zu besichtigen oder ein Café zu besuchen oder sonst irgendetwas zu tun. Man geht um das stumme Haus herum, fragt sich immer wieder, ob man hier oder da überhaupt hintreten darf, in Erwartung, von irgendjemandem angesprochen zu werden, ist etwas enttäuscht und geht schnell wieder weiter.

Ich saß in der Versammlung, und es gab kein Zurück mehr, denn ich hatte den verrückten Plan ja schon veröffentlicht. Eine Kopie meiner Architekturzeichnung war an alle Miteigentümer per Post verschickt worden und lag auf allen Sitzplätzen. Dabei hatte ich den Deckendurchbruch nicht einmal förmlich beantragt. Ich hatte die Zeichnung nur einer Anfrage an die Hausverwaltung per E-Mail angefügt. Ich hatte nur gefragt, wie man formal einen Antrag an die Hauseigentümer stellt, eine einfache naive Frage, ob es denn generell erlaubt sei, innerhalb einer Wohnung eine Betondecke zu verändern. Ein Architekt und alter Freund meiner Familie und sehr großer Le Corbusier-Fan, hatte mir bei einem Baustellenbesuch schon formlos zugesagt, dass dies kein Problem sei, da sich die Decke ja innerhalb meiner Maisonette-Wohnung befinde. Daher gehöre die Decke nicht zum Allgemeineigentum der Hausgemeinschaft. Ich könne ohne weiteren Antrag die Decke aufschneiden und den Beton aufhacken, wo ich wolle, am besten im Beisein eines Statikers.

Obwohl ich Architektur und Ingenieurwesen studiert habe, fast dreißig Jahre im Geschäft war und gefühlte hundert Wohnungen renoviert hatte, machte mich der Gedanke, bei einem so großen Betongebäude, dazu noch einem so berühmten, einfach am Beton rumzuhacken, doch sehr nervös. Und dann waren da ja auch noch die neugierigen Nachbarn, die offensichtlich sonst nicht sehr viel Interessantes zu bereden hatten. Einer von ihnen würde das alles spätestens auf meinem Instagramprofil finden und mir Probleme machen, so dachte ich.

Bei seinem Besuch während meiner Wohnungsrenovierung nahm dieser Architekt eine kleine Ecke des originalen Linoleum-Bodenbelages mit, den ich gerade aus der ganzen Wohnung entfernt hatte. Er hielt sie wie eine heilige Le Corbusier-Reliquie in der Hand! In seiner Generation von Architekten war Le Corbusier das Nonplusultra, der Gott gewesen. Er trägt natürlich auch zeitlebens die obligatorische kreisrunde Le Corbusier-Brille. Das kleine Beutestück ist ein schönes braunes Lino.eum, das leider in den 80er Jahren bei einer Wohnungsrenovierung mit einem schallschluckenden gelbem Spannteppich so stark verklebt worden war, dass es jetzt unmöglich war, irgendetwas von dem Originalbelag zu retten. Im Nachhinein kann ich mir nur zu gut das damalige Drama vorstellen. Die unteren Nachbarn müssen sich so lange über das nächtliche Trapsen auf der dünnen Betondecke der oben wohnenden Nachbarn beschwert haben, bis die gesamten 80 Quadratmeter der Wohnung von Wand zu Wand mit Spannteppich aus Polyester verklebt wurden.

Aber solche kleinen Zankereien zwischen Nachbarn sind doch gar nichts, dachte ich jetzt. Es ist ja eher ein außergewöhnlicher Fall, dieses Aufschneiden von Betondecken. Die Broschüre des Denkmalschutzes sagt, dass alle Bauteile innerhalb der Wohnungen, die nicht Allgemeineigentum sind, entfernt und ausgetauscht werden können. Die Betondecke wird nicht explizit erwähnt. Ist die Decke nun Allgemeineigentum oder nicht?

Meine E-Mail mit dem Antrag an die Hausverwaltung war im Nachhinein gesehen schon sehr hochtrabend, vielleicht mutig, aber auch irgendwie unklug. Ich konnte ja nicht ahnen, dass dreihundert oder mehr Leute meine wenigen Sätze mit so großem Schrecken lesen würden: „Die Wohnung 258 wird von mir renoviert und umgestaltet, in Anlehnung an Ideen von Architekt Le Corbusier. Wir verwenden mitunter Originalbauteile aus dem Corbusiergebäude in Marseille. Hiermit möchte ich einen Antrag stellen, der es ermöglicht, die 13 cm dicke Spannbetondecke im Bereich zwischen den Balken am Fenster zu entfernen.

▸ **Unité Berlin** von Le Corbusier mit Modell der Wohnung 253 herausgezogen. **Zeichnung:** Philipp Mohr, Berlin, 2017.

Der Deckenaufbruch soll maximal 371 cm breit entlang der Fensterfront sein und 219 cm tief zwischen den Betonbalken." Dass es in dem Gebäude eine große Gruppierung gab, die grundsätzlich gegen alle Bemühungen war, das Gebäude im Sinne Corbusiers zu verändern, war für mich damals überhaupt nicht denkbar.

Worte sind unglaublich wichtig, vor allem das geschriebene Wort. In unserer westlichen Zivilisation war am Anfang angeblich nur das Wort. Le Corbusier sagte, dass es nur Gedanken sind, die von einem Menschen zum anderen übertragen werden. Und zwar mit Kunst und Kultur. Ein Wort erhält sich unter Umständen bis in die Unendlichkeit und erreicht potentiell unendlich viele Menschen und irgendwann vielleicht sogar irgendwelche Aliens. Worte übertragen Gedanken. Seine eigene Stimme zu finden, ist das Wichtigste im Leben, denke ich. Das ist viel schwieriger, als man sich vorstellt. Nicht den anderen etwas nach-denken und nach-plappern, sondern seine eigenen Gedanken haben und die eigenen Worte finden. Worte können töten: Denunziationen, Verrat, Lügen, Hetzschriften, Falschmeldungen, Kriegserklärungen. Worte können erlösen: Freisprüche, Heiligsprechungen, Entschuldigungen, Begnadigungen, Liebeserklärungen und Baugenehmigungen.

▸ **Wohnraum in der Maisonettewohnung** in der Unité d'Habitation Firminy-Vert, Frankreich. Entwurf von Le Corbusier, 1965. **Quelle:** Fondation Le Corbusier, Paris.

Nach der E-Mail an die Hausverwaltung hatte ich doch noch rechtzeitig vor der Versammlung die erlösende Antwort erhalten: Bauantrag genehmigt! Auch die Untere Denkmalschutzbehörde hatte zu meinen Gunsten geklärt, dass es sich bei der Betondecke in meiner Wohnung um Privateigentum handelt. Sogar das Berliner Bauamt hatte zugestimmt. Aufregend! Ich hatte die Baugenehmigung! Und jetzt müssen nur noch ein paar Eigentümer zustimmen. Pro forma. Dachte ich.

Diese verdammte Bürokratie hatte schon ungeheure Kosten verursacht. Mehr konnte ich mir zum damaligen Zeitpunkt schon gar nicht mehr leisten. Doch egal, dachte ich. Jetzt oder nie! Oder in einem Jahr erst wieder, zur nächsten Jahresversammlung – wenn ich schon längst mit der Renovierung fertig bin. Ehrlich gesagt, mein Hauptgedanke an dem Tag war, dass ich nur nie wieder in meinem Leben dieses Hitlergebäude betreten wollte. Wie konnten so viele Architekturbegeisterte sich alljährlich überreden lassen, sich in so einem Gebäude zu versammeln? Ich empfand diese Architektur, allein außen die breite Freitreppe aus Hitler-Travertin, schaurig und erschlagend. Das Gefühl passte jetzt zu der bevorstehenden öffentlichen Abhandlung meines Themas. Warum musste ich so nervös sein, und warum war der Vorstand sich so sicher, dass ich bei der Abstimmung abgelehnt würde?

Die Sitzung begann, und es ging alles sehr geordnet und gewissenhaft vor sich. Auf der Bühne saßen die Vorstandsmitglieder, bestehend aus Wohnungseigentümern, den Vertretern der Hausverwaltung und Vertretern der Haustechnik des Corbusierhauses. Es wurde ein Punkt nach dem anderen abgestimmt, ausgezählt, diskutiert oder vertagt oder neugewählt. Der Leiter der Sitzung hakte ein Thema nach dem anderen ab, Diskussion, Zettelwahl, Auszählung und Verkündung der Wahlergebnisse. Und zack,

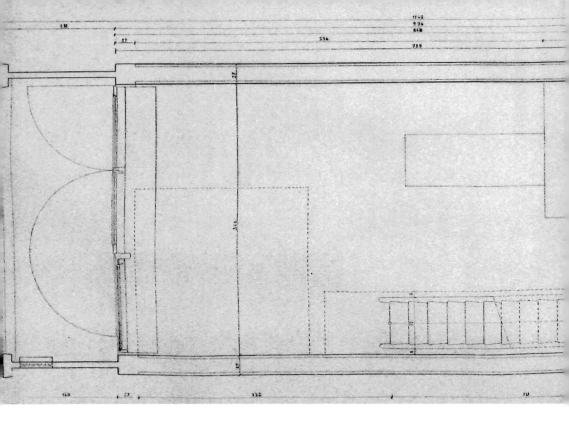

nächstes Thema. Und dann wurde ich aufgerufen. Ein Raunen ging durch den Saal. Ich ging nervös zur Bühne, stellte mich hinter ein Rednerpult mit Mikrofon und stammelte: „Ich möchte in der Wohnung 258 in der Decke über der ersten Etage der Maisonette-Wohnung, vorne an der Fensterreihe zum Balkon hin, die Betondecke von Innenwand zu Außenwand aufbrechen, um eine zweigeschossige Galerie zu bauen." Wieder lautes Raunen im großen Saal und Ermahnung des Vorstandsvorsitzenden zur Ruhe und zu Handmeldungen. Es wäre offensichtlich nicht nötig gewesen, mein Anliegen am Mikrofon zu wiederholen. Augenscheinlich war es schon wochenlang das Thema Nummer eins unter den Hausbewohnern gewesen. Ein kabelloses Mikrofon wurde herumgereicht, und einer nach dem anderen meldete sich zu dem Thema. Erste Wortmeldung: Das gehe doch statisch gar nicht. Ich wollte mich wieder setzen und die Eigentümer untereinander diskutieren lassen. Aber der Vorstand deutete auf das Pult mit dem Mikrofon, an dem ich noch stand, und forderte mich auf, die Fragen selbst zu beantworten. Ich verwies auf die statischen Berechnungen meines Ingenieurs, die ich in der Hand hielt, und die ich leider nicht rechtzeitig an alle hatte aushändigen können. Ich holte tief Luft und sagte: „Die Decke ist nicht statisch und kann entfernt werden, sie ist sogar erst nachträglich eingesetzt worden, nachdem das Gebäude schon im Rohbau fertig dastand. Ursprünglich war ja diese offene Galerie so geplant gewesen. Le Corbusier, der Architekt, hatte 1957 darauf bestanden, die zweigeschossige Galerie offen zu lassen. Es gibt einen Brief im Archiv mit den Worten Le Corbusiers zu dem Thema, und im Pressetext von 1957 steht ..."
Ich wurde unterbrochen. Zweite Wortmeldung: Das Loch in der Decke gebe doch schalltechnische Probleme. Ich verwies darauf, dass die innere Treppe in der Maisonette-Wohnung ja selbst schon eine Öffnung zwischen den Etagen bilde, und dass es durch eine weitere Öffnung in der Decke nicht mehr oder weniger Schall gäbe als bisher. Ich würde aber gern ein Gutachten dazu erstellen lassen, wenn dies nötig sei. Die nächsten Bedenken waren Feuer, Denkmalschutz, ...

Ich wandte ein, dass ich schon eine Baugenehmigung und Genehmigung des Denkmalamtes dabeihätte. Ich erklärte noch einmal,

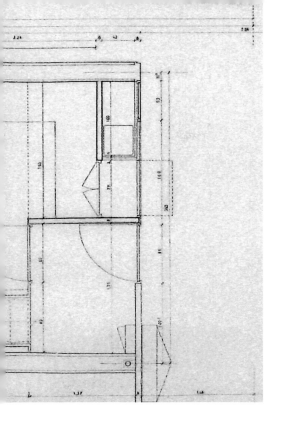

▸ **Deckenöffnung** von 226 cm mal 226 cm entlang der Fensterfront. Typische Einzimmerwohnung im Originalplan von Le Corbusier für Berlin, 1956. **Quelle:** Fondation Le Corbusier, Paris.

dass in der Originalplanung des Architekten Le Corbusier diese offene Galerie geplant und auch gebaut worden war und erst ganz am Ende vor der Fertigstellung des Gebäudes im Jahr 1957 noch zubetoniert wurde. Zunächst bestand Corbu darauf, dass auf der Südseite des Gebäudes, in dem sich meine Wohnung befindet, alle Deckenöffnungen unbedingt und ohne Kompromiss offen zu bleiben hatten, auch wenn im Rest des Gebäudes alle hunderte Galerien zubetoniert würden. So war sein Entwurf und nicht anders. Seine Originalpläne sind im Archiv alle verwahrt, mit zweigeschossiger Raumhöhe. Das Bauamt in Charlottenburg hat ganze Regalwände gefüllt mit Ordnern und Bauplänen mit eben genau diesen und vielen anderen Details zu den Innenraumplanungen, die mich alle interessierten und die ich dort stundenlang studiert hatte. Später erst fand ich in Briefen im Le Corbusier-Archiv heraus, dass Le Corbusier in einem langen Hin und Her über dieses Thema am Ende zwar nicht nachgegeben, aber aufgegeben hatte. Er hatte das gesamte Gebäude aufgegeben und aus seinem Werk gestrichen. Leider war sein Berliner Projekt aber schon in Ausstellungskatalogen und in dem Buchband seiner gesammelten architektonischen Werke, eigentlich überall, unter seinem Namen veröffentlicht worden. Leider schon lange, bevor das verhunzte und entstellte Gebäude fertiggestellt worden war.

Ich erinnerte die Miteigentümer daran, dass in den Schwester-Hochhäusern in den französischen Städten Marseille, Briey, Rezé und Firminy diese offene zweigeschossige Galerie in den meisten Wohnungen entlang der Fensterfront in verschiedenen Größen existiert. Nur in Berlin noch nicht. Und eben auch nicht mehr. Ich machte darauf aufmerksam, dass der berühmte Berliner Architekt Jürgen Sawade, der selber das Haus bewohnte und auf der Baustelle 1957 für Le Corbusier gearbeitet hatte, geschrieben habe, es sei eine Schande, wieviel von dem Originalplan des berühmten Schweizer Architekten und Künstlers einfach übergangen und leider bis heute auch nicht umgesetzt wurde. Es sind so viele Designs, Pläne, Notizen, Skizzen und Referenzen von Le Corbusier vorhanden, mit deren Hilfe ein geschicktes Team das unfertige Gebäude ergänzen und einen originalgetreuen Le Corbusier daraus machen könnte.

Diese Idee, das wichtige Gebäude zu rehabilitieren und aus seinem heutigen quasi Rohbau-Zustand weiterzuentwickeln und fertigzustellen, ist nicht weit hergeholt. In den letzten Jahren wurden die Gebäude Le Corbusiers wieder als wichtig empfunden und zum Teil zum ersten Mal seit ihrer Entstehung restauriert oder überhaupt nach originalen Plänen errichtet. So waren zum Beispiel die beiden Wohnhäuser in Stuttgart bis ins Jahr 2000 nie restauriert worden und bis vor kurzem unzugänglich, eines davon ist jetzt ein öffentliches Museum. Eine Kirche in Firminy wurde neu gebaut, ein Pavillon in Zürich komplett restauriert. In Indien werden inzwischen die vielen Möbel der Corbusierstact Chandigarh nach dem Original der teils verschollenen und zerstörten Modelle wiederhergestellt und in den öffentlichen Gebäuden genutzt. Selbst ein bisher fast unbekanntes Corbusierprojekt am Rhein im Elsass, eine Schleuse aus Beton, wird jetzt mit mehreren Millionen Euro renoviert und rekonstruiert.

In der Eigentümersitzung wurden die Meldungen und Angriffe auf mich lauter. Die anderen Eigentümer waren im Schnitt Ü50, wenn nicht 60 Jahre alt, bis hoch auf 85, 90. Ich hatte den Eindruck, die wenigsten sind wirklich an Architektur oder Kunst interessiert oder kreativ, eher im Gegenteil. Viele der Wohnungseigentümer schienen mir eine Ansammlung von Kleininvestoren zu sein, die vor Jahren sehr billig eine Immobilie mit Neubauqualitäten, Ausblick und Balkon und Autostellplatz irgendwo in Berlin gesucht hatten. Zufällig kauften sie dann im Corbusierhaus eine Wohnung. Für 1000 Euro pro Quadratmeter konnte man bis 2010 noch eine einwandfreie Neubauwohnung mit Aufzug, Zentralheizung, Innenlüftung und Hausmeister bekommen. Also 70 000 bis 90 000 Euro für eine Zwei- bis Drei-Zimmer-Wohnung auf zwei Geschossen. Kein schlechter Deal. Ein anderer Teil der Bewohner des Corbusierhauses outete sich geradezu als Corbusier-Hasser denn als Liebhaber, was die immer wieder neu verfassten hauseigenen Publikationen, wie zum Beispiel „Typ Berlin" des Jahres 2019 zeigten, in denen Le Corbusier als nerviger, eitler und dünnhäutiger Künstler dargestellt wird, der seine Ideen auch nur geklaut und den Berliner Bauherren und Politikern mit seinen dummen Ideen einfach nur das Leben schwer gemacht hatte. Oder es wurde eine gute Hälfte der Information aus den Archiven einfach ausgelassen, da es nicht zum hauseigenen Image passte. So schrieb einer der Berater aus dieser Versammlung im neuesten Corbusierhausbuch kurz nach dieser Versammlung: „Denn ich reagiere zunehmend gereizt, wenn wieder irgendwo gefühlt zum tausendsten Mal nachgeplappert oder nachgeschrieben wird, man – wer auch immer gemeint sei – habe hier in Berlin Le Corbusier gezwungen – anders als in Marseille – überwiegend Kleinwohnungen zu bauen und nicht die großen, beidseitig belichteten, »durchgesteckten« Mehrzimmerwohnungen mit dem wahnsinnig tollen zweigeschossigen Wohnraum, dessen Fenster man nicht ohne Hubsteiger putzen kann, und dem Ehebett auf dem Hängeboden, wobei die Bettwäsche vermutlich ständig nach Essen riecht, was mutmaßlich etwas mit der darunter befindlichen offenen Küche zu tun haben muss."[21]
Damit dürfte dann wohl ich, gemeint sein, der „irgendwo", nämlich bei der letzten Mitgliederversammlung, diesen unbequemen Quatsch „nachgeplappert" hat. Ich mit meinem nervigen Ideal der doppelten Deckenhöhe

---

21. Pohlmann, Hermann-Josef: „Der Himmel hat es nicht gewollt..." Planung, Bau und Finanzierung des Corbusierhauses. In: Hogner, Bärbel (Hg.): Le Corbusier. Unité d'habitation «Typ Berlin», Berlin: Jovis, 2019, S. 98.

und dem offenen Grundriss von Le Corbusier. Was habe ich davon, einem längst toten Architekten aus dem letzten Jahrhundert, dem sowieso jetzt alle Wissenschaftler nachsagen, dass er ein glühender Nazi und Frauenheld war, zu verteidigen? „Nachgeplappert oder nachgeschrieben" wird von mir nichts mehr. Garantiert! Versprochen! Es gibt nur noch neue Erkenntnisse und Gedanken aus eigenen Recherchen.

Wo soll ich anfangen? Ich kann ein paar Beispiele bieten. Als ich das erste Mal das Corbusier-Archiv in Paris durchforstete, schlug ich die Hände über dem Kopf zusammen. Es gab so viel Material und originale Zeichnungen Corbusiers für das Berliner Gebäude. Nichts davon war bisher veröffentlicht worden, und niemand hatte bisher darüber geschrieben. Es gibt bisher genau zwei akademische Arbeiten zu dem Thema, und sonst nichts.

Zunächst ein paar interessante Fakten zur berühmten „Corbusierharfe", die in jeder Innentreppe der Wohnungen 1957 angebracht wurde.[22] Ein Treppengeländer aus deckenhohen, vertikalen Metallrundstäben, das aussieht wie eine dreieckige Harfe. Das ist, so leid es mir tut, liebe Corbusianer, kein Werk Le Corbusiers, und schon gar keine Corbusierharfe. Le Corbusier selbst sagt das in einem Brief zum Thema dieser Rundstäbe, die das Treppengeländer bildeten. Das Design ist von Kontaktarchitekt Felix Hinssen, der alle Innenraumentwürfe Le Corbusiers ignorierte und nur das machte, was er als billig, machbar und vor allem als einfach zu bauen empfand.

(Abb. S. 116)

Le Corbusier schrieb verärgert über die Gitterstäbe:[23]

„ich verbiete mir diesen Tigerkäfig!!!"

Tigerkäfig. Hätte Corbusier es noch deutlicher ausdrücken können? Er wollte diese Treppe, die angebliche Corbusierharfe, auf gar keinen Fall. Das war 1957, nach seinem zweiten Besuch in Berlin, nachdem er sämtliche Texte, Zeichnungen und Modelle zu dem Gebäude bereits veröffentlicht hatte. Es war das letzte Mal, dass er die Baustelle und die Stadt Berlin besuchte.

Sein eigener Entwurf für die Treppe war zu diesem Zeitpunkt schon fast tausendmal in den verschiedenen anderen Gebäuden des gleichen Typus in Frankreich ausgeführt worden: aus Metall und Holz, detailliert und mit sehr raffinierten Winkeln und Kurven, dazu in den buntesten Farben, mit solidem Eichenholz. Ein Meisterwerk des Designs des 20. Jahrhunderts. In Zusammenarbeit mit keinem anderen entworfen als dem französischen Stardesigner Jean Prouvé persönlich. Für Berlin hat Le Corbusier dieses schöne Treppendesign nochmals leicht abändern lassen und die Proportionen verbessert. Die Zeichnung lag dem

(Abb. S. 90)

---

22. Högner, Bärbel: Typ Berlin, Jovis, 2008, S. 86: „Das ursprüngliche Treppenhausgeländer, auch als ‚Corbusierharfe' bezeichnet, ..."

23. Le Corbusier, Brief, 1957, Archiv der Fondation Le Corbusier, Paris.

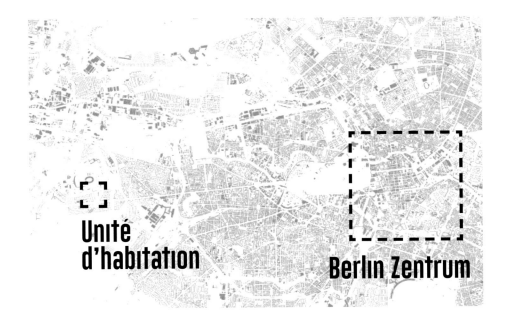

Unité d'habitation
Berlin Zentrum

Berliner Kontaktarchitekten vor und wurde, wie erwähnt, komplett ignoriert. Diese französischen Corbusiertreppen werden heute von Kunstgalerien weltweit zu Höchstpreisen gehandelt – wenn überhaupt einmal eines dieser originalen Treppenteile, die allesamt denkmalgeschützt sind, auf den Markt kommt.

Als ich bei der Renovierung diese angebliche Corbusierharfe aus meiner Wohnung entfernte und in kleine Stücke zerschnitt, dachte ich keine Sekunde daran, sie einem Museum anzubieten oder einen Antiquitätenhändler zu kontaktieren. Eher überkam mich bei jedem Schnitt eine unglaubliche Wut darüber, dass man damals die Gemeinheit besessen hatte, sich über diese Entwürfe einfach hinwegzusetzen und diese unglaublich hässliche Gefängnisarchitektur zu bauen. Gefängniszellen für Sozialhilfe-Empfänger und Rentner aus der Nazizeit, dachte ich. Die Wohnungen mussten ja damals alle auf Einzimmer-Wohnungen verkleinert werden, damit man die vielen Kriegswitwen dort billig unterbringen konnte. Vielleicht dachte man das in der Planung und der Regierung damals ja wirklich. Jeder Besucher, der in meine Wohnung kam, hatte denselben Kommentar auf Lager, als er durch die Innenstraßen des Gebäudes ging: Wie ein Gefängnis! Noch schlimmer: An einem Tag brachte meine Baufirma ein paar neue Bauhelfer aus dem Ostblock mit in das Gebäude. Ich holte sie am Aufzug ab, und als wir zusammen zum langen Flur abbogen, schauten sie in den einhundert Meter langen neonbeleuchteter Gang und blieben erschrocken stehen. Einer sagte leise mit dunkler Stimme und vollen Ernstes: "*Dracula.*" Ich meinte: "*Bitte?*" Ein anderer klärte mich in gebrochenem Deutsch auf, dass der Flur etwas Dämonisches an sich habe, und dass man das in seiner Heimat so nenne. "Woher kommt ihr denn?" "Rumänien." Die drei Rumänen halfen mir beim Abriss der Wohnung, ausgenommen das Bad, in dem sich wenigstens noch die ‚original' Kacheln und die Badewanne von 1957 befanden, die Le Corbusier zwar nicht bewilligt, aber wenigstens gesehen hatte.

Ich verwertete ansonsten keine dieser historischen, aber falschen Bauteile, sondern wartete auf den nächsten Sperrmülltag am Corbusierhaus, um auch die kleinen Eisenteile der Corbusierharfe auf den großen Haufen Müll zu werfen. Jeden Donnerstag bildet sich nämlich direkt vor dem Hauseingang ein riesiger unschöner Haufen mit dem Sperrmüll der tausend Einwohner, um dann am nächsten

Morgen von der Müllabfuhr abtransportiert zu werden. Ein Müllhaufen, den am Vorabend Dutzende professioneller Müllsucher durchforsten und mit ihren Lastwagen Stück für Stück abtragen, bis über Nacht nur noch ein Haufen übrigbleibt, der dem Zustand nach einem Bombeneinschlag gleicht. Auch ich habe immer wieder mal donnerstags die Haufen durchsucht, um aus dem Abfall der Geschichte des Hauses doch noch ein Erinnerungsstück oder Baumaterial zu bergen, das ich noch hätte weiterverwenden können. Ich fand nichts, nicht einmal ein Buch oder Plakat, das für mich einen Wert darstellte, nicht einmal etwas Zerbrochenes.

Was kann man noch sagen, was noch nicht zum Corbusierhaus gesagt wurde? Ach ja, da sind zum Beispiel die Pferdefliegen, die den ganzen Sommer in großen Schwärmen aus den riesigen Müllcontainern im Erdgeschoss fliegen und die unteren Etagen des Hauses von innen und außen befallen. Man muss alle Innentüren und Fensteröffnungen luftdicht versiegeln, damit die Fliegen nicht ständig in die Wohnung eindringen.

Seitdem ich weiß, wie diese Wohngemeinschaft verwaltet wird, verstehe ich auch, wie über die Jahre das Haus immer nur leicht renoviert, aber nie fachmännisch rekonstruiert wurde. Zum Beispiel hatte man 2006 die gesamte Nordfassade mit Styropor verpackt und grau verputzt. Die Südfassade dagegen hat man erst neulich mit wetterfester Acrylfarbe grau angemalt. Die anderen Fassaden wurden schon in der ersten Fassadenrenovierung 1974 vom ersten Eigentümer, dann in der zweiten Sanierung 1983 von den Privateigentümern in Farbtönen von Graublau bis Rosatönen bemalt. Ausgerechnet diesen denkmalgeschützten Prototyp des Beton-Brutalismus hat man also mit Kunststofffarben innen und außen bemalt und original Fußbodenbeläge mit Kunststoffbelägen überzogen. Die einzige Definition des Brutalismus ist, dass die Materialien so, wie sie gebaut sind, sichtbar sind, also *nicht* angemalt und schon gar nicht mit Plastikfarbe und auf gar keinen Fall mit Wärmedämmung verpackt. Und dies ist ein Gebäude des Erfinders des Brutalismus, was gibt es da nicht zu verstehen? Das war nur ein Vorgeschmack auf alles, was ich im Folgenden erfahren würde.

Le Corbusier hatte mit seiner Unité in Marseille im Jahr 1947 zum ersten Mal ein Scheibenhochhaus aus Schalenbeton vorgestellt. Dieses Original in Frankreich ist heute natürlich nicht mit Acrylfarbe übermalt, sondern wird seit Jahrzehnten vom französischen Denkmalschutz mit öffentlichen, privaten und gemeinschaftlichen Geldern artgerecht restauriert und instandgehalten. Ein Gebäude, das verehrt, besucht, bewohnt und von Fans immer wieder fotografiert wird. Le Corbusier behauptete sogar, man habe in dem Gebäude in Marseille in den ersten Jahren 100 Francs Eintritt verlangt, und es seien jährlich fast so viele Besucher gekommen wie in das Schloss Versailles. Angesichts dieser Beliebtheit bin ich schon verwirrt, warum fast niemand hier in Berlin, der mit dem Corbusierhaus zu tun hat, eine genaue Rekonstruktion einer Wohnung unterstützen will. Eine einfache Mehrheit hatte schließlich gegen meinen Antrag gestimmt. Immerhin gab es doch erstaunlich viele Eigentümer, die meinen Deckendurchbruch und damit meine Rekonstruktion des Corbusierplans von 1957 genehmigt hätten. Aber die einfache Mehrheit der Gegner siegt. „Versuchen Sie es in einem Jahr wieder, wenn Sie wollen."

Demokratie zum Anfassen und Erleben. Und das sind alles nur die Eigentümer. Viele von ihnen wohnen gar nicht im Haus, und einige nutzen es nur als Zweitwohnsitz oder vermieten. Viele der Mieter, die tatsächlich in den Wohnungen wohnen, erfahren sowieso nichts von diesem Vorhaben oder von allem anderen, was verabschiedet oder abgelehnt wurde. Sie sollen sich auch nicht dafür interessieren, und sie werden auch niemals darüber abstimmen. Die Wohnungsmieter sollen nichts dazu sagen, zu diesem oder irgendeinem anderen Thema rund um das Wohnhaus. Demokratie? Also jetzt erstmal kein Durchbruch in meiner Wohnung oder irgendeiner Wohnung, kein Originalzustand von 1957. Keine originalgetreue Rekonstruktion einer Corbusier-Wohnung von mir in Berlin. Keinen echten Le Corbusier bitte!

Dazu muss ich gestehen, dass ich nach der Versammlung meine Mitbewohner oder zumindest diesen Vorstand wohl doch noch ein bisschen weiter genervt und vielleicht sogar zur Weißglut gebracht habe. Auf Zuraten eines kundigen Miteigentümers und mit einem Rechtsanwalt focht ich die Entscheidung gegen den Deckendurchbruch an. Anstatt außergerichtlich miteinander zu verhandeln, entschied der hauseigene Rechtsanwalt der Verwaltung, dass wir dieses Thema vor dem Charlottenburger Gericht behandeln würden. Die Gerichtskosten trägt immer der Verlierer, lernte ich hier zum ersten Mal in meinem Leben. Mein Bankkonto war jetzt hoffnungslos überzogen und die Renovierung meiner Traumwohnung war noch nicht abgeschlossen. Mein Berliner Architekt und der Bauingenieur versicherten mir, dass ich im Recht sei und dass bewiesen werden kann, dass es technisch kein Problem sei, einen Teil der Betondecke, der ja damals erst im Rohbauzustand des Hochhauses eingesetzt wurde, wieder abzureißen. Aber jetzt war es mir die Tausende von Euros, die ich schon gar nicht mehr hatte, um noch weitere Unterlagen für weitere Gerichtstermine produzieren zu lassen, doch nicht mehr wert. Ich komme auch mit solch einem sozialen Stress an meine nervlichen Grenzen. Vielen Dank an dieser Stelle dennoch den Architekten, Ingenieuren und Rechtsanwälten und Freunden, die sich diese Geschichte damals von mir anhören mussten. Mir war schlicht die Lust vergangen, Lust auf Architekturverehrung, auf meine Nachbarn, auf meine neue Hausgemeinschaft. Trotz toller Aussicht, Müllschlucker und kostenlosen Parkplätzen und Verkehrsanbindung. Auch die Lust am Renovieren, Entwerfen, Projekte-Durchführen, ja, überhaupt an Berlin. Fertigstellen und vermieten oder verkaufen, dachte ich. Verkaufen. Die Steuer musste noch dreimal nachfragen, warum ich die Wohnung 2019, nach so kurzer Zeit, und in voll möbliertem Zustand verkauft hatte: „Sind sie ein Investor, ein Makler?" Als Erklärung schickte ich den ganzseitigen Artikel der „Welt"[24], in dem meine Museumswohnung mit Farbbildern in höchsten Tönen gelobt wurde, per E-Mail zur Steuerbevollmächtigten.

Als Ferienwohnung vermieten, wenn auch nur zeitweise, das stellte sich in Berlin und speziell im Corbusierhaus als großes Reizthema heraus. Ausgerechnet zu diesem Zeitpunkt steckte Berlin in der absoluten Wohnungsklemme. Der Hauptfeind Nummer eins der Stadt waren plötzlich die Partytouristen, die am Freitag aus London mit airberlin einflogen,

---

24. Woeller, Marcus: „Wie Corbusiers Wohnmaschine dank der Deckenhöhe menschlich wird", Die Welt, 26.06.2018.

zu mehreren Personen eine der Berliner Mietwohnungen über Airbnb buchten, in einem der berühmten Berliner Partytempel zwei oder drei Tage und Nächte am Stück durchfeierten und dann wieder zurückflogen. Das alles zusammen für unter 100 Euro pro Person, also preiswerter als ein einziger Partyabend im teuren London. Ich hatte keine Lust mehr, mir einen „Zweckentfremdungsantrag" für meine Wohnung beim Wohnungsamt zu holen. Parlamentarische Demokratie. Ja danke, aber bitte keine Anwälte mehr, auch wenn ich noch so im Recht sein sollte und meine Genehmigungen habe. Ich habe einfach keine Lust, gegen meine eigenen Nachbarn und meine eigene Hausverwaltung zu klagen. Gleichzeitig dort zu wohnen, wo man so eine Streit- und Kampfeslust spürt, das ist doch sehr unangenehm.

Es gab zum Thema Wohnung zudem generell eine sehr beklemmende Stimmung in der Stadt. Der Berliner Wohnungsmarkt steckte jetzt schon lange in einer Krise. Es gab in der Millionenstadt nur noch knapp 100 000 Sozialwohnungen und generell viel zu wenig bezahlbare Mietwohnungen. Dagegen aber eine große Menge leerstehender Luxuswohnungen. Die Stadt hatte in den drei Jahrzehnten seit der Wiedervereinigung Deutschlands den Großteil ihres Bestands von über 500 000 Sozialwohnungen abgestoßen. Und es zogen jetzt jährlich weitere Menschen in die Partyhauptstadt. Dadurch waren die Mieten in den letzten Jahren um fünfzig Prozent gestiegen. Die Diskussionen über bezahlbaren Wohnraum, den Milieuschutz, die Mietpreisbremse und den Sozialen Wohnungsbau waren ein beständig heißes öffentliches Thema. 85 Prozent der Berliner wohnten zur Miete und gaben mehr als 40 Prozent ihres Bruttoeinkommens für ihre Miete aus. Viele dieser Wohnungen wurden von großen Wohnungsbaugesellschaften gebaut und verwaltet. Und jetzt kam ich auch noch dazu und verschönerte gleich zwei Wohnungen. Gentrifizierung! Angriff auf das Milieu! War ich nun Teil des Problems oder Teils der Lösung?

Geholfen hatte mir der Spruch auf der Betonfassade von Le Corbusier, der hier erklärte, dass man in diesem Haus seine Nachbarn weder sieht noch hört. Man soll seinen Frieden haben und hier eins mit der Natur sein. Vielleicht spricht es ja einfach für keine sehr geschickte Organisation, in einem solchen Haus überhaupt Eigentumswohnungen zu haben. Wären wir alle nicht Eigentümer, sondern „bloß" Mieter mit einer Wohnungsverwaltungsgesellschaft, wäre es dann nicht ganz anders und besser? So wie Corbusier es in Hellerau in Tessenows Gartenstadt gesehen hatte, einer Künstlerkolonie in Form einer Kooperative, organisiert wie eine Gewerkschaft? Auf jeden Fall wäre ich so niemals auf die Idee gekommen, eine derartige historische Rekonstruktion einer Wohnung in Angriff zu nehmen. Oder liegt es im Speziellen doch an der Organisation dieser Hausgemeinschaft? In Marseille hatte ich, als ich ein paar Wochen dort in einem Airbnb wohnte, ganz andere Eindrücke. Die Bewohner, Mieter und Wohnungseigentümer trafen sich ständig miteinander, es gab insgesamt ein sehr positives und vor allem fröhliches Gemeinschaftsgefühl, das man jeden Tag spürte, schon wenn man auf das Gebäude zuging, auch in der Eingangshalle, im Fahrstuhl, in den Läden, auf dem Dach und im Treppenhaus. Die Wohnungen wurden ganz unterschiedlich genutzt. Im Unterschied zu der Einöde in Berlin wimmelte es dort Tag und Nacht von Menschen. Eine Wohnung war ein Kunstatelier, mehrere wurden als Ferienwohnungen vermietet, andere Wohnungen wurden selbst zu weltberühmten Kunstausstellungen, wie zum Beispiel das unrenovierte Museumsapartment oder die sehr schön gestaltete Wohnung Nummer 50. Der Inhaber des „Appartement N°50", Jean-Marc Drut, lädt seit 2008 jedes Jahr international bekannte Designer ein, um die Inneneinrichtung neu zu gestalten, und macht daraus eine öffentliche Ausstellung. Jasper Morrison, Ronan & Erwan Bouroullec, der deutsche Stardesigner Konstantin Grcic, Pierre Charpin, Alessandro Mendini und andere waren geladen, um die Wohnung für eine Sommerausstellung zu gestalten. Die Einzimmer-Wohnung ist auf der Schmalseite des Gebäudes gelegen und steht seit 1985 unter Denkmalschutz.

Tolle Träume! In Berlin gibt es hier und da im Corbusierhaus zwar eine Ausstellung, eine Yoga-Veranstaltung, einen Kinoabend in der Waschküche, aber das sind sehr vereinzelte Versuche, um neben den vielen Verboten und der großen Kontrolle über die Einwohner und Besucher dennoch etwas Lustvolles, Spielerisches und Kulturelles in dem Gebäude zu erzwingen. Die immergleichen Leute sind im Förderverein tätig und bemühen sich um Veröffentlichungen und Veranstaltungen; eine Handvoll Menschen gegenüber den mehr als tausend Bewohnern und Besuchern des Gebäudes. Wenn ich eine wichtige Weisheit im Leben gelernt habe, ist es, dass alle Gremien langsam absterben, aus Langeweile und Lustlosigkeit, wenn immer dieselben Leute an ihren Posten festhalten. Jede Art von Vetternwirtschaft und Ämterhäufung bewirkt genauso, dass der Rest der Gesellschaft das Interesse verliert, sich an dem jeweiligen Projekt oder Verein zu beteiligen. Europa und Deutschland scheinen voll zu sein von Menschen, die auf Lebenszeit an ihren Posten hängen und dabei noch mehrere Interessen gleichzeitig vertreten. Eine Bundeskanzlerin Merkel nach 16 Jahren auszutauschen, verwirrt und verunsichert die Deutschen mehr als ihre „Mutti" einfach lieber für immer im Amt zu lassen. Man muss sich das, denke ich, auch psychologisch und aus dem Blickwinkel der traumatisierter Generationen betrachten, die von Veränderungen geradezu schockiert sind. Zwischen den 8 Amtsperioden Helmut Kohls und Angela Merkels zusammen hat die Partei der CDU, Christliche Union Deutschlands, fast durchgehend von 1982 bis heute die Politik Deutschlands und der sich entwickelnden Europäischen Union regiert. Zwei Amtsperioden sollten in jeder Art von Parlamentarismus das absolute Maximum darstellen, um wirklich noch von Demokratie sprechen zu können. Nur der regelmäßige komplette Austausch der Ämter sorgt für ein immer wieder frisches und motiviertes Team, in dem jeder einzelne seine oder ihre Arbeitskraft und Wissen gerne einsetzt. Am allerbesten, man übergibt sein Amt in einer demokratischen Stellung in der Regel nach spätestens einem Jahr.

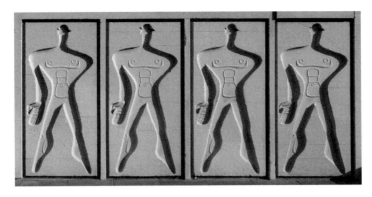

▸ Betonguss der Modulorfiguren an der Westfassade der Unité Berlin von Le Corbusier, 1957. **Fotograf:** Didier Gaillard-Hohlweg.

alles betonköpfe!

Im vergangenen Jahr wurden die Bewohner des Corbusierhauses zu ihren Bedürfnissen und Meinungen nochmals befragt. Das Ergebnis: Im Prinzip wohnen alle gerne dort, wenn auch sehr isoliert von ihren Mitbewohnern. Aber es fehlt ihnen an allem, was man sonst zum Leben braucht. Der nächste Supermarkt oder überhaupt irgendein Kaufladen, abgesehen von dem sehr kleinen Imbiss im Haus, ist mehrere Kilometer entfernt. Bar, Disko, Theater, Museum? Fehlanzeige. Mit der Bahn muss man mehrere Stationen fahren, um in die Nähe irgendwelcher Einzelhandelsläden zu kommen. Da geht es den Gartenstadtbewohnern in ihren Villen in derselben Umgebung nicht anders, mit dem Unterschied, dass sie weit und breit keine Mitbewohner haben, in ihren eigenen Gärten sitzen und als Ausgleich für ihre meilenweite Entfernung zur Zivilisation wirklich eine totale Isolation genießen. Aber all das wollte Le Corbusier überhaupt nicht, weder das eine noch das andere. Wie kann man denn da noch den Namen Le Corbusier mit gutem Gewissen in den Mund nehmen, wenn man dieses Gebäude in der Öffentlichkeit vertritt?

Bei meiner ersten und letzten Jahresversammlung störte mich besonders, dass der Vorstand bei der alljährlichen Neuwahl keine neuen Kandidaten vorstellte. Die Wiederwahl ging in wenigen Sekunden über die Bühne. Dieselben Köpfe blieben für ein weiteres Jahr an den Hebeln. Keine Diskussion. Ein Vorstandsbeirat schreibt über sich selbst häufig in der Presse und in den neuen Corbusierhaus-Büchern, dass er schon seit über 15 Jahren diese Rolle einnimmt. Das allein reicht doch aus, um zu wissen, was schiefläuft in dem Betongebäude in der Villengegend. Immer dieselben Leute verwalten das gesamte Gebäude für tausende Bewohner. In Katalonien gibt es dazu ein schönes Sprichwort: „Nicht viel Thron, aber viele Könige." Passt, dachte ich. Aus alten Sprichwörtern weiß man, dass Geld immer die Ursache aller Unstimmigkeiten ist. Immerhin geht es hier um ein jährliches Millionenbudget, das von einer Handvoll Leuten verteilt und organisiert wird. Die Jahresversammlung ist dabei eher ein störendes Moment, bei dem die Hundertschaft der Eigentümer kurz einmal die Möglichkeit hat, ins Räderwerk der Macht zu greifen. Und wenn die Eigentümer schon nicht in diese Herrscherklasse eindringen können, wie steht es dann mit den Mietern? Die Mieter haben in diesem Gebäude überhaupt nichts zu melden. Sie können sich bestenfalls an den Mieterverein Berlins wenden, aber in ihrem eigenen Haus gibt es für sie kein Sprachrohr. Sie können gerne das bisschen, was von Le Corbusiers Idee noch übrig geblieben ist, genießen – sofern sie nicht nachts bei viel zu dünnen Wänden und fehlendem Schallschutz mal durch das Geschrei eines Kindes aus mehreren Etagen Entfernung aufgeweckt werden oder morgens um sechs Uhr durch einen laufenden Wasserhahn in einer entfernt gelegenen Etage hochschrecken oder wenn irgendwo im Gebäude eine Tür vom Wind zugeschlagen wird. Ein mitternächtliches Gespräch oder Lachen oder gar ein Fest sind in diesem Gebäude unmöglich. Jeder kann jeden Mucks hören und regt sich, je nach nachbarlicher Zu- oder Abneigung, auf; natürlich vorausgesetzt, man oder frau kann ausmachen, wo genau diese Geräusche herkommen. Mir war klar: „Hier kannst du nicht wohnen. Und vor allem: Gegen diese Strukturen kommst du nicht an, und wenn doch: Das macht alles keinen Spaß. Le Corbusier, hilf! Sankt Corbu!"

Und tatsächlich fand ich die Antworten, die ich suchte, in Le Corbusiers literarischem Testament. „Auf den Punkt gebracht", so der Titel des kurzen Textes, den er im August 1965 schrieb, wenige Tage vor seinem Tod in Südfrankreich, als er trotz ständiger Warnung seines Arztes im Mittelmeer auf den Horizont des Meeres zuschwamm, dort aufgrund eines Herzinfarktes ertrank und vor seinem Sommerhaus „Cabanon" an den Strand gespült wurde: „Ich war immer aktiv und tätig und bleibe es auch. Meine Suche war immer auf die Poesie gerichtet, die im Herzen des Menschen liegt. Als visueller Mensch, der mit seinen Augen und Händen arbeitet, werde ich von Erscheinungen animiert, die in erster Linie plastisch sind. Alles ist in allem: Zusammenhalt, Kohärenz, Einheit, Architektur und Städtebau zusammen: ein einziges Problem, das nach einem einzigen Beruf verlangt …" Der Corbusier-Biograf Kenneth Frampton ist sich sicher, dass Corbusier nicht aus Dummheit mit Herzkasper auf den Horizont hinausschwamm, sondern dass es ein sehr poetischer und überlegter Selbstmord war, den er ja mit dem Wort Testament noch im selben Jahr in seiner letzten Publikation quasi angekündigt hatte.

▶ Architekturmodell der Unité Berlin, 1957.
Fotograf: Willie Kiel.
Quelle: Landesarchiv Berlin.

Und seine allerletzten Worte an die Öffentlichkeit: „Wir müssen die gerade Linie finden, die der Achse der fundamentalen Gesetze folgt: Biologie, Natur, Kosmos. Eine gerade Linie, die gebogen werden kann wie der Horizont des Meeres. Auch der Profi, wandelbar wie der Horizont des Meeres, muss ein Messinstrument sein, das als Ebene, als Bezugspunkt innerhalb des Schwankenden und Beweglichen dienen kann. Seine soziale Rolle ist da. Diese Rolle kennzeichnet ihn als hellsichtig. Seine Schüler installierten die Orthogonale in seinem Kopf. Moral: sich über Ehrungen lustig machen, auf sich selbst zählen, nach seinem Gewissen handeln. Nur mit dem Charakter eines Helden kann man handeln, etwas unternehmen und erreichen. All das spielt sich im Kopf ab, wird nach und nach formuliert und embryonalisiert im Laufe eines Lebens, das so flüchtig ist wie ein Kopfweh, das zu Ende geht, ohne dass man es merkt."

So fühle ich mich auch: Aktiv bleiben! Meine Balance wiederfinden! Als kreativer Mensch schreiben, zeichnen, malen, formen, entwerfen, und

---

25. Le Corbusier, Mise au point, Editions Forces Vives, Paris, 1966. Übersetzung ins Deutsche durch den Autor.

▸ **Corbusierküche in der Wohnung 258.** Teilweise original von 1952 aus der Unité Marseille von Le Corbusier und teilweise Nachbau von Philipp Mohr mit Andreas Neckritz und Birger Dammann, Berlin, 2017.
Entwurf: Le Corbusier, Charlotte Perriand, Jean Prouvé und Philipp Mohr.
Fotograf: Didier Gaillard-Hohlweg.

einfach weitermachen! Aber vor allem beeindruckte mich sein Fazit am Ende: „Um ein ernsthafter Mensch zu sein, muss man ein Spieler sein!" Und schließlich: „Es geht nicht darum, jung zu bleiben, sondern es geht darum, immer wieder jung zu werden."

Vielleicht gar keine schlechte Idee, dachte ich: von hier wegzuziehen. Vielleicht will ich ja wirklich lieber in Marseille an der Côte d'Azur wohnen und Französisch sprechen und Baguette essen, ins Meer rausschwimmen, jeden Morgen.

Vielleicht brauchte ich diese Demütigung von Hunderten von Betonköpfen, um es zu verstehen: „Du gehörst hier nicht hin!"

Meine vielen Ideen, die ich für die Renovierung und sogar Erweiterung des Corbusierhauses gesammelt hatte, packte ich alle wieder in meine Architektenmappe und packte meine Koffer. Die Wohnung war ein ganzes Jahr auf dem Markt, bis Frau Schlumm, eine unglaublich nette und gute Maklerin, die passenden Käufer fand, die dann die gesamte Wohnung inklusive Mobiliar und allen Details mit voller Begeisterung kauften. Die Svedlunds gingen mit der neu gekauften Wohnung sogar so weit, meine architektonische Arbeit noch zu verbessern. Sie fanden bei einem Sammler ein paar weitere antike Bauteile, die noch in der Wohnung gefehlt hatten, zum Beispiel die Aluminium-Küchenablage aus dem Gebäude in Marseille. Diese Ablage war ebenfalls von Jean Prouvé entworfen und produziert worden. Aluminium deshalb, da es Bakterien abtötet und darauf keine Flecken bleiben, also die ideale Arbeitsfläche für Küchentheken. Darin sind vereinzelt noch ein paar Kacheln eingelassen, ebenfalls ideale Arbeitsflächen, und gut, um darauf beispielsweise heiße Töpfe abzustellen oder darauf zu schneiden. Die originale Corbusierküche hatte ich von einem Händler gekauft. Sie war in nicht so gutem Zustand, bis ich sie renoviert und mit neuen Teilen ergänzt hatte. Die Maße hatte ich in einer Originalküche in einer Marseiller Wohnung abgenommen und meine eigenen Rekonstruktionszeichnungen erstellt. Weitere Ideen dazu bekam ich in der Modellwohnung, die 2008 in Paris in dem unglaublich guten Architekturmuseum „Cité de l'architecture et du patrimoine" neben anderen ikonischen Gebäuden und Modellen aus allen Zeitaltern, die dort teilweise in voller Größe stehen, aufgebaut wurde.

---

26. ebd.

27. ebd.

28. Ruegg, Arthur: La Cellule Le Corbusier. L'Unité d'Habitation de Marseille, Imbernon, Marseille, 2013

▸ Architekturmodell der Unité Berlin, Le Corbusier, 1957.
Quelle: Granger®, Brooklyn.

die betonlampe von lä-kuh-vosiäh

Le Corbusier ist angesagt! Die coole Socke

▸ **Borne Lampe aus Beton**, Entwurf Le Corbusiers für Berlin 1956 und Chandigarh 1952.
Quelle: *Les Couleurs* Le Corbusier.

der Architektur und der modernen Kunst ist heutzutage wieder ganz in Mode bei Inneneinrichtern, Intellektuellen, Architekten und Hipstern. Alles, was mit ihm zu tun hat, ist „total hip und in". Auf dem Markt tummeln sich Anbieter für lizensierte Corbusier-Wandfarben, Corbusier-Tapeten, Corbusier-Lichtschalter, -Bücher, -Möbel, -Stoffe, -Lampen und, ja, auch einen Corbusier-Aschenbecher sowie Plakate, ein Modulor-Maßband und ein Corbusier-Radio. Die LC-Reihe von Sesseln und Stühlen Corbusiers aus den 1920er Jahren ist schon lange ein Architektur- und Möbelklassiker. Seit einigen Jahren ist wieder der Stil der 50er Jahre gefragt, mit Anglizismus „Mid Century Design" genannt. Es macht, wie wir sehen werden, viel Sinn für unsere heutige Zeit, dass wir uns mit dem Modernismus des 20. Jahrhundert genauer auseinandersetzen. Auch der Musiker Kanye West ist den Ideen des Architekten direkt auf der Spur und bemerkt, dass Le Corbusier den Geist der Menschen im 20. Jahrhundert in höhere Sphären brachte. Angefangen hat es 2013, als West in Paris an einem neuen Musikalbum arbeitete und in seiner Freizeit die Architektur Le Corbusiers entdeckte.

Er begann sich immer mehr für diese moderne Architektur zu interessieren. In einer Pariser Galerie kaufte er dann für 110 000 Dollar eine Corbusier-Bodenlampe aus Zement und stellte sie sich ins Musikstudio. Sein neues Musikalbum *Yeezus* war von dieser schlichten Lampe inspiriert. Corbusiers Minimalismus hatte ihn fasziniert. Seitdem beschäftigt sich Kanye West auch mit den minimalen Lichtinstallationen des Künstlers James Turrell. Und nicht nur West ist von Corbusier begeistert. Auch seine damalige Schwägerin Khloé Kardashian hat wenig später ihr Haus in Los Angeles mit den Möbeln aus Corbusiers Welt ausgestattet. In der *TV Sendung* „Keeping Up with the Kardashians" grübeln die damalige Schwiegermutter und Khloé über das große Fotobuch mit dem Zungenbrecher „Le Corbusier": Lä-kuh-vosiäh? Es klingt doch wie ein teurer Wein oder Cognac. Wir können uns als Fernsehzuschauer über die Einfalt der Familie so lange lustig machen, wie wir wollen. Zuletzt lachen aber die Kardashians: Kanye West ist Multimillionär und der bestverdienende Mann in der Musikbranche und seine Exfrau Kim Kardashian inzwischen sogar Milliardärin.

West war bewusst, dass Le Corbusier die direkte Inspiration für den heutigen Minimalismus ist. Corbusier ist nicht dessen Erfinder, aber derjenige, der die Einflüsse der Neuen Sachlichkeit auf die moderne Architektur einem neuen Zeitalter bekannt gemacht hat. Seine Einflüsse sind spürbar in der Konkreten Kunst, der Arte Povera, dem Funktionalismus und nicht zuletzt im Rationalismus.

MEIN HAUS IST (K)EIN CORBUSIER!

Laut der neuen Studie zum Corbusierhaus wohnen angeblich mehr als die Hälfte aller Befragten dort, weil sie in einem originalen Corbusier leben wollen.[29] Das Bewohnen und Erleben von Le Corbusier ist so sehnsuchtserweckend, dass der italienische Künstler Cristian Chironi seit 2012 selbst weltweit die musealen Originalgebäude des Architekten bewohnt und dabei Kunstobjekte herstellt und Ausstellungen organisiert. 2019 bewohnte er zeitweise auch das Corbusierhaus in Berlin, und zwar in der von mir entworfenen Wohnung 258.

Er behauptet mit seiner Kunst: „Mein Haus ist ein Corbusier!!!"[30]

Der Hintergrund für diese Begeisterung: Chironis Großeltern besaßen angeblich einen Originalplan des berühmten Architekten für ein Einfamilienhaus, um es mit der Familie in Italien selbst zu bauen, setzten es dann aber nicht um. Das bedauert Chironi heute. Die Familie hat die Ausführung der Pläne wohl so sehr verhunzt, dass ihnen der Plan wieder angeblich von Corbusier aus den Händen gerissen wurde und Cristian daher nie wirklich in einem Original Le Corbusiers aufgewachsen ist. Ein Versäumnis, das ihn lebenslang wie ein Gespenst der Moderne verfolgte. Ein Heimatloser der Moderne, der auf der Suche nach einer Utopie ist. Der banale Grund, warum seine Großeltern den Plan nicht originalgetreu umgesetzt haben sollen: Sie fanden die Architektur nicht schön und wählten anstelle von Flachdach und Fensterbändern lieber kleine rechteckige Wandöffnungen und ein Schrägdach, basierend auf Corbusiers Grundriss. Der Plan, nach dem das Haus gebaut werden sollte, ist nicht mehr aufzufinden. Ein kleines Mysterium der Moderne und der Volksarchitektur. Oder eine einfache Familienlüge? In Berlin dagegen gaben die befragten Wohnungseigentümer der Hochhausscheibe neulich mit Mehrheit an, mit dem Namen Le Corbusier einen hohen Status zu erhalten. Es ist erstaunlich, dass ein Großteil der in den letzten Jahren veröffentlichten Bücher und Artikel und sogar Ausstellungen über das Gebäude von den jeweiligen Wohnungsinhabern veröffentlicht wurden und bis heute keine unabhängige Werkschau existiert. Ein Holzmodell des Gebäudes selbst aus der Sammlung des Centre Pompidou in Paris war über Jahre bei internationalen Ausstellungen Le Corbusiers dabei, unter anderem in Berlin 1958 und 2009 im Gropiusbau.

Würden die unzähligen Unterlagen zu dem Gebäude aus dem Archiv der Fondation Le Corbusier in Paris in ihrer Gesamtheit veröffentlicht, so fiele ein noch ungünstigeres Licht auf das Corbusierhaus. Ich hoffe, dass dieser Text mit Fakten und wissenschaftlichen Belegen diesen Ruf zurechtrückt.

Vorab: Der Name „Corbusierhaus" führt in die Irre. Nicht eines der vielen hundert Gebäude Le Corbusiers weltweit heißt Corbusierhaus, obwohl es an anderen Orten wichtigere und vor allem „originalere" Gebäude gibt, wie zum Beispiel die vier ähnlichen Hochhäuser, die zeitgleich in Frankreich gebaut wurden und heute noch restauriert dort stehen und bewohnt sind. Die vielen anderen Gebäude tragen generell die Namen, die ihnen von Le Corbusier gegeben wurden, so klangvolle Namen wie Casa Curutchet, Villa Savoye etc. Auch seine Schriften und Konzepte bekommen großartig klingende Namen, wie Le Corbusier stolz in einem Brief an seine Mutter schreibt: Der Titel „Die Charta von Athen" würde so großartig klingen, dass es ja nur ein epochemachender Text werden könne. Namensgebungen wie CIAM[31], Le Livre de Ronchamp, Modulor, und natürlich auch seine eigene Namenswahl „Le Corbusier" sind alle wohlüberlegt. Der Künstler weiß: Worte, ihr

---

29. S. Weber, Clara Franziska: Unité d'habitation Typ Berlin, Anspruch und Wirklichkeit einer Wohnmaschine, ibidem: Stuttgart 2012, S. 101 ff.

30. Chironi, Cristian: My House is a Le Corbusier / Broken English, Produzioni Nero: Rom, 2016.

31. Congrès Internationaux d'Architecture Moderne (Internationaler Kongress für Neues Bauen), gegründet 1928 in La Sarraz in der Schweiz.

Klang und ihre Poesie sind unglaublich wichtig. Manchmal wählt er aber auch Namen, vor allem im Französischen, die sich nicht oder nur schwer in andere Sprachen übersetzen lassen. Dadurch hat ein Teil der durch Le Corbusier gewählten Namen dem internationalen Publikum doch weniger zu sagen: Unité d'Habitation, Les trois Lotissements, Cité Racieuse und andere.

In Berlin wäre Le Corbusiers Wahl der schöne französische Name „Unité d'Habitation, Typ Berlin" gewesen. Den Zusatz „Typ Berlin" wählte Le Corbusier, als ihm klar wurde, dass er keine Chance hatte, seine Pläne in Berlin gegen die Behörden zu verteidigen. Also wäre es doch nur konsequent zu sagen: Dein Haus ist *kein* Corbusier? Im Prinzip ja, denn ohne den Namen „Corbusierhaus" wäre der Name des Gebäudes „Unité", was noch weniger Leuten etwas sagen würde. Und in typisch Berliner Gepflogenheit würde die Bevölkerung das Gebäude dann schlichtweg nach dem jeweiligen Straßennamen nennen oder ihm einen Spitznamen verpassen. Der Straßenname wäre ursprünglich „Reichssportfeldstraße" gewesen. Jetzt ist es die Flatowallee.

Der erste Name erinnert an Hitlers Olympiade von 1936 und an sein Imperium, der zweite an Hitlers Opfer, zwei Turner, die als jüdische Sportler im Dritten Reich verfolgt und im Konzentrationslager Theresienstadt ermordet wurden. Einer der beiden Cousins, Alfred Flatow, war Goldmedaillengewinner für Deutschland bei den ersten Olympischen Sommerspielen 1896 in Athen, der andere gewann für Deutschland die Silbermedaille. Le Corbusier, dem Sprache so viel bedeutete, war sich bewusst, als er das Haus plante, dass die Adresse des Hauses Reichssportfeldstraße oder Heilsberger Str. lauten würde. Die erste Generation der Bewohner und Eigentümer nahm diese Adresse bis zur Umbenennung 1997 in Kauf. Oder deutlicher gesagt: Es schien so, als hätten die ursprünglichen Bewohner und Eigentümer den Bau gerade wegen dieser Adresse gewählt. In Deutschland assoziiert man die Silbe „Reich" am Wortanfang immer mit dem Dritten Reich Adolf Hitlers.

▶ **Le Corbusier mit Architekt Otto Bartning** am Lehniner Platz in Charlottenburg. **Fotograf:** Charlotte Willott. **Quelle:** Landesarchiv Berlin.

Hier kommt die Frage auf: Welche politische Einstellung hatte Le Corbusier wirklich, wenn er diese Adresse bewusst wählte? War er der Demokrat, welcher der Welt die neutrale, moderne monumentale Wohn- und Regierungsarchitektur bescherte, wie wir sie beispielhaft in Beton ausgeführt im Berliner Kanzleramt und Regierungsviertel sehen? Oder ist er, wie einige Autoren ihn in den letzten fünf Jahren definieren wollen, hauptsächlich ein glühender Faschist, Kollaborateur und ein Nazi? Oder trifft alles gleichzeitig zu? Im zweiten Fall würde ja die Positionierung des Corbusiergebäudes auf dem Reichssportfeld, ebenso wie die Adresse Reichssportfeldstraße, direkt neben dem von Hitler entworfenen Olympiastadion, mit der politischen Gesinnung des Architekten Le Corbusier übereinstimmen. Selbst nannte er diese Adresse immer poetisch Olympischer Hügel oder Dreieck.

Richtig ist, dass es sich bei Le Corbusiers Standortentscheidung genau auf einer der Nord-Süd-Achsen des Stadions nicht um eine Kollaboration mit dem Plan Hitlers handelt, sondern mit einer architektonischen Intervention. Dass Le Corbusiers Gebäude das Olympiastadion in Größe und Masse in den Schatten stellt und sich keineswegs in das Ensemble Hitlers einfügt, fällt auch dem ungeübten Betrachter ins Auge. Der Ungeschulte mag denken, dies habe keinerlei Bedeutung. Aber jeder Student von Le Corbusiers Werk und Leben weiß, dass gar nichts bei Le Corbusier zufällig ist. Ganz im Gegenteil. Mit offenem Auge und bei vollem Bewusstsein für den Moment und den Zeitgeist entschied Le Corbusier, welche Linie an welcher Stelle in die Realität umgesetzt werden sollte.

Manche Kritiker Le Corbusiers klagen an, dass er allmählich erblindete und deshalb seine Zeichnungen so gekritzelt und seine Architektur so hässlich gewesen ist. Ebenso müssen sich Bewohner und Inhaber des Hauses die Frage stellen lassen, warum sie sich ursprünglich mit dem Namen Le Corbusier verbunden sehen wollen, aber auch in der Nazi-adresse Reichssportfeldstraße wohnen wollten.

Auf einer Anwohnerversammlung sollte 1995 ein Protest gegen die Umbenennung der Straße zu Flatowallee organisiert werden. „Als Otto Eigen, der die Umbenennung unterstützte, dort gesehen wurde, tönte ein: ,Da ist ja der Schuldige', durch den Raum. ,Ich habe mich gefühlt, als wäre die Zeit um fünfzig Jahre zurückgedreht', erinnert sich Eigen. Als ein Anwohner protestlos vortragen durfte, dass heute schon wieder achtzig Prozent des Kapitals in jüdischem Besitz seien, verließ Eigen die Versammlung. Das Ergebnis der Veranstaltung: Beim Tiefbauamt Charlottenburg gingen ... knapp 350 Widersprüche gegen die Namensänderung ein."[32] Mindestens 350 Anwohner klagten vor Gericht gegen die Namensänderung, das heißt, dass fast alle Anwohner des Corbusierhauses diese Klage einreichten. Die Straße ist so kurz, dass es dort außer dem Corbusierwohnhaus mit 350 Wohneinheiten nur ein Dutzend weitere Wohnhäuser gibt. Eigen war sogar persönlichen Anfeindungen ausgesetzt, als er sich für die Umbenennung der Reichssportfeldstraße in Flatowallee engagierte: „Im Fahrstuhl wurde ich feucht angehustet. Anonyme Anrufer beschimpften mich, und das Autodach erhielt eine Delle."[33] Bei den Sachbeschädigungen blieb es nicht. Bei einem Anschlag auf die neuen Straßenschilder wurde gleich nach der Umbenennung das Wort „Flatow" mit Farbe übermalt. Man muss sich vor Augen führen, dass es sich bei der Umbenennung um eine Wiedergutmachung handelt, klein und unbedeutend vielleicht, aber eine Geste, um auf das Unrecht an den deutschen Olympioniken aufmerksam zu machen. Dass die Hausadresse heute einen jüdischen Namen trägt, war für die offensichtlichen damaligen Antisemiten im Haus wohl ein schweres Los.

---

32. Schulz, Gesa: Die Touristen finden sich nicht mehr zurecht, taz, die tageszeitung, Berlin: 7.4.1995, S. 22.

33. Lautenschlager, Rolf: Kämpfer der Wohnmaschine, taz, die tageszeitung, Berlin: 8.7.1996, S. 24.

die (originale?) wohnung 258

„**Alles Unglück kommt von der Tatsache**, dass Menschen nicht genug Zeit in ihrem Zimmer verbringen." So zitiert Le Corbusier den französischen Mathematiker und Philosophen Blaise Pascal.[34] Es machte mir ungeheuren Spaß, das von Corbusier erfundene Maßsystem, den Modulor, für die Renovierung der Wohnung 258 anzuwenden. Unkritisch, an jeder Ecke und an jedem Teil, das ich finden konnte. Ich muss gestehen, dass ich vorher noch nie mit dem Modulor gearbeitet hatte und nur sehr oberflächlich wusste, was es überhaupt ist. In der Architekturschule sind wir nur ganz flüchtig auf das Modulorthema gekommen. Ich habe vorher nichts wirklich darüber gelernt. Der Goldene Schnitt, auf dem der Modulor basiert, ist in der modernen Architektur selten ein Thema. Ich kenne bis auf die Entwürfe von Le Corbusier keine modernen Gebäude, die sich auf den Goldenen Schnitt beziehen. Im Gegenteil: Der berühmte Architekt der New York Five[35], Richard Meier, sagte selbst, dass der Modulor unpraktisch sei und dass er ihn nie verwende. Stattdessen baute Meier höchst unpraktische Gebäude mit endlosen Rampen, die zu nichts Besonderem führen, und verwendete bei allen Entwürfen uninspirierende Quadratraster, alles in angeblicher Anlehnung an Le Corbusier, der jedoch regelmäßige Raster und Linien verabscheute. Der Modulor ist das genaue Gegenteil des Quadratrasters. Ich persönlich meide Meiers Gebäude, weil sie mich nicht nur langweilen, sondern durch ihre Perfektion und Funktionslosigkeit ermüden. Viel Raum und viele Wege für nichts. Die tatsächlich nutzbaren Bereiche sind am Ende meist unglaublich kleinlich.
In einem Architekturbüro, das nicht besonders modern ist, hatte ich einmal eine tiefgreifende Erfahrung mit dem Goldenen Schnitt. 1999 arbeitete ich für einige Monate im New Yorker Architekturbüro Fairfax and Sammons, einem der Vorreiter der neoklassischen Schule in den

---

34. Le Corbusier, The Marseilles Block, London: Harvill Press, 1953.

35. Zur Architektengruppe New York Five gehören Peter Eisenman, Michael Graves, Charles Gwathmey, John Hejduk und Richard Meier.

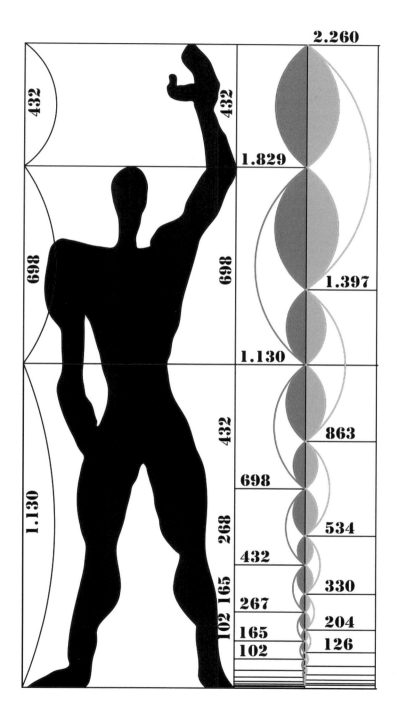

▸ **Das Modulor-system** von Le Corbusier, 1948. **Quelle:** Fondation Le Corbusier, Paris.

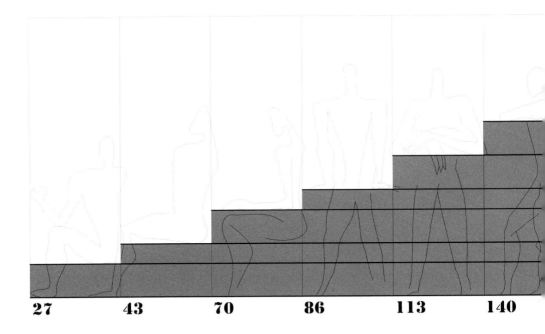

27   43   70   86   113   140

USA und Gründer der Organisation Classical America, die Richard Sammons schon 1968 gegründet hatte. Das Büro ist der führende Experte für historisierende Architektur in der Gegenwart.

Ich war als Architekturzeichner eingestellt, ein Job, der mich finanziell über den Sommer bringen und in der Nähe meiner Wohnung liegen sollte. Und so landete ich unwissend beim Urgestein konservativen Designs. Zu jener Zeit war ich noch gut im Handzeichnen, einer Kunst, die um die Jahrtausendwende schon aus den anderen Architekturbüros verschwunden war. Man zeichnete nur noch mit dem Computer. Ich hatte Riesenspaß bei Richard Sammons, da ich von ihm täglich persönlich etwas über den Goldenen Schnitt und die regulierenden Linien lernen durfte. Le Corbusier verwendete neben dem Goldenen Schnitt auch die „tracé régulateur", und das schon in seinen frühesten Gebäuden, die noch gar nicht modern waren. Das Hauptwerkzeug für den Goldenen Schnitt war ein nach zwei Seiten offener Zeichenzirkel, der den Goldenen Schnitt auf einer Zeichnung anzeigen kann. Entweder kann man von einem großen Maß das kleinere dazugehörige Maß in der geometrischen Umrechnung anzeigen, oder man geht von einem kleinen Maß zum größeren. Der Goldene Schnitt besteht, ganz einfach gesagt, aus der Verhältnismäßigkeit der zwei Größen im Verhältnis von Phi, der universalen Zahl, die überall in Geometrie und Mathematik des ganzen Universums vorkommt.

Sammons' Designphilosophie bestand aus einem ständigen Vergleich von Maßen auf den handgefertigten Architekturzeichnungen und Skizzen, von ganz klein bis ganz groß. Im Nachhinein wurde mir bewusst, wie sehr dies doch dem Modulorsystem von Le Corbusier ähnelte. Beim Modulor ist zusätzlich eine Maßgröße aus dem metrischen Einheitssystem angegeben: der 183 cm große Mann mit erhobenem Arm, der eine Decke in 226 cm Höhe berühren kann. Von diesem Punkt aus ist es dann eine in die kleinsten Maße schrittweise im Goldenen Schnitt verkleinerte Größe, nach oben vergrößern sich die Maße. Warum nun ausgerechnet 183 cm? Das hat vielleicht wieder etwas mit den Nazis zu tun. Le Corbusier entwickelte den Modulor zusammen mit der Unité d'Habitation während seines 18-monatigen Aufenthaltes in der französischen Vichy-Regierung, die mit den Nazis kollaborierte. Obgleich Le Corbusier wusste, dass die deutschen Nazis überhaupt nichts von seiner Architektur, von ihm persönlich und von modernem Bauen im Allgemeinen

▸ **Modulor und Küche**
der Unité Marseille
von Le Corbusier.
Zeichnung: Philipp
Mohr, 2017.

hielten, plante er dieses Gebäude, erfolglos, aber mit der Hoffnung, es unter der französischen Regierung unter dem neugeordneten Europa Hitlers zu bauen. 183 cm, so sagte er später, habe er gewählt, weil diese Größe den „six feet" im angloamerikanischen Maßsystem entspricht; ein Maß, das angeblich oft in Filmen und Romanen erwähnt würde (z. B. „six feet under" – die Tiefe eines ausgehobenen Grabes). Man kann das Maß von 183 cm auch als einen Bezug zum faschistischen Idealmaß interpretieren: 183 cm war das Idealmaß der SS-Männer. Wie genau und ob sich Le Corbusier an der einen oder anderen Theorie orientiert hat, ist nicht nachzuweisen, aber der zeitliche und politische Zusammenhang ist nicht zu leugnen.

Es ist für die modernen Architekten und Akademien natürlich schwer zu akzeptieren, dass so eine Erfindung aus der Nazizeit stammt. Le Corbusier versuchte mit dem Veröffentlichungsdatum des Modulor I und Modulor II nach 1948 zu suggerieren, dass es sich bei dem System um eine Symbolik ganz im Sinne des neuen Weltbildes der parlamentarischen Demokratien handele. Er wartete stundenlang draußen vor einer Lesung Albert Einsteins in Princeton, nur um ihn kurz zu sprechen, ihm den Modulor zu erklären und Einstein den Kommentar abzuluchsen, dass man mit dem Modulor schließlich nur Gutes tun könne. Es sei eine Skala von Proportionen, die das Schlechte schwer und das Gute leicht mache. So hat Le Corbusier seine Arbeit aus dem bösen Faschismus nachträglich doch noch in die Welt des „Guten" gerettet.

Wirkliche Begeisterung über das Maßsystem von Le Corbusier kam jedoch nie auf. Er war am Ende der Einzige, der den Modulor in seiner Ganzheit anwendete. Er war immer mit einem aufrollbaren Maßstab in der Jackentasche ausgerüstet, den er bei passender Gelegenheit hervorholte, um die verschiedenen Baumaße zu überprüfen. Der Nachteil des Systems ist, dass der Meter als Ausgangsmaß nötig ist. Le Corbusier war letztlich nicht mutig

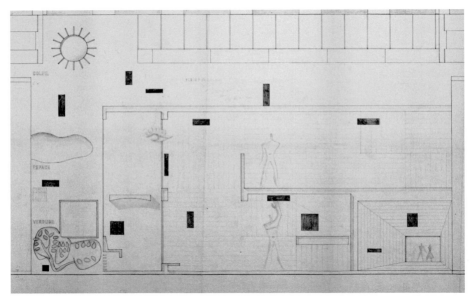

▸ **Entwurf für das Wandrelief** an der Ostfassade der Unité Berlin von Le Corbusier, 1956. (Detailausschnitt)
Quelle: Fondation Le Corbusier, Paris.

genug, ein gänzlich neues Weltsystem zu fordern, bei dem die verschiedenen Zahlenreihen ganz eigene Nummern bekämen und von beispielsweise 1, 2, 3, 4 … hochgezählt würden. Dies würde sich vor allem in kleineren Bereiche, wie etwa der Feinmechanik oder bei Papiergrößen, unpraktikabel auswirken.

Sowohl die Wohnung 258 als auch das gesamte Gebäude des Corbusierhauses waren für mich als Architekt während der Renovierungsarbeit ein Erlebnis. Ja, es war sogar eine echte Offenbarung, nicht nur mit den Maßen des Modulor und den Regulierungslinien zu arbeiten, sondern auch die schon vorhandenen Maße des Gebäudes auf diesem Weg zu entdecken und zu erkennen. Bei dem Modulor handelt es sich um von Le Corbusier standardisierte Maße, basierend auf einem beliebigen Mittelmaß, welches sich am menschlichen Körper orientieren soll. Bei Sammons ist es, genau wie in der klassischen Architektur, egal, welche Maße den Ursprung bilden. Meist dient die Größe der Backsteine oder anderer Baumaterialien als Ausgangspunkt. Von diesen Kleinstmaßen ausgehend, ergeben sich Baugrößen, die dann mithilfe des Goldenen Schnitts und der diagonalen Regulierungslinien unterteilt werden. Die meisten Baumaterialien orientieren sich ohnehin am Maß menschlicher Körperteile. Normale Baumaterialien wie Backsteine sind zum Beispiel genau so groß, dass sie in eine Hand passen, Rigipsplatten sind so groß und schwer, dass sie von einer Person alleine getragen und gehoben werden können. Dämmungen, Kacheln, Ziegel, Holzbalken, Holzdielen, Einbauschränke, Türen – alle haben sie die Ausmaße, die praktisch sind, damit sie von einem einzigen Menschen gehalten, hochgehoben und bearbeitet werden können. Daher ist selbst im Zeitalter der Industrialisierung überall auf dem Bau der menschliche Maßstab die Urzelle in der Entstehung der Baugrößen.

Die Idee von Le Corbusier zu dieser neuen menschlichen Maßeinheit und Vereinfachung des Goldenen Schnitts ist in der Fortentwicklung des Baus durch Maschinen und massive Baugrößen des Gussbeton und Eisenstahls begründet. Hier ist nicht mehr der Mensch das Ausgangsmaß, sondern die Maschine, die Baumaschine, der Lastwagen, der Traktor, Baukran und Betonmischer. Daher ist es nur folgerichtig, dass ausgerechnet die Unité d'Habitation, die komplett aus Beton gegossen ist, sein Ursprungsprojekt für den Modulor ist. In der Tat ist das Buch *Modulor* gefüllt mit Referenzen zur Unité. Sie ist das gebaute Beispiel des Modulor. Die Deckenhöhe der Wohnung 258 hat nicht nur die Modulor-Höhe von 226 cm, sie entspricht auch im Verhältnis zur Breite den Proportionen des Goldenen Schnitts.

Es ist nämlich so: „Die Zahlen der Reihe werden durch einen ‚goldenen' Schnitt geregelt, der durch die besonderen pythagoreischen geometrischen Proportionen, die eine einzige irrationale Zahl = 0,6180339887498948 ergeben, die Phidias-Konstante. Es handelt sich um zwei Fibonacci-Reihen, bei denen, ausgehend von drei Messungen a, b und c, das Verhältnis der kleineren Zahl (a) zur mittleren Zahl (b) gleich dem Verhältnis der mittleren zur ganzen Zahl (c) ist (a:b = b:c wobei a + b = c). Eingeführt von Pythagoras und den Pythagoräern und geometrisch formalisiert von Euklid, ist der Goldene Schnitt Platons Referenz für seine ‚Theorie des Kosmos' im Timaios."[36]

Das versteht wirklich niemand, und daher werden der Goldene Schnitt und der Modulor auch von Architekten selten angewandt. Um die Verwirrung noch schlimmer zu machen, hat Corbusier auch nicht nur ein Maßsytem vorgeschlagen, sondern gleich zwei! Also eines in roter Farbe und ein anderes in blau, damit man es wenigstens auseinanderhalten kann. Ich denke, Corbu kam mit einer Zahlenreihe nicht auf genügend nutzbare Maße und erfand dann noch schnell eine zweite dazu, wodurch sich mehr Zahlen, die man zum Bemessen der Architektur verwenden kann, ergeben. Viel schlauer bin ich auch nicht geworden. Hier sind sie:

Rote Modulorserie: 4 cm; 6 cm; 10 cm; 16 cm; 27 cm; 43 cm; 70 cm; 113 cm; 183 cm; 296 cm; 479 cm etc.

Blaue Modulorserie: 13 cm; 20 cm; 33 cm; 53 cm; 86 cm; 140 cm; 226 cm; 366 cm, 592 cm; 957 cm etc.

Die Zahlen in der Zahlenfolge verhalten sich zueinander wie die Zahlen in der Fibonacci-Folge, wobei zwei aufeinander folgende Zahlen miteinander addiert immer die nächste Zahl ergeben (4 + 6 = 10; 6 + 10 = 16 usw.). Das Verhältnis der Zahlen zu einander entspricht somit nahezu dem Goldenen Schnitt.

Es wird immer wieder in der Literatur, schon in den 50er Jahren, vom Streit Le Corbusiers mit den Berliner Behörden über die Deckenhöhe von 226 cm berichtet. Nicht nur die Deckenhöhe der Wohnung 258 hat die Modulor-Höhe von 226 cm, sondern die Breite ist etwas unter 4,05 Meter. Würde sie exakt dem Goldenen Schnitt entsprechen, müsste die Wohnungsbreite 366 cm betragen. Wie gesagt sieht Corbusier die Wohnungen der Unité konzeptionell als einzelne zweigeschossige Villen an, die übereinander gestapelt sind. Daher ist die Wohnung „ein Haus mit 24 m Tiefe, 3,66 m Breite, 4,80 m und 2,26 m Höhe."[37] 2,26 m Höhe für die eingeschossige Raumhöhe, 4,80 m für den zweigeschossigen Wohnraum. Der Goldene Schnitt ergibt sich aus der Goldenen Zahl Φ (Phi), sie entspricht etwa dem gerundeten Wert 1,618. Ein Beispiel: Eine Deckenhöhe von 2,26 m mal 1,618 ergibt 366 cm Breite. Bei meiner Renovierung bin ich nicht an das Breitenmaß 3,66 m gekommen, denn die Berliner Wohnungen wurden auf 4,05 m erweitert. Aber ich habe die Seitenwände der Wohnung, soweit es möglich war, nach innen verschoben; es war sowieso

Vergl. S. 210

36: Mameli, Maddalena: Le Corbusier and the American Modulor, Università di Cagliari, 2015, S. 2.

37: Le Corbusier: The Marseilles Block.

▸ **Treppe in der Wohnung 258**. Entwurf von Le Corbusier und Jean Prouvé 1956. Rekonstruktion Philipp Mohr 2017. **Fotograf:** Rainer Gollmer, 2018.

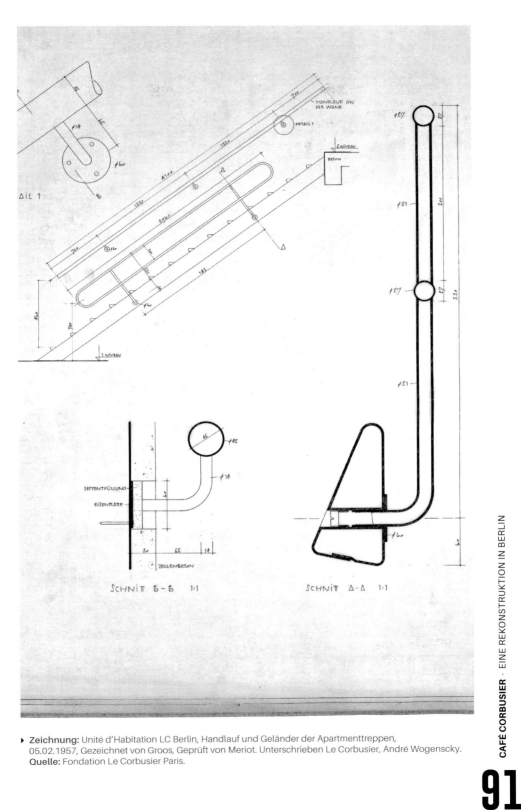

▸ **Zeichnung:** Unité d'Habitation LC Berlin, Handlauf und Geländer der Apartmenttreppen, 05.02.1957, Gezeichnet von Groos, Geprüft von Meriot. Unterschrieben Le Corbusier, André Wogenscky.
Quelle: Fondation Le Corbusier Paris.

schon ein Teil einer Wand für eine innere Wärmedämmung vergrößert worden. Nachdem der dem Originalplan entsprechende Holzparkettboden verlegt worden war, betrugen die Maße aller Sichtbetondeckenbalken in der Wohnung doch 226 cm an der Unterkante. Also waren die Wohnungen 1957 gar nicht auf 2,50 m erhöht worden, sondern man hatte einfach darauf verzichtet, die Decken auf 226 cm zwischen den Balken abzuhängen. Le Corbusier wusste das. Die Decken waren im Original ohnehin schon 250 cm hoch, die Unterseiten der Balken 226 cm. Das Berliner Gebäude ist nach der angeblichen Deckenerhöhung außen mit 50 m genauso hoch wie alle anderen vier Unité-Gebäude in Frankreich mit 226 cm Deckenhöhe. Dies war eine Erleuchtung für mich. Das Thema der Deckenhöhe hatte mich seit den 80er Jahren bewegt, als ich eine Originalwohnung in einer Ausstellung gesehen hatte.
Für Architekten ist die Raumhöhe eines der Hauptthemen der Innenraumgestaltung. Auch die Außenfenster der Wohnung gehen auf das Höhenmaß von 226 cm Unterkante Balken. Also funktionierte in Berlin das Modulor-System doch, zumindest ein bisschen. Die Bauherren hatten in der Polemik um die Deckenhöhe erreicht, dass sie die Wohnungen verbreitern konnten, was ihnen nur recht war; angeblich, um Le Corbusiers Goldenen Schnitt zu honorieren, denn Deckenhöhe 250 cm mal 1,618 ergibt 405 cm Wohnungsbreite. Sie wollten kurze, breite Wohnungen mit 60 Quadratmetern Größe, so viele sie bekommen konnten. Letztlich ging es immer nur um die Finanzen, die Vermietbarkeit auf die nächsten 20 Jahre. Möglichst viele kleine Wohnungen brauchte man zuallererst für die Kriegerwitwen, von denen es in Berlin sehr viele gab. Was danach mit dem Gebäude geschah, ob irgendjemand Kinder dort großziehen wollte, um eine Familie zu gründen, ob ein Kinderzimmer benötigt würde oder zwei oder sogar drei, das war egal. Das gibt es im ganzen Gebäude nicht. Bestenfalls in den Wohnungen mit 100 Quadratmetern Größe im Obergeschoss konnte man auch zwei oder drei Kinderzimmer einteilen.

Le Corbusier sagte, er habe mit diesem Gebäudetyp alles erreicht. Es sei der Tempel für die Familie: „Werfen wir einen Blick auf das bürgerliche Haus, welches das erstes Jahrhundert industrieller Zivilisation hinterlassen hat. Die Küche befindet sich am Ende der Wohnung, am Ende eines langen Korridors ist der Herd. Das Esszimmer ist so weit wie möglich entfernt, in der Nähe des Wohnzimmers, jedoch getrennt. Ein ganzes Ritual des bürgerlichen Lebens hat sich in diesem Raum abgespielt: Küche-Esszimmer und auf dieser Verbindung: Esszimmer-Wohnzimmer. Heute gibt es jedoch nirgendwo auf der Welt mehr Hausangestellte, das ist natürlich auch eine Krise für Hausangestellte. Die moderne Gesellschaft ist verpflichtet, den Aufbau der Familie zu überdenken und dabei die grundlegenden Definitionen zu bestimmen: Feuer, Herd, Küche und der Raum sind ein und dasselbe. Und ein Ort für die Familie ist damit geschaffen."[38]
Wenn man sich die Originalwohnungen in dem Marseiller Gebäude anschaut, mit dem eingebauten Mobiliar und den vielen Stauräumen und Schiebetüren, den Materialien und Farben, Ausblicken auf das Meer und auf die Berge, mit ihrer Sonne und Luft und Raum, viel Raum, zweigeschossigem Raum innen und außen auf der Terrasse, da kann man das Wort Tempel durchaus gelten lassen. Betritt man allerdings die Wohnung des „Typ Berlin" in dem Zustand, wie sie die Bauherren 1958 den Sozial-

---
38. ebd.

hilfeempfängern Berlins überließen, dann sieht man eine Wohnwüste in Weiß, keine Stauräume, keine Einbaumöbel. Die Wohnung ist ein Labyrinth von Trennwänden, mehr Flure als Nutzraum, viel Dunkelheit, wenig Licht, ganz zu schwiegen von der minderwertigen Bausubstanz und der schlechten Bauweise. Schlecht geschnittene Wohnungen.

226 cm Deckenhöhe, das war ein guter Anfang für meine Renovierung. Ich recherchierte weiter und fand im Archiv die Originalpläne von Le Corbusier für die berliner Wohnung. Eine Fülle von Plänen, Schnitten, Details. Die Küche ist in den Corbusier-Zeichnungen im Plan und im Schnitt dieselbe wie in Marseille. Daher recherchierte ich und fand bei einem Händler in München tatsächlich eine Küche im Original. Sie war stark zerstört und musste repariert werden. Aber ich schaffte es und fand über ähnliche Küchen in Marseille die originalen Farben heraus. Somit war die große Küchentheke zum Wohnzimmer schon mal fertig. Den Rest zu bauen, war nicht so kompliziert, weil sich alle Maße wiederholten und sich immer am Modulor orientierten. Die Küchentheke ist 140 cm hoch, Modulor! Die Arbeitsfläche ist 113 cm hoch, Modulor! Das untere Regal ist 43 cm hoch, Modulor! Es war eine Bestätigung, die original Küchentheke in diese Wohnung zu stellen, denn sie nahm genau die Hälfte der Wohnungsbreite ein, und zufällig hatte ich auch die richtige Küchenseite (es gibt ja linke und rechte Küchen). Alles passte, wie magisch! Eine zwei Meter breite Küche in die vier Meter breite Wohnung. Jetzt fiel mir auch der weitere Modulor im Corbusierhaus auf. Die Balkonbrüstung der Terrasse ist 113 cm hoch. An einem Platz an der Brüstung ist ein Betontisch vorgesehen. Höhe: 86 cm.

Abb. S. 108

Abb. S. 86

Die Küche stellte sich übrigens auf Nachfrage tatsächlich als ein Teil einer nicht kompletten Küche heraus, die zusammen mit einer weiteren unvollständigen Küche als Ersatzteillager benutzt und dann als 100 % komplette und originale Corbusierküche auf dem Sammlermarkt angeboten wurde. Niemand anderes als das Museum of Modern Art war der Käufer dieser zusammengestückelten Küche. Der Zustand wurde von den Restauratoren in New York schnell entdeckt. Aber die Küche wurde so, wie sie ist, renoviert und gelangte in die ständige Sammlung des MoMA. Es steht quasi ein Verwandter des MoMA in der Wohnung 258.

Abb. S. 77

Und man konnte noch mehr von der Küche lernen. Beim Auseinandernehmen der Küchenteile und Entnehmen der original Schiebetüren, um sie zu kopieren, fiel mir auf, dass die Griffe aussehen wie Teile eines Modellflugzeuges, wenn ich sie separat in der Hand hielt. An diesem Punkt wurde mir nochmals klar, dass die Designer im Büro von Le Corbusier sich von Schiffen und Flugzeugen hatten inspirieren lassen. Diese Griffe von Le Corbusier/Perriand, die ovalen Tische von Perriand, die schrägen Stühle von Perret und Prouvé und diese Schiebetüren, aber auch die Farbigkeit dieser Möbel haben so ziemlich das gesamte Möbeldesign der 50er Jahre inspiriert. „Nierentisch" wurde zur Bezeichnung der gesamten Ära.

Modulor

Corbusier sagte über dieses Wohnungsdesign: ‚Die Küche wurde als kleines Labor nach den Arbeitsschritten der Hausfrau konzipiert, um sie so weit wie möglich zu vereinfachen. Die Ausstattung dieser Küche wird mit den Wohnungen selbst gebaut. Es gibt einen Elektroherd, das Doppelwaschbecken, von dem eines einen automatischen Abfallbehälter enthält, einen Kühlschrank. Dies ist aus wirtschaftlichen Gründen kein elektrischer Kühler, sondern ein Schrank, in dem die Eisstücke direkt von der ‚Innenstraße' des Zugangs zu den Wohnungen geliefert werden, ohne dass die Zusteller das Haus betreten oder die Herrin des Hauses alarmieren müssen. Zwei große, mit Metall bedeckte Tische auf gleicher Höhe wie Spüle und Herd bilden die ‚Arbeitsfläche' für die Zubereitung von Speisen. Schließlich sind auch alle Fächer zur Aufbewahrung von Töpfen, Gemüse und Küchenwäsche über oder unter der Arbeitsplatte vorhanden. Mit einer 3,66 m breiten und 4,80 m hohen Verglasung öffnet sich der Gemeinschaftsraum nach außen. Licht strömt in die Wohnung bis zur Küche, die in vollem Licht steht. Diese große Verglasung von 3,66 m öffnet sich über seine gesamte Länge und zwei Meter Höhe zu einer Loggia, die einen wahren Außenraum bildet, eine Erweiterung des Gemeinschaftsraums. Diese Loggia ist von einem horizontalen „Sonnenbrecher" überdacht, das heißt, sie lässt die Sonne im Winter tief in die Wohnung eindringen; im Sommer hingegen versperrt er ihr den Weg. Eine Treppe führt nach oben zum Elternschlafzimmer, das über der Küche und dem Essbereich errichtet wurde und einen Innenbalkon über dem Gemeinschaftsraum bildet. Dieses Zimmer ist mit einem großen Kleiderschrank und einem Badezimmer (Badewanne, Dusche, Waschbecken, Bidet) ausgestattet. Im Herzen der oberen Etage befindet sich eine Waschküche mit zahlreichen Schränken und Fächern zur Aufbewahrung von Haushaltswäsche, Kleidung, Koffern usw. außerhalb der Saison. Das WC öffnet sich zu diesem Raum. Zwei Türen ermöglichen den Zugang zu den beiden Kinderzimmern, die durch eine Schiebetafel verbunden sind. Jedes Zimmer verfügt über eine Arbeits- oder Spielecke, die Lage der Betten, den Wä-

Abb. S. 88

scheschrank und den Kleiderschrank sowie das Waschbecken. Wenn diese Räume von sehr kleinen Kindern bewohnt werden, verschwindet ein verschiebbarer Teil der zentralen Trennwand, wodurch die beiden Räume miteinander kommunizieren und ein Spielzimmer bilden. Eine Lösung, mit der Kinder außerhalb des Gemeinschaftsraums am anderen Ende der Wohnung spielen können ... Die Bestimmungen dieser Standardwohnung wurden durch den Wunsch diktiert, den Bewohnern gleichzeitig ein sehr enges Familienleben zu ermöglichen, den Gemeinschaftsraum ‚das Zuhause' zu schaffen und ein individuelles Leben unabhängig von jedem Familienmitglied, von einem frühen Alter an. Das Design dieser Häuser ermöglichte es, die Hausarbeit so weit wie möglich zu vereinfachen ... Diese Wohnungen bestehen alle aus drei Standardelementen, von denen das erste den Eingang, die Küche und den Gemeinschaftsraum umfasst, das zweite das Schlafzimmer der Eltern und das Badezimmer, das dritte das doppelte Kinderzimmer, die Dusche und das Wäschezimmer."[39]

Die unausgeführten Treppen innerhalb der Berliner Wohnungen sind fast dieselben wie in Marseille. Die Zeichnung für Berlin ist sehr detailliert. Zwei Metallwangen werden vom Boden bis zur Wand gespannt und mit horizontalen Holzstufen verbunden. Je eine Stufe besteht aus zwei voneinander getrennten Eichenholzbrettern. Zwischen den Brettern entsteht eine kleine Öffnung, durch die man durch die Treppenstufe nach unten sehen kann. Der Handlauf besteht aus gebogenen und verschweißten soliden Rundstahlstäben. Die Form der gesamten Treppe erinnert an eine Schiffstreppe. Die Metallwangen sind im Schnitt konisch geformt, so dass eine optische Illusion entsteht: Die Wangen sind viel dicker, als sie aussehen. Nur von der Rückansicht der Treppe sind die Wangen breiter. Eine interessante Illusion von Le Corbusier und Jean Prouvé, der die Treppe für das Gebäude entworfen und auch das Metall geliefert hat. Prouvé war ein Experte in konischen und gebogenen Metallen. Er besaß eine Metallbiegefabrik mit riesigen Maschinen, die Metallröhren und große Flächen biegen und falten konnten. Die Treppe ist daher mit den Möbeln Jean Prouvés verwandt, die somit farblich und in ihrer Form perfekt zusammenpassen. Es ist mehr als schade, dass man in Berlin keine Weitsicht hatte, diese schöne Treppe zu bauen. Heute benötigt man eine Genehmigung der Fondation Le Corbusier, wenn man eine solche Treppe nach Le Corbusiers Zeichnungen nachbauen will.

Abb. S. 90

---
39. ebd.

▸ Ansicht der **Westfassade** der Unité Berlin von Le Corbusier. **Fotograf:** Didier Gaillard-Hohlweg, 2018.

▸ S. 98-111: **Wohnzimmer, Küche, Bad und Schlafbereich** in der Wohnung 258 der Unité Berlin. **Entwurf**: Le Corbusier, 1957. Rekonstruktion von Philipp Mohr, 2017. **Fotograf**: Didier Gaillard-Hohlweg, 2018.

die wiederentdeckung der farbe

Farbe ist bei Le Corbusier eines der großen künstlerischen Ausdrucksmittel neben den Formen und Materialien. Architektur ist ja das Spiel der Formen unter dem Licht, und Licht ist nicht nur weiß, sondern besteht aus allen Farben. So findet sich in jedem seiner Projekte, und manchmal auch in den Büchern, Seiten und Plänen jeweils ein eigenes experimentelles Farbkonzept. Es gibt große Ideen zu den Farben, dann aber auch ganz originelle und bahnbrechende Einfälle. Für den Wiederaufbau der Fabrik Claude und Duval (Usine Claude et Duval) in Saint-Dié-des-Vosges (Vogesen) im Jahr 1948 wählte Le Corbusier die Farbpalette Rot, Gelb, Hellgrün und Blau. Die Polychromie dieser Fabrik wurde nach zwei Prinzipien bestimmt. Das erste Prinzip war etwas pragmatisch, indem er Farben für verschiedene Arten von Geräten und Rohren bestimmte: Rot für Brandschutzmaterial, Grün für Luftkanäle, Gelb für Elektrizität und Blau für Wasserleitungen.

Für die Treppe in der Berliner Wohnung 258 wählte ich die Farben Blau und Grau. Der Grund dafür, so Corbusiers Erklärung, ist, dass Metallteile, wenn sie nicht in ihrer natürlichen Materialfarbe bleiben können, am besten grau, schwarz oder weiß angemalt sein sollten, da man mit diesen Farben allgemein ein Material aus Metall verbindet. Ganz im Sinne des Purismus und somit auch des Brutalismus sollten bei Corbusier die Materialien am besten genau das sein, was sie sind: Holz ist Holz, Beton ist Beton, ebenso Stein, Glas, Aluminium, Waschbeton und Linoleum. Und manchmal ist auch die Farbe auf einer Betonfläche einfach nur das Material Wandfarbe. Und manchmal ist ein Wandgemälde nichts anderes als ein Gemälde.

Farben sind vielleicht der interessanteste Teil der Renovierung in der Wohnung 258. Beim Abkratzen der Tapeten kamen irgendwann die ersten Anstriche von 1958 zum Vorschein. Die ersten Bewohner durften sich aus einer Farbpalette aussuchen, wie ihre Wohnung gestaltet werden sollte. Das Bad war hellblau, sehr ähnlich der Polychromie Le Corbusiers. Die Farben für die Wände und die Bauteile auszusuchen, war für mich der schwierigste Teil. Wie Corbusier selbst sagt, sollte das ein Künstler tun. Aus

Vergl. S. 197

meiner Arbeit als Architekt habe ich gelernt: Am besten bestimmst du eine Gruppe von Farben, die zueinanderpassen, und bestellst kleine Proben davon. Am besten sehr viele Proben. Dann kann man auf allen Wänden und Oberflächen, die mit Farbe bemalt werden sollen, eine kleine Fläche auftragen und trocknen lassen. Dann mit frischem Auge am folgenden Tag ans Werk: Wie wirken die Farben bei Tageslicht und bei Kunstlicht auf den verschiedenen Oberflächen? Starke Farben wirken besser, wenn sie gegenüber den Lampen und Fenstern gelegen sind, das heißt, wenn sie möglichst viel Licht reflektieren. Weiß und weichere Farben sind an dunklen Stellen besser angebracht. Aus Le Corbusiers Schriften erkannte ich, dass die Farbe Weiß die vorherrschende Farbe sein sollte, zusammen mit einem hellen Ton. Die Farben sollten möglichst auf volle Rechtecke aufgebracht werden, damit jeweils ein farbiges Rechteck in einem weißen oder hellen Hintergrund entsteht. Für Le Corbusier sind Farben rechteckige Flächen in einem dreidimensionalen Gefüge.

Die Loggien des Gebäudes sollen laut einer Notiz Le Corbusiers in seinem Skizzenbuch hauptsächlich weiß sein, dann schwarz und dann die übliche Gruppe der Farben aus der Polychromie. Die große Erkenntnis kam für mich aus dem Experimentieren mit Farbpigmenten. Ich bestellte kleine Proben der original Polychromiefarben von Keimfarben von Les Couleurs Le Corbusier, und malte auf den verschiedenen Oberflächen wild drauf los. Die Effekte der Pigmente überraschten mich doch sehr, da ich als Architekt jahrelang hauptsächlich kommerzielle Chemieprodukte verwendet hatte. Was ich erfuhr, war, dass Pigmentfabe durchscheinend ist, das heißt dass man den Untergrund noch etwas sieht, je nachdem, wie dick man die Farbe aufträgt. Auch die Richtung der Pinselstriche macht an der Reflexion der Farbe viel aus. Eine Wand mit Pigmentfarbe gleicht einem Ölgemälde in einer Kunstausstellung. Es gibt unendlich viele Effekte. Ich denke, dass der Besucher in der Wohnung 258 das auch spürt. Diese kleinen Unterschiede sind es, die ein Gefühl erzeugen. Weiterhin begriff ich, dass Corbusiers

Farbtöne hauptsächlich aus Pigmenten bestehen, wie man sie heute noch im Künstlerladen kaufen kann. Das leuchtende Grün der Küchenwand ist einfach nur das reine Farbpigment mit dem Namen Veroneser Grün. Hellgrün ist dasselbe Pigment mit weißer Wandfarbe vermischt. Das Rotbraun ist das Pigment Sienna. Pink ist dasselbe Pigment mit weißer Wandfarbe vermischt. Und so weiter. Geholfen haben mir bei der Farbwahl die Farbfächer und Bücher, die Les Couleurs neulich herausgebracht hat. Auch die Gruppierungen der Farbgruppen zueinander hat Corbusier vorgeschlagen, er nannte diese vorgefertigten Farbkombinationen Klaviatur. Besonders toll lässt sich die gesamte Farbwelt Corbusiers in dem von Arthur Rüegg herausgegebenen dreibändigen Werk *Polychromie architecturale* nachvollziehen und ausprobieren. Von den 63 Farben verwendete ich nur die alte Farbpalette mit 43 Tönen von 1931, da im Jahr 1958 beim Bau der Wohnung in Berlin die neuen Farben von 1959 ja noch nicht vorhanden waren. Corbusier gab mir noch weitere Hinweise: „Farbe modifiziert den Raum. Blau und seine grünen Mischungen schaffen Raum, geben Distanz, erzeugen Atmosphäre, rücken die Wand in die Ferne, machen sie wenig greifbar, nehmen ihr die Qualität der Festigkeit, indem sie zwischen Wand und Betrachter eine gewisse Luftigkeit erzeugen. Rot (und seine braunen, orangefarbenen und anderen Mischungen) fixieren die Wand, bekräftigen ihre exakte Lage, ihre Dimension, ihre Präsenz. Ferner heften sich an Blau subjektive Empfindungen von Zartheit, Ruhe, Gewässerlandschaft, Meer und Himmel. Mit Rot verbinden sich Empfindungen von Kraft, von Heftigkeit. Blau wirkt auf den Organismus als Beruhigungsmittel, Rot als Aufputschmittel. Das eine ist Ruhe, das andere Aktion."[40] Monochromie, also Einfarbigkeit einer Fläche, stellt Corbusier der Polychromie gegenüber, also der Mehrfarbigkeit einer Fläche. In der Wohnung 258 habe ich mich bemüht, immer ganze rechteckige Flächen in einer Farbe zu

40. Rüegg, Arthur (Hrsg.), Le Corbusier: Polychromie architecturale, Basel: Birkhäuser, 2016, S. 116.

gestalten. Ich muss zugeben dass ich nicht zu oft ausprobiert habe, sondern mich getraut habe, ganze Wände auf einmal anzumalen, um dann am Ende den Effekt im Raum zu spüren. Eine tolle und einzigartige Erfahrung für einen Architekten!

Über das Badezimmer sagte Corbusier: „Das Badezimmer ist wie das Auto ein alltägliches Werkzeug, dessen Tendenz darin besteht, sich zu einem einfachen Haushaltswerkzeug zu verallgemeinern."[41] Das Bad in der Wohnung 258 war beim Kauf im Jahr 2016 nach meinen Untersuchungen noch fast im originalen Zustand von 1957. Daher entschied ich mich, das Bad so gut es ging zu rekonstruieren. Dabei fand ich heraus, dass hier einige Konzepte umgesetzt worden waren, die man als typisch Le Corbusier beschreiben könnte. Alle Rohre der Heizungen und Wasserleitungen sind nicht unter Putz, sondern offen sichtbar vor den Wänden verlegt worden. Im Wohnzimmer gibt es vertikale Heizungsleitungen, die vom Boden zur Decke führen und sichtbar bleiben. Der Ursprung dieser Ästhetik war neu im 20. Jahrhundert. Le Corbusier war einer der ersten, der nicht nur sagte, dass das Haus eine Maschine sein solle, sondern der auch an bestimmten Stellen dieses Mechanische durch eine Sichtbarmachung ausdrücken wollte. Noch um 1900 wäre es undenkbar gewesen, in Wohnräumen Rohre vor den Putz zu verlegen. Sämtliche Gasleitungen, mit denen die alten Wohnhäuser neu ausgestattet wurden, waren allesamt mit größter Mühe unter Putz verlegt. Für das Bad in der Wohnung 258 entschied ich mich daher, die originale Badewanne und den Fliesenboden zu belassen und zu restaurieren. Die kleinen Wandmosaike und der kleine Spiegel sind typisch für viele Corbusierbäder. Die kugelrunde Badezimmerlampe stammt aus einem Stauraum und ist original von 1957.

So sieht die Restaurierung aus: eine Sammlung möglichst vieler vorgefundener Artefakte mit einer Ergänzung durch zeitgemäße Ideen Le Corbusiers. Die ovale Tür zum Duschbereich ist zum Beispiel inspiriert von den verschieden Türen dieses Typs aus den Corbusier-Projekten. In der Unité in Marseille gibt es eine ähnliche Tür für die Duschkabine, und es ist wieder eine An-

Abb. S. 106

---

41. Le Corbusier: The Marseilles Block, S. 18.

lehnung an Elemente aus dem Schiffsbau. Eine ungewöhnliche Größe: Man muss einen großen Schritt machen, um durch die kleine Öffnung zu gelangen. Eine Erfahrung. Natürlich ist diese Art der Innenarchitektur nicht behindertengerecht und es ist daher nur die zweite Duschmöglichkeit. Die Badewanne kann ohne Probleme benutzt werden. Die Zweigeschossigkeit der Wohnungen bringt ohnehin genug Probleme der Benutzbarkeit für Behinderte mit sich. Den Duschbereich habe ich zur ursprünglichen Wohnung ergänzt. Er basiert auf einem Design Le Corbusiers aus einem anderen Wohngebäude aus dem Jahr 1928, der Villa Savoye bei Paris. Mit diesem offenen Duschbereich, der zur gesamten Wohnung hin offen ist und nur mit einem Duschvorhang abgetrennt ist, wollte ich das Konzept des offenen Grundrisses unterstreichen und räumlich erfahrbar machen.

Le Corbusier postulierte in seiner Schrift „Fünf Punkte zu einer neuen Architektur" (orig. *„Cinq points de l'architecture moderne"*) im Jahr 1923, dass moderne Grundrisse offen sein sollten. Man solle nicht durch tragende Wände gezwungen sein, jeden Wohnbereich zu separieren, sondern vielmehr neue Möglichkeiten erschließen, die einzelnen Bereiche temporär zu trennen, oder auch einfach die Bereiche komplett miteinander zu verbinden. Durch neue Technologien ist es nicht mehr notwendig, jeden Wohnbereich wie durch eine Aneinanderreihung von Schachteln zu separieren. Stattdessen ist es zum Beispiel möglich, Küchen mit Wohnräumen zu verbinden, da man mechanische Abzüge, Filteranlagen und elektrische Geräte verwendet. Es gibt bei Le Corbusier keine Verwendung von Gas, Kohle und Holzverbrennung und daher auch weniger Geruch und Verschmutzung, die eine Trennung von Räumen notwendig macht. Selbst das Bad, so meint Le Corbusier, könne in die Wohnbereiche einbezogen werden. Privatbereiche werden von ihm neu hinterfragt. In der Villa Savoye steht gleich im Eingangsbereich ein Waschbecken im Flur. Ein Waschbecken, das manchmal von Architekturtheoretikern als Symbol eines Brunnens interpretiert wurde, weil eine Quelle traditionell schon in der Antike das Zentrum des Wohnhauses bildete. Le Corbusier bringt in seiner Architektur immer wieder ganz ursprüngliche Nutzungen und Funktionen in neuer Interpretation in das moderne Wohnhaus zurück. Die Quelle, die Feuerstelle, der Garten, die Straße, der Innenhof, um nur einige zu nennen. Daher habe ich mich im Bad dafür entschieden, einen Teil der abgehängten Decke zu öffnen, um ein Oberlicht zu simulieren, ähnlich wie in Le Corbusiers Penthouse-Wohnung in Paris. Interessant fand ich die simple Feststellung Le Corbusiers, dass Räume, wenn möglich, immer aus einfachen rechteckigen Grundrissen bestehen sollten. Selbst wenn es einen offenen Grundriss gibt, kann man jeden Bereich in ein Rechteck unterteilen. Manchmal gelingt das durch Abhängen einer Decke oder einen Raumteiler. Im Prinzip ist das eine sehr herkömmliche Art, mit Architektur umzugehen: „Das Schlafzimmer ist der herausragende Bestandteil des Hauses. Die oben beschriebenen Funktionen sind vielfältig und erfordern jeweils Platz und Ad-hoc-Anordnungen. Sie sind unbestreitbar notwendig für den normalen Fluss und die Erfüllung des Lebens.

▸ Fotograf: Joe Clark

▲ Fotograf: Joe Clark

Folglich müssen die erforderlichen Räume und Einrichtungen berücksichtigt und umgesetzt werden. Dies ist eine Lehre. Der gemeinsam genutzte Raum ist jedoch nicht dafür ausgelegt, diese verschiedenen Funktionen zu erfüllen: Arbeiten, Körperpflege, schlafen, waschen. Es ist ein quadratischer Raum, in dem wir so gut wir können zurechtkommen. Der Raum muss perfekt und vollständig sein, der Schnitt muss für die individuellen Bedürfnisse ausreichen ... Wir meinen: Lesen, Schreiben, Zeichnen, Nähen, Weben, Basteln, Denken, Meditieren usw. Es muss die folgenden genauen Funktionen erfüllen: tägliche Körperkultur für das Kompensieren der tödlichen Auswirkungen eines ständig sitzenden städtischen Lebensstils, Schlafen, und dies kann eine Frage der Orientierung, eine Frage der Ruhe sein."[42]

Und wieder stoße ich in meiner Recherche auf die Zeit vor 1945 und nach 1945. Die Farbe Weiß für Innenräume existierte in bürgerlichen Wohnungen bis 1930 so gut wie gar nicht. Weiß war die Wandfarbe der gutbürgerlichen Küchen, Bäder und Diensträume. Aber die Wohnräume waren über Jahrhunderte in den buntesten Farben bemalt und tapeziert. Erst mit Einzug der faschistischen politischen Kräfte verwandelten sich die Innenräume zu komplett weiß übermalten monochromatischen Wohnlandschaften. Wie mein Vater mir neulich berichtete, wurden in seiner Kindheit, also erst nach 1933, die alten Türen, Wände und auch Möbel in seinem Wohnhaus komplett weiß angestrichen. Vorher hatte sogar jede Wohnetage eine eigene monochrome Farbgebung. Seine Wohnung war in allen möglichen Grüntönen gestrichen und tapeziert. Eine weitere Etage war komplett in Gelb gehalten, eine weitere in Blau, eine in Rot. Der Bauhäusler Oscar Schlemmer berichtete im Jahr 1930, dass Paul Schultze-Naumburg, um Adolf Hitler zu gefallen, die bunten Innenwände des Weimarer Bauhaus komplett weiß übermalen ließ.[43] Die weißen Innenräume des Minimalismus, wie wir sie heute alle lieben und schätzen, sind daher ein Phänomen des Faschismus und nicht der Bauhausmoderne oder von Le Corbusier, wie man oft vermutet. Ebenso sind die weißen Kuben der Kunstgalerien erst um 1930 entstanden, und zwar mit den ersten Ausstellungen im New Yorker MoMA unter dem Kuratoren Alfred Barr. „Erst 1936, mit Barrs Ausstellung, ‚Kubismus und abstrakte Kunst', kam der White Cube wirklich zustande."[44] Die Farbe Weiß und die weiße Rasse sind natürlich in dieser Zeit und auch schon zum Beginn des Kolonialismus wichtiges politisches und soziales Zeichen. Weltweit ist spätestens seit Einzug der weißhäutigen Kolonialisten aus Europa, allen Menschen der Welt unmissverständlich klar, dass weiße Hautfarbe Überlegenheit bedeutet. Die Farbe Weiß ist von der Bedeutung der Überlegenheit heute nicht mehr zu trennen. Nicht nur Michael Jackson verwandelte seine Hautfarbe von dunkelbraun zu weiß, sondern in allen Kulturen der Welt ist zu beobachten, dass man sich eine möglichst helle Hautfarbe anlegt, wenn man zur Elite gehören will. Wir leben in einer post-faschistischen Zeit mit dem Standard „Apple-weiß" und ein paar kleineren schwarzen und grauen Details und ganz wenig Farben. „Nur schwarz" gibt es ganz selten auch mal, aber es wirkt dagegen schon fast subversiv, wenn eine Modemarke zum Beispiel eine ganzen Verkaufsraum in schwarzer Farbe ausstattet. Weiß ist die elitäre Farbe unserer Zeit. Weiß bedeutet auch Hygiene, Reinheit, Purismus, Spiritualität, DAS GUTE. Genauso wie die moderne Architektur, kann heute in den meisten Kulturen die Farbe Weiß als neutral gelten und man kann alles auf sie projizieren.

42. ebd.

43. Herzogenrath, Wulf: Das bauhaus gibt es nicht, Magdeburg: Wewerka Archiv, 2019, S. 65.

44. Cain, Abigail: „How the White Cube Came to Dominate the Art World" auf: artsy.net, 23.01.2017.

Das gelingt den anderen Farben und dem Schwarz nicht. Es ist nicht so neutral. Die Farbe Schwarz und das Dunkle, sowie generell alle dunklen Farben, bedeuten eher Unreinheit, Das Schlechte und: DAS BÖSE. Durch die weltweite Dominanz des weißen Mannes hat sich diese Sichtweise in die Psyche der Menschheit eingeprägt. Ein Trauma. Selbst die Scheiche Arabiens sind in Weiß gekleidet, obwohl sie bis vor 100 Jahren noch in vielfarbige Stoffe gehüllt waren. Ich finde es wichtig, dass wir uns als Menschheit der Farbe wieder bemächtigen und die Farbe suchen. Zu einfach ist es, die Wohnungen und Räume immer wieder weiß anzustreichen. Es ist inzwischen schon fast ein Akt der Rebellion, sich vielfarbig anzuziehen und die eigenen vier Wände polychrom zu streichen.

Weiß sind auch die Tempel und Statuen der Antike, die in den Museen seit der Renaissance ausgestellt sind. Wie wir heute wissen, wurden die Marmoroberflächen in der Antike so gut wie nie in weiß gelassen, sondern wurden bunt angemalt. Nicht so angemalt, wie es manche Rekonstruktionen mit Akrylfarben zeigen, sondern mit vielen Schichten von verdünnten Pigmentfarben. Man muss sich nur

die farbige Büste der ägyptischen Königin Nofretete anschauen, die fast lebensecht wirkt. So in etwa sah die gesamte Antike aus: Mit unglaublich künstlerischem Auge und viel Können wurden die Oberflächen bemalt. Die Wissenschaftler und Computergrafiker werden wohl noch viele Jahre brauchen, um dies zu begreifen und es rekonstruieren zu können. Ich persönlich habe überall auf meinen Recherchen in der Kunstwelt und Architektur Farbe gefunden. Sogar das kleine Architekturmodell der Sagrada Família im Museum dieser Kirche von Gaudí in Barcelona ist komplett in Kobaltblau bemalt. Das heißt, die Kirche soll außen eigentlich blau sein. Nein, nicht in einem einheitlichen Plastikblau wie es jetzt gleich ein Grafiker am Computer rekonstruieren wird, sondern in den verschiedensten Blautönen, und aus kleinsten Mosaiksteinen auf der Steinoberfläche des Gebäudes zusammengefügt. So etwa wie die blau-grüne Oberfläche von Gaudís Entwurf des Casa Batlló.

Was ich sonst noch generell über Farbe gelernt habe: Menschen und Tiere reagieren grundlegend auf Farben, weil sie uns hauptsächlich über Nahrung informieren. Daher sind Farben, die wie Nahrungsmittel aussehen, für uns meistens sehr angenehm. Farben die unnatürlich aussehen, sind generell abstoßend.

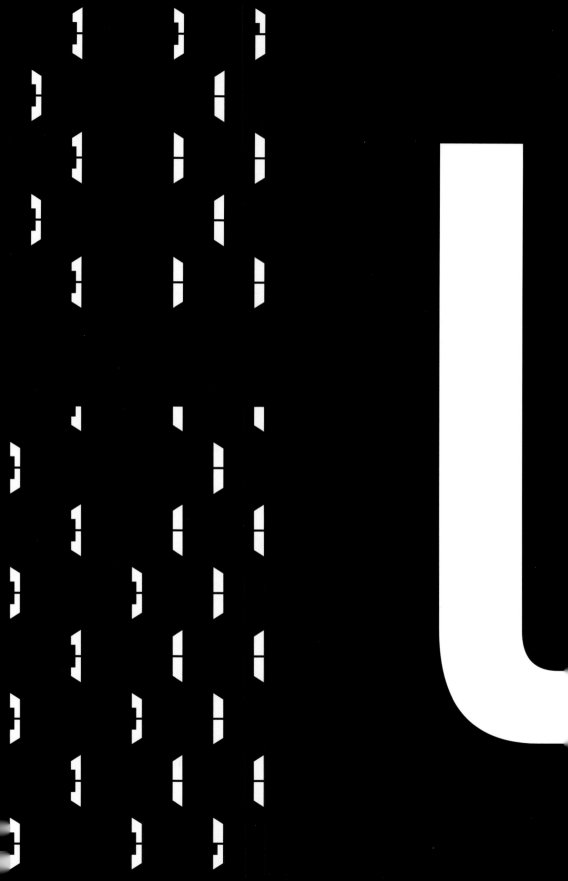

1957

betonhimmel über berlin

Die radikale Idee Le Corbusiers, sein Hochhaus 1957 mitten in der Villengegend des Grunewaldes zwischen zweigeschossige Einfamilienhäuser zu stellen, war kein selbstsüchtiger und überheblicher Akt eines verrückten Star-Architekten, sondern ein städtebauliches Modell und soziales Experiment. Für die Nachbarn war es allerdings mehr als ein Schlag ins Gesicht. Sie haben sich jahrelang gegen den monströsen Betonbau gewehrt.

Für die Presse war klar: da lebt sich ein durchgedrehter Franzose mit seinen Starallüren aus. Doch das Haus steht nicht da, um angeschaut und bewundert zu werden.

Man sieht es von den Straßen und anliegenden Gebäuden tatsächlich kaum. Wenn man ein Foto davon machen will, muss man sich erst auf das große Privatgelände begeben, um nah genug heranzukommen, oder man steigt auf den gegenüberliegenden künstlichen Teufelsberg. Vom Olympiastadion aus sieht man das Hochhaus auch nur entfernt und als grauen Umriss.

Nein, im Gegenteil, das Gebäude ist zum Herausschauen gemacht. Es ist zum Bewohnen, Erfahren und in die Ferne Gucken geschaffen. Eine Maschine, um in die Ferne zu sehen, um über den Tellerrand zu schauen. Le

Abb. S. 88

▸ Luftaufnahme der Unité d'Habitation „Typ Berlin" von Le Corbusier, 2018. **Quelle:** Luftbildagentur euroluftbild.de/ Dr. Gernot Krämer.

Corbusier hat den Menschen höhere Räume gebracht und weitere Aussichten. Allein deshalb war es mein persönliches Anliegen, eine für meine Gäste bewohnbare Modellwohnung zu schaffen, damit man dort übernachten und einen 24-Stunden-Zyklus erleben kann. Jede Wohnung ist ein Guckkasten, eine Ausblickmaschine für den Blick auf die umliegende Landschaft und den sich stets verändernden Himmel. Man sieht aber nicht nur. Man *erfährt* den Verlauf der Sonne, die Lichteinstrahlung, die Temperaturveränderung in der Wohnung, die Winde, das Wetter.

Als ich das außergewöhnliche Glück hatte, eineinhalb Jahre in der Wohnung 258 arbeiten und wohnen zu dürfen, erfuhr ich Corbusiers Theorien aus erster Hand. Einmal erlebte ich einen starken Sturm. Ich erlebte von der windgeschützten Sicherheit meines Betonbalkons aus, wie sich vor der Wohnung

Abb. S. 116

Bäume aus dem Boden drehten und überall Äste und Zweige um den Betonturm flogen. Ich dachte, dem Gebäude würde nie etwas geschehen, nicht einmal ein Erdbeben oder Bomben würden hier etwas anrichten. Sollte man eines Tages das Gebäude doch einmal abreißen wollen, um Luxusvillen zu bauen, dann bräuchte man unglaubliche Mengen Sprengstoff und mehrere Wochen lang Bauarbeitercrews, um den schweren Beton bis auf die Fundamente wegzuschaffen. Davon war ich überzeugt.

Vergl. S. 196

In seinem Berlintext beschreibt Le Corbusier, wie wichtig der Sonnenzyklus für den Menschen ist und dass die Architektur sich daran orientieren solle. Das ist Architekten von jeher bekannt, aber wer hält sich wirklich daran? In der schattigen Lage im Norden des Teufelsberges und hinter den hohen Bäumen haben die Villen im Winter kein direktes Sonnenlicht. Berlin ist sowieso sehr gefordert, was Sonnenlicht angeht. Man spricht in Berlin ja nicht umsonst von dem „Betonhimmel", der das halbe Jahr dick über der Stadt liegt und sie in ein dunkelgraues Licht taucht. Wer hat in Berlin schon direktes Sonnenlicht? Sonneneinstrahlung in ein Berliner Zimmer? Wenn ja, dann meist auch nur im Sommer und zu bestimmter Tageszeit und nur in einem Raum, direkt am rechteckigen Fenster oder auf dem Balkon. Weit über die Hälfte der Zimmer, Wohnungen und Fenster sind der Sonne abgewandt und haben nie Sonneneinstrahlung. Daran gewöhnt man sich und findet sich damit ab, seit Jahrhunderten jetzt schon. Und genau das fand Le Corbusier inakzeptabel. Wenn es irgendetwas an der alten Architektur zu verbessern gab, dann genau das, befand er. Die Verbindung zur Natur sei dann wiederhergestellt, sagte er. Er wollte die Natur in die Wohnung einfließen lassen, Sonne, Mond und Sterne, Wolken, das jeweilige Blau, Schwarz oder Grau des Himmels.

Durch die Klimaveränderung aber gibt es in Berlin inzwischen auch wochenlang Temperaturen von 40 Grad Celsius im Sommer. In den 50er Jahren war Berlin im Winter noch monatelang verschneit und es gab wenige Sonnenstunden.

Ich erinnere mich an meine Berliner Studienzeit in den 90er Jahren. Die Winter waren eiskalt, sibirische Eisstürme zogen wochenlang un-

▶ **Skizze einer Unité**
mit Dachgarten, Innenstraßen, Wohnung mit „Ausblick", Grünanlagen mit Sportplätzen, „Freiraum", Sonnenlicht und Verkehrswegen.
Quelle: Fondation Le Corbusier, Paris.

erbittlich durch die Straßen der Stadt, und die Sommer waren kurz und nicht besonders warm. Berlin war früher immer bewölkt und kühl mit wenigen Sonnentagen. Das ist mit ein Grund, warum Le Corbusiers Theorie der Sonneneinstrahlung hier damals wohl nicht besonders wertgeschätzt wurde. Doch es war etwas Besonderes, aus dem neuen Hochhaus herauszuschauen, und so fanden die Bewohner und Besucher des Hauses Gefallen an Le Corbusiers Idee, ebenso wie viele Konstrukteure von Wohnhochhäusern im Westen und in der DDR der 1950er- bis 1990er Jahre. Ein Wohnhochhaus ist für die Kenner des Ausblicks eine besondere Geschmacksrichtung, die man nur versteht, wenn man sie selbst erfahren hat. Aus dem Corbusierhaus schaut man direkt auf Bäume, die Villen im Umfeld sieht man kaum, und das Olympiastadion ist nicht direkt im Blickfeld, man muss sich schon aus

▶ **Apartment 258** im „Originalzustand" von 1957 mit „Corbusierharfe".
Fotograf: Philipp Mohr, 2016.

dem Balkon strecken, um das Stadion zu sehen. Im Süden blickt man direkt auf den bewaldeten Teufelsberg, den Drachenberg und die Ruine der amerikanischen Abhörstation. Nachts schaut man hinunter auf die Parkanlage und die dort streunenden wilden Füchse und Wildschweine. Tagsüber schleichen Touristengruppen um das Gebäude, und Bewohner führen ihre Hunde im Park aus. Singvögel fliegen um die Bäume, und zu allen Jahreszeiten hat man einen Blick auf die Natur, so als stünde man direkt auf einem Baumwipfel in einem Wald. Das ist Städtebau! Das ist ehrlicher, ungelogener Städtebau, ideal, utopisch, so gut, wie es irgend nur geht. Gegen alle negativen Kräfte, die Le Corbusiers Idee in Berlin bekämpft haben, oder besser das bisschen, was davon noch übrig ist. So muss gebaut werden! Das ist das absolute Minimum, das man Menschen anbieten muss. *Das* ist das Existenzminimum! Das ist die Zukunft, das ist Stil. Diese Architektur gehört nicht bloß einem Stil an, sie *hat* Stil, den Stil des Humanisten, der sich um das Wohl aller Menschen bemüht. Das ist Stil im Sinn von Charakter. Le Corbusier war kein selbstsüchtiger Exzentriker, kein gemeiner Faschist, der den Menschen das Letzte rauben wollte. Kein Psycho. Im Gegenteil: Er versprach hohe Räume, weite Aussichten, Licht, Luft, Sonne für alle, kurze Wege, Bequemlichkeit.

Im Corbusierkomplex von Marseille gab es Lieferungen von Eisblöcken direkt in den Küchenkühlschrank durch eine Tür an der Wand zur Innenstraße, weil elektrische Kühlschränke noch zu teuer waren. In Berlin gibt es ein Türchen, durch das manchmal heute noch Essen oder ein Paket direkt in die Wohnung geliefert werden kann. Der Postbote geht zu 530 Wohnungen des Berliner Gebäudes auf allen 17 Geschossen, anders als bei anderen Hochhäusern, wo alle

Briefkästen im Erdgeschoss montiert sind. Auf jeder Etage befindet sich ein Müllschlucker. An dieser Stelle wäre es angebracht, die unzähligen Einrichtungen aufzuzählen, die allerdings in Berlin leider nicht ausgeführt wurden, aber sie gehören zur Utopie von Le Corbusier, sie sind Teil seiner Idee. Er bietet nicht das Minimum des Gesellschaftsvertrags der Weimarer Republik, sondern das Bestmögliche für alle. Geräumige lichtdurchflutete Wohnungen mit den Ausmaßen einer Villa im Grünen, hoch über den Baumwipfeln des Grunewalds, mit Anbindung kurzer Wegstrecken zum Stadtzentrum und den Arbeitsplätzen und Vergnügungen der Millionenstadt Berlin. Deshalb stellt Le Corbusier dieses Hochhaus mitten in das Villengebiet und nicht isoliert mitten in den Grunewald, aber auch nicht mitten in den Tiergarten in die Innenstadt. Er zeigt durch diesen Kontrast zu den Villen, dass man dasselbe Konzept der Gartenstadt auch effektiver und moderner und vor allem besser lösen kann. Egal ob in der Innenstadt oder außerhalb. Jede zweigeschossige Wohnung ist eine neue Art von Villa mit Terrasse, wie er schon früher mit seinen Immeuble Villas, also Villahochhäusern, andeutete. Man muss sich nicht einmal um die Gartenarbeit kümmern, man darf das Grün außerhalb des Gebäudes einfach betrachten und genießen. Wenn das Gebäude natürlich so ausgeführt wäre, wie Corbusier es geplant hat. Das ist Städtebau!

Unausgeführt blieb leider über die Hälfte des umbauten Raumes, den Corbusier für Berlin geplant hatte. Eine dreigeschossige Tiefgarage mit begehbarem Dach, unterirdische Verbindungsgänge mit Einkaufszentrum, der dreigeschossige Dachaufbau mit zusätzlich begehbarem Dach. Ein zusätzlicher runder Wohnturm mit Einzimmerwohnungen, Tennisplätze, eine Parkanlage mit noch mehr Parkplätzen, Spielplätzen, eine Verbindungsbrücke direkt zur S-Bahnplattform, die riesige Eingangshalle mit Kaufläden und Concierge und sogar Toiletten. Der geplante Gebäudekomplex war also viel mehr als eine Stadt in einem Gebäude, es war eine unglaublich weitsichtige und funktionierende Wohn-und Lebensumwelt für das kommende Zeitalter. Ein Beispiel, ein Goldener Maßstab, ein Wegweiser für die kommende Baukunst. Und natürlich wird immer wieder das Argument laut, dass es ja 1958 kein Geld gab im armen Deutschland und Wohnungen knapp waren und die Menschen nichts zu essen hatten. Alles Lüge. Niemand anderes als der glühende Nazi und Architekt Hitlers und Hermann Görings selbst kehrt aus dem Nachkriegsversteck nach Berlin zurück und setzt durch, dass er den Hitlerturm neben dem gerade fertiggestellten Corbusierhaus wieder aufbauen darf, einen Meter höher als zuvor. Das Millionenbudget bewilligt der Senat zur selben Zeit, als scheinbar kein Geld für den Wohnungsbau da ist. Das sind Fakten so hart wie Beton und Granit.

Für die Besucher der Interbau 1957 wurden nur in den obersten Geschossen des Corbusierhauses Musterwohnungen zugänglich gemacht. Die einzigen Wohnungen, die Le Corbusier in ihrem fertigen Zustand persönlich sah, sind jedoch komplett anders als alle darunterliegenden Wohnungen. Die Treppengeländer der offenen Maisonette-Treppe sind etwas eleganter. Die etwa 100 Quadratmeter großen Wohnungen des großen Wohnungstyps erstrecken sich nur hier komplett über die gesamte Gebäudebreite von Ost nach West mit Balkonen auf beiden Seiten. Die viel kleineren Typen mit Einzimmerwohnungen von 60 bis 80 Quadratmetern Größe machen dagegen den Großteil des Gebäudes aus. In den kleineren Einheiten erfährt man leider nicht die städtebauliche Idee des 24-Stunden-Tages und des

Ausblicks. Deshalb waren diese kleineren Wohnungstypen nur für den Südteil des Gebäudes geplant. Durch die Lage im Filetstück des Gebäudes mit der bevorzugten Ausrichtung zur Südsonne macht es Sinn, dass man hier nur kleine Wohnungen braucht, da sie in Bezug auf die Sonneneinstrahlung ohnehin schon sehr bevorteilt sind. Viel schwieriger ist es aus architektonischer Sicht, die Ost-West-Ausrichtung zu gestalten. Le Corbusier hatte geplant, hier viel mehr Innenraum zu vergeben. Die Übereinanderschachtelung der L-förmigen Wohnungen und daraus resultierenden Innenstraßen sind Teil der Idee, den Bewohnern möglichst viel Aussicht nach draußen zu ermöglichen und nur wenige geschlossene Räume im Inneren ohne Sonnenlicht zu erzeugen.

Hier wird klar, dass der Städtebau untrennbar mit der Architektur *und* der Innenarchitektur verbunden ist. Wenn Le Corbusier auf seinen monströsen Stadtplänen Hochhäuser zeichnet, ist dies untrennbar mit den Wohnungsgrundrissen und den Aussichten der Bewohnern verbunden. Man übersieht diesen Inhalt schnell bei einem Blick auf seine sehr abstrakten und kühl kalkulierten Stadtansichten der 20er bis 50er Jahre. Die Position der Küche im Inneren der Wohnung ist so angelegt, dass man aus der Küche direkt in die Ferne blickt, auch wenn man sich schon tief im Inneren der Wohnung befindet. Daher empfand ich es als so wichtig, in der Wohnung 258 die Originalküche am originalen Standort der Zeichnungen von Le Corbusier zu rekonstruieren. Nur das Bad ist ein geschlossener Raum. In Marseille sind Waschbecken in den Kinderzimmern mitten im Raum angebracht, und man hat hier natürliches Licht.

Als wichtig im Vergleich zum „Mutterschiff" in Marseille empfinde ich die Belichtung und haptische Beschaffenheit sowie die Farbigkeit in den Innenfluren. Die Innenflure sind die Transformation der Straßenschluchten der Großstädte in das Innere des Gebäudes. *„Rues Intérieurs"* werden im Corbusierhaus Straßen genannt. In Marseille sind die Doppeltüren zu den Treppenhäusern alle verglast, von außen dringt an diesen Stellen etwas natürliches Licht in die Straßen. Die Türen aus Holz schwingen leicht, bei wenig Handdruck, auf. In den Originalzeichnungen für Berlin sind es dieselben Türen mit einer großen Glasfläche, die von den lokalen Berliner Architekten leider durch eine geschlossene Betonwand und eine schwere Stahltür ersetzt wurden. Natürliches Licht gelangt gar nicht in die Innenstraßen, bestenfalls in die unwirtlichen Treppenhäuser, die in Berlin auf keinen Fall zum Aufenthalt einladen.

In Marseille sind die Treppenhäuser Teil des alltäglichen Umgangs mit den vielen Funktionen des Gebäudes. Dort haben die Straßen ein heimeliges Licht, die Wände sind aus Beton, die Türen sind alle in verschiedenen Farben gehalten, und jede Wohnungstür hat ihr eigenes kleines Licht, das nur auf die Farbe der Tür prallt. Diese farbigen Reflexionen sind zusammen mit dem natürlichen Licht die Lichtquellen der Innenstraßen. Es ist ein besonderes künstliches Licht, ein indirektes Licht einer Reflexion auf ein Material, eine Aneinanderreihung farbiger Lichtkegel in der sonst eher dunklen und breiten, nur 226 cm hohen Straße. In Berlin ist dies der einzige Ort, an dem Le Corbusiers Proportionssystem *Modulor* für den Besucher erfahrbar ist. Der Fußgänger kann mit ausgestreckter Hand die Decke der Innenstraße erfassen. Für Kinder und Menschen unter 170 cm Körpergröße muss es ausreichen, wenn sie die durchschnittlich groß gewachsenen Menschen anschauen, wie sich sie nach der Decke strecken. Ein gedankliches Konzept, aber keine unmögliche Regel, an der man verzweifeln sollte! Ein Gedanke, der hier transportiert werden soll, außen an der Fassade noch einmal sehr schön und kunstvoll in Beton gegossen und perfekt geeignet für das obligatorische Selbstportrait vor diesem Betonrelief.

Zur Verteidigung des Modulors muss man sagen, dass die kleineren Maße alle allgemeingültig sind. Es stimmt ja nicht, dass wir nicht alle mit denselben Größen zurechtkommen. Wir sitzen weltweit alle auf denselben Kloschüsseln, Flugzeugsitzen, McDonald's-Stühlen, Bushaltestellenbänken und fragen uns nicht, warum sie nicht kleiner oder größer sind, weil nicht alle Menschen gleich groß sind. Genauso ist die Kritik nichtig, warum die Wohnungsdecke 226 cm hoch sein soll, wir Menschen seien doch nicht alle gleich groß. Und ich will hinzufügen, dass ich selbst nur 178 cm groß bin und auch die Decke mit 226 cm Höhe berühren kann.

▸ **Modellrekonstruktion Corbusiers** Entwurfs von 1956 für die Unité Berlin mit Südeingang im Kellergeschoss und Tiefgarage.
Zeichnung: Philipp Mohr mit PAAS, Barcelona, 2018.

In Marseille besteht der Fußboden der Innenstraßen original aus schwarzem Linoleum, das in den letzten 80 Jahren zerbröckelte und unendliche Male gebohnert und ausgebessert wurde. Eine reflektierende dunkle Oberfläche, die wie ein welliger Ozean die vielen kleinen farbigen Reflexionen der Wohnungseingangsleuchten spielerisch und poetisch zurückwirft. Vielleicht ist das der große Unterschied, den die Franzosen am Gebäude in Marseille so kunstvoll zu inszenieren verstehen. In Berlin kann man Worte wie „poetisch" oder „spielerisch" beim besten Willen für keinen Teil des Gebäudes verwenden. „Elegant" noch viel weniger. Selbst der Teil, den Le Corbusier noch versucht hatte zu retten, nämlich das spielerische Schattenspiel der Fassade, wurde von den Bauherren wegrationiert. Den fehlenden Schatten seiner berühmten Sonnenbrecher hat Le Corbusier dann noch als schwarze Dreiecke auf die Fassaden malen lassen. Man muss ihn dafür wirklich bewundern. Die schwarzen Dreiecke waren ein letzter Versuch, den Berlinern einen Gedanken zu übertragen, eine Utopie, einen Wegweiser in die Zukunft einer menschlicheren Gesellschaft. Ein Existenzmaximum für alle! Die Innenflure des Gebäudes, in Berlin einfach Straßen genannt, wurden nicht von Le Corbusier entworfen. Die Zeichnungen für die Eternitwellen an der Decke, die Neonröhren hinter gerundetem, klarem Fiberglas, der Linoleum- und später grüne PVC-Bodenbelag, die Farbgebung mit der Einheitsfarbe für jedes Geschoss – das alles wurde von den Bauherren selbst bestimmt. Die Zeichnungen dafür sind nicht datiert und haben keine Aufschrift oder einen dazugehörigen Autor. Irgendjemand der Ingenieure bei der Monier Bau GmbH hat diese Zeichnungen angefertigt, als schon alle Architekten aufgehört hatten, an dem Bau zu arbeiten. Le Corbusier hat bei seinem zweiten Besuch eine fertige Innenstraße und den Rest der Inneneinrichtungen auf der Baustelle besichtigt und war nicht erfreut. In den Jahren 1997-1998 wurden die Innenstraßen in Abstimmung mit der Unteren Denkmalschutzbehörde saniert und bleiben seitdem im selben Zustand. Das ultraweiße Licht der Deckenwellen brennt unangenehm grell im gesamten Haus. Tag und Nacht, jahrein, jahraus.

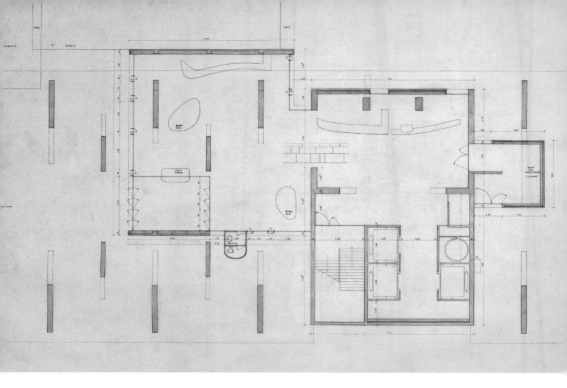

▶ **Plan der Eingangshalle** der Unité Berlin von Le Corbusier, 1956.
Quelle: Fondation Le Corbusier, Paris.

Corbusier beschreibt die Eingangshalle der Unité in Marseille: „Es beginnt in der Eingangshalle im Erdgeschoss, einer Halle, die mit der eines großen Hotels vergleichbar ist."[45] Seine Idee besteht also darin, das gesamte Wohnhaus so luxuriös und elegant wie nur möglich zu gestalten. Französisch eben. Dieses Streben nach maximaler Bequemlichkeit und maximalem Service hat Le Corbusier schon in seinem Manifest „Kommende Baukunst"[46] hergeleitet. Darin stellt er fest, dass Autos und andere Produkte der Industrialisierung allesamt bereits mit dem höchsten Luxus und der höchsten Funktionalität, Bequemlichkeit und neuen Formen ausgestattet sind. Daher forcerte Corbusier, die Architektur müsse mit Hilfe der maschinellen Herstellung für alle Menschen auf dieses Niveau gehoben werden. Die besten Beispiele fand er in der nomadischen Welt der Reisenden auf Schiffen und in Hotels. Dort wird Gästen ein hoher Standard an Komfort geboten, und an einem einzigen Ort werden alle notwendigen menschlichen Bedürfnisse erfüllt. Daher solle ein Gebäude, unabhängig davon, ob es sozialen Wohnungsbau beherbergt oder andere Nutzungen, schon in der Eingangshalle die wichtigsten Funktionen für die Bewohner erfüllen. Die Berliner Eingangshalle ist auf einem Plan detailliert beschrieben: „Die Eingangshalle des Hauses auf Bodenniveau, am Fuße der Aufzüge ist der Brennpunkt des äußeren Verkehrs. Fußgänger, Autos, Lieferwagen und Umzüge. Die Ver-

45. ebd.

46. Der Titel lautet im Original „Vers une architecture". Der Text wurde 1926 in Stuttgart übersetzt und unter dem Titel „Kommende Baukunst" veröffentlicht.

längerung der Halle selbst wird im Westen durch ein Vordach, welches die Abfahrt der Autos überdeckt, und durch ein Bassin längs einer der Fassaden gebildet. Die Halle besteht aus zwei Hauptteilen:

1. Ein äußerer Teil des Aufzugsturmes inmiten der Pilotis. Auf dieser ganz verglasten Südfassade, im Schutze des Baues, befinden sich die Eingangstüren des Hauses. Sie führen in ein, durch eine zweite Reihe von Glastüren geschlossenes, Vestibül, welches in die Halle selbst mündet. In diesem Teil befinden sich: eine große Theke für die Post, Empfang der Besucher, Reisebüro usw., eine Reihe von Toiletten, gemauerte Bänke und Tische.

2. Der Aufzugturm selbst mit wiederum Theken zum Zeitungsverkauf und Bewachung des Hauses. Neben letzterem befindet sich die Kontroll- und Telekommandotafel aller Installationen des Hauses (Elektrizität, Aufzüge, Wasser, Lüftung, usw. ...) neben dem Ausgang der Aufzüge münden die Treppen der Etagen und des Untergeschosses. An der Nordfassade befindet sich ein kleines Lokal, als Lieferanteneingang des Hauses mit Abstellmöglichkeit von Waren und Lieferungen. Art der Konstruktion: Alle Mauern der Halle sind aus Stahlbeton und erhalten auf ihren Außenseiten besondere Schalungsmuster, gemäß den Plänen des Architekten. Sie sind überall, wo es für die Wärmeisolierung der Halle nötig ist, verdoppelt durch eine innen verputzte Ziegelmauer. Die verglasten Teile bestehen aus Klarglas, das unmittelbar in den Beton eingesetzt ist. Eine Reihe von Ventilationsspalten in den Scheiben besorgt die Belüftung der Halle. Die kleine Toilettengruppe wird durch eine emaillierte doppelte Blechschale mit dazwischenliegender Glaswolle gebildet. Die tragenden Teile der inneren Struktur (Stützen, Wände) erhalten eine Schalung ... Der Boden der Halle besteht aus großen Steinplatten, in verschieden breiten Bändern verlegt. Die Natur des Steines und die Art der Verlegung müssen gemeinsam mit dem Architekten festgelegt werden. Die Decke der Halle besteht aus einer Stahlbetonplatte mit großen Tafeln geschalt (Blech, Sperrholz, Isorel, usw. ...), und schalungsrau bleibend. Sie erhält obendrauf die nötigen wärmeisolierenden Lagen und Dichtungsmittel. Die Ausführung der Eingangshalle muss ganz besonders sorgfältig sein. Alle Details müssen von den Architekten gebilligt sein."[47]

Die heutige Eingangshalle des Corbusierhauses ist in nichts original. Sie wurde aber von Le Corbusier in diesem Plantext ziemlich genau beschrieben, und seine Zeichnungen sind im Prinzip einfach zu deuten und zu verstehen. Im Originalplan ist die Halle doppelt so groß, und der Bereich, der heute kommerziell vermietet wird, gehörte ursprünglich zu der großen Halle dazu. Mehrere geschwungene Betontische schlängeln sich laut Plan durch die Hallen und sollen als Theken für Läden und von einem Portier genutzt werden. Das Muster für den Bodenbelag wurde bei der Renovierung 2008 von dem Berliner Büro Beer Architekten zwar im Prinzip übernommen und auf die „originalen" quadratischen Steinfliesen verlegt. Aber es ist trügerisch. Nur ein dünner Kunststoff, einem dunklen Schieferstein zwar verblüffend ähnlich, aber dennoch nicht das Gleiche, am Ende eher das genaue Gegenteil von dem, was Le Corbusier beabsichtigte. Die Denkmalpflege forderte, dass die originalen Solnhofer Steinplatten belassen werden und der neue Belag reversibel verlegt

47. Le Corbusier, Plan Cha Sc2, Unité d'Habitation LC Berlin, Eingangshalle, FLC 23753, 13.10.1956.

werde. Es liegt hier sozusagen ein Pseudo-Original über dem anderen. Ob Le Corbusier der helle Bodenbelag mit den quadratischen Platten gefallen hat, ist nicht belegt. Ich denke nicht. Es entspricht jedenfalls nicht seinen Zeichnungen und dem Anspruch, dass der Boden in Absprache mit ihm verlegt werden müsse. Le Corbusier hat diese Lösung bestenfalls unter Zwang angenommen.

Es ist allerdings nur eines der kleineren Themen, über die er sich hätte aufregen müssen. Die Bearbeitung des Betons im gesamten Haus sowie alle Oberflächen und Details im Inneren widersprechen allen seinen Vorstellungen. Corbusier hätte für die Eingangshalle sicher nicht die Kunststoffkopie eines Steines gewählt. Man hört förmlich, wie er sich am Mittelmeer noch heute im Grabe herumdreht. Mehrere ähnliche Eingangshallen mit vergleichbaren Elementen existieren in anderen gut renovierten Gebäuden in Frankreich und könnten zusammen mit den Plänen für eine Rekonstruktion zu Hilfe genommen werden: der Schieferstein-Bodenbelag mit dem unregelmäßigen Verlegungsmuster, die verschiedenen gewundenen Tische für Einkaufsbereiche und einen Empfangsbereich, die den Eingang des Gebäudes von dort aus bewachen und organisieren. Das Maison du Brésil in Paris von Corbusier und Lúcio Costa entstand zur gleichen Zeit, und die Details der Eingangshalle dort entsprechen den Plänen für Berlin.

In Frankreich gehören Rezeptionisten pro Gebäudeeingang für Gebäude mit Sozialwohnungen mit über 500 Einwohnern schon seit Jahren zum Standard. Es sind keine Hauswarte, sondern in Schichtarbeit arbeitende Angestellte, die sich nur um den Eingangsbereich kümmern, Auskünfte geben und andere Dinge organisieren helfen. In dem Berliner Gebäude gibt es für bis zu zweitausend Einwohner keine Ansprechperson in der Eingangshalle. Einer der Haustechniker sitzt manchmal hinter einem provisorischen Tisch im Glasgebäude der Haustechnik neben dem Haupteingang. Die etwa fünf ständigen Mitarbeiter fungieren alleine als Hausmeister, Haustechniker, Hauswart, Sicherheitsdienst, Reinigungskraft, Gartenpfleger und noch mehr. Also eine billige Lösung der Hausverwaltung und der Eigentümergemeinschaft und sicher eine Überforderung für die Angestellten, aber auch eine unvorteilhafte Ansammlung vieler Funktionen in einer Person und innerhalb eines Teams.

Öffentliche Toiletten im Eingangsbereich sind eine tolle Idee und nicht aufwändig, aber sie wurden nicht umgesetzt. Wer soll die sauber machen? Was ist, wenn was kaputt geht? Ja, in welchem Zeitalter leben wir eigentlich? Corbusier war seiner Zeit 80 Jahre voraus, und wir hinken unserer eigenen Zeit auf so viele Weisen hinterher.

Eine freistehende Informationstafel für Hausinternes sieht nach Design aus, ist aber auch nicht original Le Corbusier. Außen vor der Eingangshalle befindet sich nach Le Corbusiers Plan kein Blumenbeet, sondern ein Wasserbecken, in dem sich die Betonskulpturen des Modulors reflektieren sollten. Doch ein Wasserbecken ist der Albtraum jedes Hausverwalters!

Die Eingangshalle als Mehrzweckraum entspräche auch dem Anspruch des Hotelcharakters des Gebäudes. Ein Sozialhotel, warum nicht? Bei anderen öffentlichen Gebäuden findet man es durchaus normal, dass es Läden und Restaurants gibt, zum Beispiel bei Krankenhäusern. Warum nicht in einem Wohngebäude mit 2000 Bewohnern? Wenigstens ein Getränkeautomat? Es ist doch nicht zu viel verlangt. Das wirklich traurige

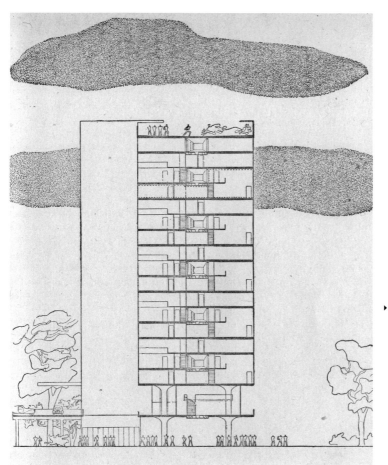

▶ "**Mit der Freude des Lebens strahlend**" Schnitt durch ein Wohnhochhaus mit freiem Erdgeschoss und Dachgarten, Innenstrassen und Maisonettewohnungen, zweigeschossigem Wohnraum und offener Galerie. Le Corbusier, de Pierrefeu, Francois, *The Home of Man*, The Architectural Press, London, 1948, Seite 111.

allerdings an der Berliner Eingangshalle ist, dass sie im Grundriss tatsächlich so gebaut ist wie in Le Corbusiers Plan, allerdings ist die Hälfte davon an ein Büro vermietet und nicht zugänglich. Der Besucher blendet diesen Zustand einfach aus und denkt sich beim Anblick der mit Vorhängen verschleierten Fenster der Eingangshalle, dass es sich um irgendein Zusatzgebäude handeln müsse, was hier nicht hingehört. Ich musste mir die Originalpläne mehrmals anschauen, bis ich endlich begriff, dass der gesamte Erdgeschossbereich des Gebäudes zur Eingangshalle gehört. Nach meiner 3D-Rekonstruktion im Computer mit den Originalplänen ließe sich heute durchaus das gesamte Originaldesign Le Corbusiers auch hier verwirklichen. Die Halle ist denen anderer Unités sehr ähnlich und ähnelt auch dem „Maison du Brésil" in Paris. Aber so wie ich inzwischen das Corbusierhaus und seine Verwalter kenne, ist der Bereich des Büros entweder inzwischen Privatbesitz oder auf lange Jahre vermietet oder sonst irgendeine merkwürdige Konstellation, wie sie überall im Haus auftaucht. Zum Beispiel stellt sich die Frage, wem das Gebäude des Kindergartens eigentlich gehört. In den Jahressitzungen tauchen diese Themen nie auf.

Die nicht dem Original entsprechende Beleuchtung des Berliner Gebäudes ist innen und außen in jeder Hinsicht unvorteilhaft für die Architektur und für die Bewohner und Besucher gleichermaßen. Dies beginnt mit der nach oben strahlenden Beleuchtung der Modulorfiguren im Betonrelief, die höchst

unpassend an Albert Speers Lichtdom von 1936 im wenige Meter entfernten Olympiastadion erinnert. Genau wie klassische Säulen auch, sind Lichtstrahlen, die Richtung Himmel gehen, seit 1945 in der Architektur, speziell in Deutschland, problematische Stilmittel. Sie gehören zu den verführerischen Propaganda-Elementen, die Architekturkritiker seither beschämen und die sie aus der Architektur verbannt sehen wollen. Wenn auch der Lichtdom im Monument des zerstörten World Trade Center in New York alljährlich am 11. September seinen Widerhall findet, in Berlin erinnern diese Strahlen nicht nur an Diktatur und Propaganda, sondern sie sind auf dem Gelände des ehemaligen Reichssportfeldes unangebracht. Es ist nachvollziehbar, dass sich nach dem Willen des Entwerfers durch dieses Licht die Wirkung von Schatten am Relief abzeichnet, aber der Effekt ist dennoch der eines kleinen Lichtdoms. Niemand behauptet, dass Architektur und Design einfach sind. Fehler sind erlaubt, aber man muss auch kritisch sein und offen dafür, Fehler zu korrigieren. Im Gegensatz zu dieser sehr drastischen, lyrischen Beleuchtung ist der Rest des Gebäudes außen und innen in grell-weißes, schrilles Neonlicht getaucht. An der Vorderseite und Rückseite der Gebäudefassade sind Neonröhren angebracht, die die parkenden Autos beleuchten und nachts die Besucher blenden. Ihre Funktion ist also weniger die Beleuchtung als die Selbstdarstellung. Im Inneren sind die Neonröhren so regelmäßig angebracht, dass sich nirgends ein Schatten bildet oder irgendeine Stimmung erzeugt wird. Leider sind die Neonröhren in den Innenstraßen „original" 1958, zwar nicht von Le Corbusier, aber vom Bauherrn. Daher wäre es schwer, etwas anderes vorzuschlagen. Aber schon ein gelbliches und dunkleres Licht anstelle des grellweißen würde etwas bewirken. Insbesondere, wenn man es zeitweise von hell auf dunkel umschalten könnte, besonders nachts, mit Bewegungsschaltern wenigstens in den Treppenhäusern. Es ist das Jahr 2021 und nicht 1960.

Die Neonröhrenskulptur an der Decke der Eingangshalle, gleich an der Schiebetür, stammt von Beer Architekten und ist sicherlich gut gemeint. Die Abstände sind sichtlich unterschiedlich, so wie in einer Fibonacci-Folge, entsprechend Le Corbusiers Modulor. Aber das Licht ist nur grell, die Lampen stehen wieder im Vordergrund und beleuchten auf Teufel komm raus jede Rille und jeden Winkel des dazu noch knallweiß angestrichenen Bereiches. Auch die Betonpfeiler sind weiß angestrichen, was auch immer das bedeuten soll. Le Corbusier hatte vorgeschlagen, die Pfeiler schwarz anzumalen, um sie zu tarnen, oder besser gesagt, um sie verschwinden zu lassen, denn er war mit der visuellen Qualität des Betons unzufrieden, und zum Abreißen der Pfeiler war es ja bei seinem Besuch bereits zu spät.

Man könnte vermuten, dies sei eine böswillige Kritik an guter Handwerksarbeit der Unteren Denkmalschutzbehörde, der Architekten und der Hausgemeinschaft. Es sind Gedanken eines Architekten mit jahrelanger Erfahrung in der Restaurierung historisch bedeutender Gebäude. Ich fordere nicht, das eine oder andere zu verändern, aber ich mache eine gerechtfertigte Bestandsaufnahme, an die sich keiner der an der Restaurierung des Gebäudes Beteiligten heranwagt. Eine gute Erneuerung und Restaurierung des Gebäudes, die den Gedanken Le Corbusiers gerecht wird, ist durchaus möglich. Dies setzte allerdings eine Verwaltungsstruktur voraus, die einen Designwillen im Sinne Corbusiers vor alle anderen Beweggründe, vor allem vor jegliche Politik und finanzielle Einschränkung stellen müsste.

Es wäre denkbar, dass ein einziger Eigentümer das Gebäude übernimmt, renoviert und mit einem verbesserten Denkmalpflegeplan komplett überholt. Das ist die einzige Chance, die ich sehe, wie man aus dem Gebäude doch noch einen Le Corbusier machen könnte. Diese Aktion setzte einen Le Corbusier-freundlichen Grundton voraus. Momentan sind nach meiner Einschätzung die Verantwortlichen im Gebäude in zwei Gruppen gespalten: Eine Gruppe möchte beibehalten, was bis 2008 gebaut und renoviert wurde. Die andere Fraktion ist daran interessiert, das Gebäude nach dem Standard Le Corbusiers so gut es geht zu renovieren. Ich behaupte nach meinen Recherchen: Es ist ausreichend Material vorhanden, um aus dem Gebäude im jetzigen Zustand mit nur wenigen Abstrichen ein Gebäude aus „100 % Le Corbusier" zu machen. Man muss es nur wollen. Auf gar keinen Fall möchte ich den Eindruck erwecken, dass ich Interesse daran hätte, nach Berlin zurückzukommen und mich für dieses Projekt anzubieten, im Gegenteil. Ich möchte nur das Wissen teilen, das ich aufgenommen habe und hier dokumentiere. Wer auch immer sich dafür interessieren oder daran Anstoß finden mag.

Das Heizhaus neben dem Eingang widerspricht allein durch seine Existenz nicht nur komplett den Ideen Le Corbusiers, es nimmt dazu einen großen Teil der Fläche ein, die für die Bewohner und die Öffentlichkeit gedacht war. Die Grundidee, die Wohngebäude auf Pfeiler zu setzen, war nicht, damit Autostellplätze zu schaffen oder Platz für neue Gebäude, Fahrradschuppen und Müllcontainer. Es ist eine Parkanlage! Man soll darunter bei Regen oder zu starker Sonne sitzen und sich dort aufhalten können. In Berlin ist das genaue Gegenteil der Fall. Der gesamte Bereich ist zugeparkt, zugebaut und mit großen Müllcontainern versperrt. Braucht man ein Heizhaus dieses Ausmaßes heute wirklich noch? In Marseille wird das verneint. Le Corbusier hat speziell für die Haustechnik eine ganze Etage zwischen den Pfeilern versteckt, in der die Technik untergebracht werden sollte. Was braucht man denn schon, um Wasser für etwa 3000 Heizungen und Wasserhähne aufzuheizen? Vielleicht könnte man das Heizgebäude komplett abreißen. Oder es könnte wenigstens neu genutzt werden, zum Beispiel als Eingang zur neuen Tiefgarage. Mir ist klar, dass sich einige Eigentümer durch solche Anregungen auf den Schlips getreten fühlen. Doch es wundert mich schon, dass sich in 70 Jahren weder ein Akademiker noch ein Wohnungseigentümer darüber offen Gedanken gemacht hat. Vielleicht muss erst jemand mit jahrelanger Berufserfahrung in genau diesem Bereich kommen, jemand, der bisher in keiner Weise etwas mit dem Gebäude zu tun hatte.

Zur Erinnerung, liebe Hausbewohner: In den 1960er Jahren wurde ein temporärer Schuppen an das Gebäude hinter dem ohnehin von Le Corbusier schon beklagten Heizhaus angebaut und ist heute immer noch vorhanden. Ein Rückbau wurde schon 2008 dringend in der Denkmalschutzbroschüre gefordert: „Im Osten befindet sich zwischen den Achsen 06 bis 10 ein Fahrradschuppen, der über die gesamte Breite an das Waschhaus angebaut ist und ca. 4,70 m tief ist. Pultdacheindeckung mit Eternit-Welle, Fassade mit Eternitplatten. Dieser Fahrradschuppen war in der Planung Le Corbusiers nicht vorgesehen und entspricht nicht der ästhetischen Gestaltung und Formensprache der Unité. Für die Zukunft soll ein Konzept für Fahrradstellplätze entwickelt werden."

Vor der zweiten Betonsanierung wurde 1984 ein Gutachter beauftragt, um die Schäden genauer aufzunehmen. 2008 war noch unklar, in welchen Bereichen noch der originale Béton Brut, also Sichtbeton, unter den grauen Farbanstrichen vorhanden ist. Laut Bericht wurde in großen Teilen des gesamten Gebäudes der Beton bis auf die Bewehrung abgestemmt. Das wurde nach 1984 nicht wieder überprüft. Es steht also nicht genau fest, in welchem Ausmaß der Beton ausgebessert wurde, und es bleibt unklar, ob man den Beton heute wieder sichtbar machen könnte. In anderen Beispielen historischer Betongebäude ist es mit großem Aufwand gelungen, den Beton auszubessern und die Oberflächen so zu gestalten, dass man den Sichtbeton ohne Anstrich zeigt. Im Denkmalplan von 2008 sollten die Reliefs am Eingang und der Hinterseite des Gebäudes bei der Renovierung sogar bis auf 15 Zentimeter abgestemmt und dann mit einer vorgeformten Vorsatzschale neu gegossen werden!

▶ **Unité d'Habitation** „Typ Berlin" bei Nacht, 2018. **Fotograf:** Didier Gaillard-Hohlweg.

Abb. S. 75

Auf der Westseite des Gebäudes ist eine Abbildung aus dem Buch *Modulor* dargestellt. Das heißt, das Wohngebäude sowie das Relief an der Hauswand und das Buch *Modulor* sind miteinander verknüpft und sollen zusammen „gelesen" und verstanden werden. Die 183 Zentimeter großen Modulorskulpturen befinden sich auf Straßenhöhe. Sie sind von Besuchern und Bewohnern begehbar und bieten einen Ort für Gruppenfotos mit den vier nebeneinanderstehenden Modulor-Figuren. Wie gesagt, davor sollte ein Wasserbecken und nicht das spießige Rosenbeet als Repräsentant der 1960er Jahre stehen.

Auf der Ostseite ist ein Schnitt durch die typische Maisonettewohnung in voller Größe dargestellt, eine Mischung aus Architekturzeichnung, Modell, Relief und tatsächlicher Architektur. Die Elemente sind teils als Negativ in die Betonwand eingelassen, teils ragen sie aus der Wand heraus, als könnte man sie verlängern und daraus eine komplette Wohneinheit bauen. Die Zweigeschossigkeit, die in Berlin letztendlich in keiner der Wohnungen belassen wurde, ist hier an der Fensterfront dargestellt. Man wundert sich also, dass einerseits dieses Relief an der Außenwand eine Wohnung mit einer knapp fünf Meter hohen Decke darstellt, aber im Gebäude selbst keine solchen Wohnungen zu finden sind. Auch wird die Höhe hier mit 226 Zentimetern bis zu den Deckenbalken und 250 Zentimetern bis zur Decke dargestellt.

Abb. S. 88

Die Balkone haben auf halber Höhe, also auch auf 226 Zentimetern, vor dem Fenster eine horizontale Betonplatte, den Sonnenbrecher, der auch in allen gebauten Loggien fehlt. Der Text im Beton an der Ostfassade des Berliner Corbusiergebäudes, aus dem Französischen übersetzt: „Die Konditionen der Natur werden wiederhergestellt. In diesem vertikalen Dorf mit 2000 Bewohnern sieht man seinen Nachbarn nicht, hört man seinen Nachbarn nicht, man ist als Familie in die natürliche Umgebung eingebettet. Sonne, Freiraum, Natur. (Charta von Athen – CIAM von 1933)
Eine neue Freiheit ist damit erreicht:
1. Auf dem Grundriss der Wohnzelle a) für das Individuum b) die Familiengemeinschaft c) den Haushalt.
2. Auf der Ebene der Hausgemeinschaft ist durch die Benutzbarkeit der Gemeinschaftseinrichtungen „die" individuelle Freiheit gestärkt.

Unzertrennbare Binomverbindung: das Individuum — die Gemeinschaft."

---

48. ebd., S.14.

49. Text im Beton an der Ostfassade des Berliner Corbusiergebäudes.

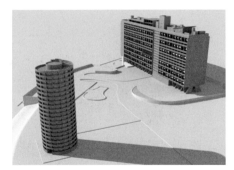

▸ **Runder Wohnturm und Unité Berlin mit Dachaufbau und Tiefgarage.** Entwurf von Le Corbusier von 1956. **Zeichnung:** Philipp Mohr mit PAAS, Barcelona 2018.

der runde turm

Ein zusätzlicher runder Wohnturm für die Unité „Typ Berlin" erschien auf dem frühen Lageplan von 1956 und wird in dem unveröffentlichten Berlintext beschrieben: „Gleichzeitig entsteht ein vollkommen neues Element: die neue ‚Unité' für Junggesellen, als runder Turm. Es ist ein sehr wichtiges soziales Problem: die Wohnung des Junggesellen oder des Ehepaares ohne Kinder, als spezifisches und angemessenes Obdach. Nun ist also ein neues Spiel eingeführt, von mathematischer und plastischer Beschaffenheit: Der Kontrast im Raum von runden Elementen und den prachtvollen rechtwinkligen Körpern der ‚Unités de Grandeur Conforme'. Eine plastische Lösung von gewaltiger Wirkung, von hoher poetischer Ausdruckskraft."[50]

Le Corbusier stellt den Berliner Bauherren 1956 noch einen zweiten Turm vor, dessen Realisierung nicht über eine Skizze hinausging, aber in seinem Berlintext erwähnt er ihn noch im Jahr 1957, nachdem das Baubüro-Gebäude auf dem Baugelände an derselben Stelle schon stand. Also hatte er wohl ernsthaft erwogen, diesen runden Turm noch zu bauen, vielleicht noch nach der Vollendung der Unité? Der zweite Turm wäre in seiner Vertikalität dem Glockenturm, oder Führerturm, wie er in den Olympiabü-

(Vergl. S. 202)

chern genannt wird, und den sechs schmalen Türmen an den Eingängen des Olympiastadions noch ähnlicher gewesen. Zusammen mit der geschlossenen schmalen Rückwand der Unité wären vom Olympiastadion aus zwei schmale Turmsilhouetten zu sehen. Durch die nähere Position an der S-Bahnlinie wäre der Rundturm von allen Sichtachsen des Olympiastadions aus bis zum Maifeld sichtbar gewesen. Der Berliner Rundturm ist genau gleich entworfen wie die sechs ebenfalls nur geplanten Rundtürme in Corbusiers Projekt in Meaux bei Paris aus demselben Jahr. Daher habe ich für Berlin mit meinen Zeichnern in Barcelona zusammen eine Rekonstruktion basierend auf den Plänen für Meaux angefertigt und in dem Architekturmodell neben das Corbusierhaus gesetzt. In der Tat könnte man theoretisch das Gebäude heute noch auf das Grundstück an dieselbe Stelle bauen, neben den existierenden Kindergarten von 1956.

Nicht ganz dumm – und das wusste wohl auch der Immobilienmakler Bendzko. Er stellte der Stadt in den 1980er Jahren ein Projekt für einen Medienturm an dieser Stelle vor. Als Reaktion auf diese Planung engagierten sich die neuen Besitzer der Wohnungen, die einen immer größeren Anteil an der Gesamtwohnungszahl der 530 Wohnungen besaßen, und initiierten den Denkmalschutz-Status des Gebäudes und der umgebenden Parkanlage. Somit wollten sie sichergehen, dass niemand eine solche Turmanlage planen könnte. Vor allem die bevorstehende Fußball-Weltmeisterschaft von 2006 machte das Grundstück direkt an der S-Bahnhaltestelle zum Austragungsort der Fußballspiele für die Stadt wieder sehr interessant. Daher wurde die Bewohnerschaft letztendlich doch überredet, die Nordwand des Gebäudes, die vom Olympiastadion und schon von der Haltestelle sichtbar ist, als große Werbefläche zu vermieten. Einen Turmbau konnte man also abwenden. Und die Enteignung durch die Stadt ebenfalls.

Der geplante runde Turm hat die Besonderheit, dass er als innerer Verkehrsweg für die Bewohner eine spiralenförmige Rampe hat, die sich vom Erdgeschoss langsam zum Dach hochschlängelt, ähnlich der Rampe in einem Parkhaus. Entlang dieser Rampe liegen die Wohnungen wie Pizzastücke aneinandergereiht mit leicht abstufender Versetzung, so dass sie an der ansteigenden Rampe jeweils

(Abb. S. 191)

---

50. Le Corbusier: Die Wohneinheit am Heilsberger Dreieck, 11.4.57, FLC U3 07 176.

einen Eingang haben. Jede Wohnung hat demnach ihre eigene leicht erhöhte Etage. Diese im Grundriss dreieckigen Wohnungen sind Einzimmer-Wohnungen mit Bad, offener Küche und Balkon. Ein runder Kern im Zentrum des Turms ist mit einem Aufzugsturm und einem Treppenhaus ausgestattet. Meine Mitarbeiter nennen es den „Skateboardturm", weil man sich gut vorstellen kann, von ganz oben bis nach unten zu rollen. Le Corbusier zeichnete einige dieser Wohnungen und Details für diese Art Rundturm. In der Innenstadtplanung für den Berlinwettbewerb 1958 kommt dieser Typ des Rundturms nochmals vor. Gebaut wurde so ein Turm von ihm aber nie.

Der Architekt I. M. Pei[51] machte schon 1948 einen ähnlichen Vorschlag für Manhattan, und es gibt einige andere Beispiele ähnlicher Gebäude in den 30er und 40er Jahren. 1933 skizzierte Le Corbusier den Torre Agnelli in Turin, einer von mehreren zylindrischen Türmen mit Rampen, die zu dieser Zeit in Italien entstanden sind. Spiralförmige Autorampen hatte Le Corbusier schon bei Fiat in Turin im Jahr 1923 bewundert. Die runden Türme erscheinen bei Corbusier in den städtebaulichen Entwürfen von Marseille-Sud (1946), dem Rotterdam-Viertel in Straßburg (1951), in Meaux (1957) und schließlich in Berlin (1958).

Iannis Xenakis arbeitete im Büro Le Corbusiers an dem Turmkonzept zusammen mit André Wogenscky, André Maisonnier und Augusto Tobito von 1955 bis 1960 für Meaux. In der gleichen Zeitspanne entstanden die Ideen für die Unité Berlin (1955–1958) und den Städtebau-Wettbewerb für Berlin 1958. Man muss also Meaux gut studieren, um Le Corbusiers Berlin zu verstehen! Ursprung hat die Zylinderform der Türme bei Le Corbusier schon in den 20er Jahren in seinem Buch *Kommende Baukunst* in den Fotos der Betonsilos, der Darstellung der geometrischen Grundformen Würfel, Kasten, Pyramide, Kegel und Zylinder, die er als pur und daher schön beschreibt. Das Kolosseum in Rom ist im Prinzip auch ein Zylinder, ebenso das Olympiastadion, auch wenn es breiter als hoch ist und leicht oval. Daher hat der Zylinderturm eine Formverwandtschaft mit dem Stadion.

Abb. S. 189

Abb. S. 190

Corbusier war auf der Suche nach Baukörpern, die radikal sind und effektiv. Dieser runde Typ öffnet Möglichkeiten, die noch untersucht werden sollten. Einen Nachteil hat die runde Form allerdings: Einige der Wohnungen sind nur nach Norden ausgerichtet. Das Treppenhaus kann natürlich an der Nordseite liegen. In seinem Berlintext beschreibt Corbusier den Turm: „Nach Briey-en-Forêt ist in Berlin am ‚Heilsberger Dreieck' auf dem Olympiahügel und gleichzeitig mit Berlin ist es Meaux bei Paris. Ein Projekt mit 17 Unités d'Habitation, Typ Marseille-Michelet, sechs Türme für Junggesellen und kinderlose Ehepaare, in Verbindung mit einer modernen Industriezone, die gleichzeitig geschaffen werden soll, ein demonstratives Beispiel einer ‚linearen Industriestadt'." Aus den Zeichnungen für die Planstadt Meaux bei Paris ergeben sich unter anderem folgende Angaben für die Nutzung: „400 Wohnungen, 2000 Einwohner. Schulen, Grüne Fabrik, Autoparkplatz, Fahrradstellplätze, öffentliche Toiletten, Sportanlagen, Fabriken und Handwerksbetriebe, öffentliche Dienste, Kaufhäuser, Autoreparaturstellen. Überregionale Autobahn, Landstraße, Stadtstraße, Allee, Fußgängerweg, Fahrradweg, Sport- und Jugendbereich, und ähnliches."[52]

---

51. Chinesisch-amerikanischer Architekt der Klassischen Moderne (1917–2019).
52. Plan FLC 21477.

fahrradwege und transport

Wichtig ist herauszustellen, dass Le Corbusier hier im Jahr 1957, aber auch schon 1922, großen Wert auf Fußgängerzonen und Fahrradwege legte. Er versuchte jedem Verkehrsweg seinen eigenen getrennten Bereich zu schaffen. Folgerichtig ergaben sich die weit auseinanderliegenden Gebäude in seinen Plänen. In seinem Berlintext schreibt er 1957: „Die Straße war nicht mehr am Fuß der Häuser, der Fußgänger war vom Auto getrennt. Ich wurde als Menschenfeind verschrien, weil ich behauptete, dass die Autos (...) bestimmt wären, die Städte zu überfluten, die Straßen zu verstopfen, das Leben verabscheuungswürdig zu machen. 1922!"[53] Scheinbar verstand es nur Corbusiers Freund Blaise Cendrars damals, als er seine Stadtidee unterstützte, und heute scheint es immer noch niemand zu verstehen.

(Vergl. S. 197)

Le Corbusiers Autostraßen waren von den Fußgängern getrennt, es gab ein sehr durchdachtes Verkehrs- und Transportkonzept. In den Plänen für Berlins Innenstadt von 1958 sieht man, welches Gewicht den Verkehrswegen beigemessen wurde. Viele Straßen werden in Tunnels oder in einen tiefergelegten Kanal verlegt und Brücken führen darüber. Überall gibt es Parkhäuser und Tiefgaragen. Die Architektur ist durch die unglaublich gut durchdachte innerstädtische Verkehrslösung von parkenden Autos und Straßenlärm befreit. Die Wohngebiete sind nur von Grün umgeben. Die Autos parken nicht auf jedem freien Quadratzentimeter in den Freiflächen.

---

53. Le Corbusier: Unités d'habitation Conforme, Paris: 1957.

Für die Anbindung des Grundstückes am Heilsberger Dreieck ging Le Corbusier mit derselben Sorgfalt vor. Die Autos sollten ursprünglich an der oberen Seite einfahren, unter dem Haus durchfahren und dahinter parken. An einer anderen Stelle sollten sie wieder aus dem Grundstück herausfahren. Fußgänger sollten getrennt direkt über eine eigene Brücke von der Bahn zum Haus gehen können, ohne in die Nähe der Autos zu kommen. Diese Trennung ist beispielhaft. Le Corbusier hat schon bei der Auswahl des Grundstückes und Lage des Gebäudes diese Verkehrswege bedacht. Von der geplanten Tiefgarage führt ein Gang direkt unter das Gebäude und zum Treppenhaus beziehungsweise zum Aufzug. Man kommt also trockenen Fußes von der Wohnung zum Auto. Ein weiterer Tunnel führt direkt von einem zweiten Eingang neben der Tiefgarage direkt unter das Gebäude, flankiert von Kaufläden, Boutiquen und Cafés, ebenfalls zum Aufzug und zur Treppe, die direkt zur jeweiligen Wohnung führen. Für Berlin hatte sich Le Corbusier tatsächlich alles einfallen lassen, was er in seiner gesamten Architektenkarriere gelernt hatte. Wie er im Berlintext schreibt, konzentrierten sich vom 23. Lebensjahr an seine Anstrengungen unaufhörlich auf die Wohnung und die Stadt. Es ist also nichts zufällig und aus irgendeiner Laune heraus gezeichnet. Le Corbusier hat Berlin mit diesen Plänen ein großes Geschenk gemacht. Diese Tiefgarage wurde bereits 1956 genehmigt und 1995 erneut vom Denkmalschutz zum Bau vorgesehen. Sie zu bauen, wäre die Realisation eines echten Le Corbusiergebäudes in Berlin. Eine aufregende Aufgabe, die eine kommende Generation progressiver Hausbewohner sicher mit Freude ausführen wird. Vielleicht wird das dreigeschossige Gebäude als Tiefgarage für Autos, Motorräder und Fahrräder genutzt, mit elektrischen Aufladestationen. Vielleicht wird eine Etage davon für eine Ausstellung reserviert. Für Modelle und Zeichnungen zu Corbusiers vielen Designs, Modellen und Prototypen für Berlin. Man könnte die Arbeit des Architekten dort ehren, der hier 1957 sagte: „Meine Pläne sind das Ergebnis von Überlegungen, Studien, unermüdlicher Versuche und Erfahrungen seit dem Jahre 1907, d. h. während der vergangenen 50 Jahre, sie haben die UNITÉ D'HABITATION ins Leben gerufen."[54] Denn leider ist nichts „original Le Corbusier" an dem Berliner Corbusier-Hochhaus.

Hier die Erklärung: Der Architekt Le Corbusier hat sich kurz danach, im Jahr 1958, gänzlich von dem Gebäude als Autor distanziert. Zudem deutet alles, was man in den tausenden Dokumenten im Archiv der Fondation Le Corbusier in Paris findet, auf dasselbe hin: Le Corbusiers Architekturentwurf wurde sabotiert und aus Geldgier des Bauherrn anders ausgeführt, als er es geplant hatte; und das gegen seinen expliziten Willen, den er zweimal auf der Baustelle zu verstehen gab und monatelang mit feurigen Briefwechseln ausdrückte. Von seinem Büro in Paris, und manchmal sogar von seinen Baustellen in Indien und seinem Homeoffice in Südfrankreich aus. Vergebens. Warum sollte man dann überhaupt heute noch an dem Namen hängen? Corbusierhaus? Ich sage: Nennt es „Typ Berlin" oder „Flatowallee" für die Progressiven oder „Reichssportfeld" für die ewig Gestrigen. Oder als Kompromiss: „Heilsberger Dreieck" oder „Olympischer Hügel".
Das alles, nur bloß nicht Corbusierhaus!

---
54. Le Corbusier, öffentlicher Brief vom 28. August 1957 zur Ausstellung LE CORBUSIER in Berlin, Fondation Le Corbusier M3 16.

▶ **Baustelle der Unité Berlin** von Le Corbusier am 9. April 1957. Fotograf: Willy Kiel. **Quelle:** Landesarchiv Berlin

ein kalter krieg

April 1957. Nachdem man im Januar 1957 angefangen hatte, sein Gebäude zu bauen, war Le Corbusier ganz optimistisch und sendete im April den Berlintext und einen Pressetext nach Berlin. Auf seine Nachfrage, warum man ihn bei der vorhergehenden Buchveröffentlichung der Gebäude auf der IBA 1957 ausgelassen hatte, wurde ihm freundlich erklärt, dass man für seinen Entwurf noch einmal ein separates Buch veröffentlichen würde. Eine von vielen Zusagen und Zugeständnissen, mit denen man den großen Mann immer wieder zu beschwichtigen versuchte. Später sagte man sogar zu, man werde nicht bloß ein weiteres Hochhaus von ihm in Berlin bauen, nein, sogar mehrere, und dazu Kirchen und Hotels! Doch bei seinem ersten Baustellenbesuch in Berlin sah Le Corbusier, was man wirklich mit seinen Bauplänen anstellte. Er schrieb verzweifelte Drohbriefe, doch in Berlin lachte man über ihn, denn der Architektenvertrag war so verfasst, dass man sich nur „im Wesentlichen" an die Struktur des Gebäudes gemäß den Architektenplänen halten musste, aber im Gebäudeinneren machen konnte, was man wollte. Auf dem Grundstück setzte man nichts von dem um, was Le Corbusier entworfen hatte. Trotz den vielen Veränderungen an seinem Wohnhausplan und den zahlreichen Kompromissen steckte Le Corbusier sehr viel Mühe in dieses Projekt:[55] „Le Corbusiers traditionelle Mitarbeiter der damaligen Zeit, insbesondere Mériot und Maisonnier, beteiligen sich an den Plänen. Dieses Projekt stellt eine perfekte Beziehung zum Konzept der Wohneinheit und zu den beiden vorherigen Typen dar, beide in Dimensionen, die dem Modulor treu sind, wie im Rhythmus der Fassade und der Sonnenbrecher, der Dachaufbau sehr ähnlich wie in Marseille, und die drei Fahrspuren von Le Corbusiers Stadttheorien. Dieses Projekt stellt nach den Wünschen des Autors einen neuen Typ in der Reihe der Wohneinheiten dar."[56]

Mai 1957. Wogenscky in einer Meldung an Le Corbusier auf seiner Großbaustelle im indischen Chandigarh: „Lieber Monsieur Le Corbusier, ich komme körperlich und moralisch sehr müde aus Berlin zurück. Hier stehen wir vor den größten Schwierigkeiten, die ich je gekannt habe. Müller-Reppen erlaubte sich, unsere Pläne zu ändern und uns vor die vollendeten Tatsachen zu stellen. Ich bin jetzt gezwungen, Beton abzureißen. Ich schrie sie buchstäblich an. Schwedler und Stephan sind furchtbar verärgert. Ich drohe selbst mit

---

55. Die Kontaktarchitekten waren Dipl. Ing. Architekt Felix Hinssen und Dr. Ing. Architekt Erich Böckler. Die örtliche Bauleitung lag bei Oberingenieur Fritz Eske. Der Bauherr war die Heilsberger Dreieck AG mit dessen Vorstand Herr Direktor Dr. Frithjof Müller-Reppen. Den überwiegenden Teil des Gebäudes unternahm die Monierbau GmbH mit deren Vorstand.

56. Clemens, Nicolas: „Le Corbusier und die Berliner Fehde" in: Stadtgeschichte 2006/02, S. 131-148.

der öffentlichen Ablehnung der Berliner Einheit, was sie fürchterlich erschreckt. ... Und ich fahre für zwei Wochen nach Berlin. Ich werde alles retten, was ich kann. Die Situation ist noch nicht klar genug, um Ihnen nützliche Details zu geben. Aber ich werde Ihnen ausführlicher schreiben, sobald das Ergebnis meiner Aktion positiver ist. Schwedler hat Ihr Telegramm erhalten, das gut funktioniert hat. Aber ich denke, es ist am besten, dass Sie jetzt nicht eingreifen, bevor ich Sie darum bitte. Es wird wahrscheinlich sehr hilfreich sein, wenn Sie nach Ihrer Rückkehr nach Berlin kommen können."

Le Corbusier schreibt scharf, nachdem er seit seinem ersten Besuch in Berlin und dem Vertragsabschluss monatelang nichts von dem neuen Bauherrn Müller-Reppen gehört hatte. Scheinbar, so meinte Le Corbusier, konnte denen doch nichts schnell genug gehen wegen der bevorstehenden Bauausstellung, die ohnehin schon zweimal je um ein weiteres Jahr verschoben worden war. Und jetzt sah bei der ersten Baubesichtigung in Berlin das Gebäude ganz anders aus, als er es gezeichnet hatte, und das, nachdem man in Paris sechs Monate lang nichts aus Berlin gehört hatte. Es wurde noch nicht einmal bekanntgegeben, dass der Bau begonnen wurde!!! Le Corbusier schreibt verärgert und in der dritten Person: „Wir akzeptieren den Vorwand der Berliner Ausstellung und die Dringlichkeit der Konstruktion der Wohneinheit nicht, Le Corbusier zu zwingen, die von Herrn Müller-Reppen vorgenommenen Änderungen zu akzeptieren. Dringlichkeit ist eine Sache, Qualität von Design und Zeichnung ist eine andere. Le Corbusier misst dem zweiten viel mehr Bedeutung zu als dem ersten. Wenn es so dringlich gewesen wäre, wäre es vorzuziehen gewesen, nicht bis April oder Mai zu warten, um Le Corbusier über die Absichten von Herrn Müller-Reppen zu informieren. Von Oktober 1956 bis April 1957 gab es von Herrn Müller-Reppen an Le Corbusier keine Mitteilungen und er antwortete lediglich auf unsere Bitte, dass sich alles durch den Zwang der Durchführung eines Unternehmenswechsels verzögere. Da Herr Müller-Reppen beabsichtigt, Änderungen vorzunehmen, wäre es klüger von ihm gewesen, sie Le Corbusier früher zu melden. Wir bedauern sehr, dass die jetzt notwendigen Anpassungen die Realisierung teilweise verzögern. Die Verantwortung für diese Verzögerungen liegt jedoch weder bei den Beschäftigten noch bei den Mitarbeitern. Und Le Corbusier akzeptiert nicht, dass man versucht, ihn dazu zu bringen, diese Verantwortung zu tragen. Die unkorrekte Haltung von Herrn Müller-Reppen gegenüber Le Corbusier, die Planänderungen, die er sich erlaubte, und sein Versuch, Le Corbusier vor vollendete Fakten zu stellen, bedürfen jetzt einer Klärung."[58]

In mehreren öffentlichen Statements machte Le Corbusier diese Situation unmissverständlich klar, vor allem in seinen Gesammelten Werken: „Trotz energischer Interventionen von Le Corbusier wurden seine Ausführungspläne für die Unité in Berlin nicht respektiert. - Das Gebäude entspricht zwar funktionell einer Unité d'Habitation de Grandeur Conforme L-C; hinsichtlich Ausführung und ästhetischer Interpretation aber enthält es Abweichungen, die von Le Corbusier in keiner Weise gebilligt werden können."[59] Traurige Kommentare wie dieser von Le Corbusier selbst, beschrieben immer wieder, wie das Berliner Gebäude in der Ausführung verschandelt

---

57. Wogenscky, André, Le Corbusier Brief 1957, Fondation Le Corbusier.

58. FH CHA 28. Mai 1957, Corbusier, Brief aus Paris an den Berliner Bausenator Schwedler.

59. Le Corbusier, Oeuvre Complete Nummer 6: 1952-1957, Willy Boesiger, Zürich, 1958, S. 197.

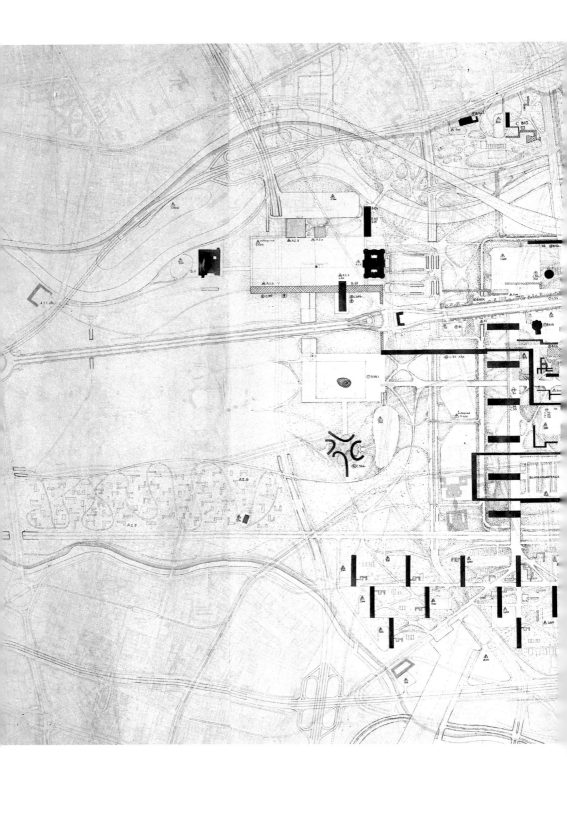

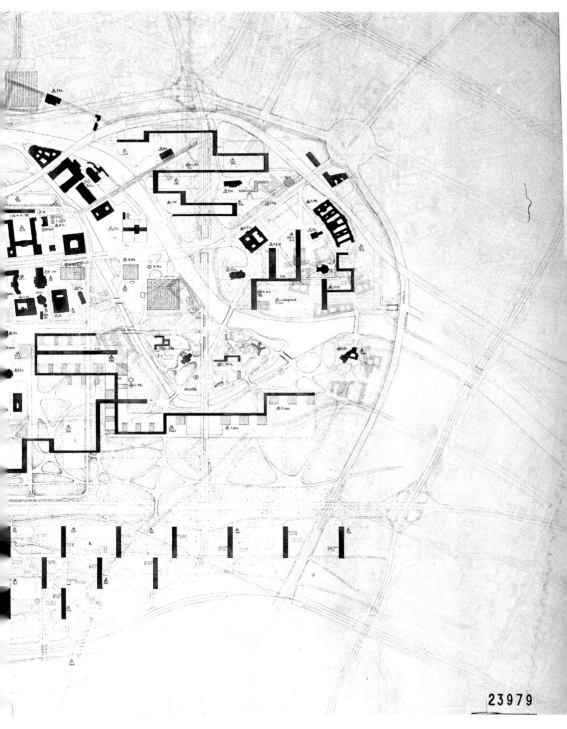

▸ **Le Corbusiers Entwurfsskizze** für den Wiederaufbau der Berliner „Innenstadt", Zwischen Reichstag und Alexanderplatz, Friedrichstadtpalast und Mehringplatz. Frühes Entwurfstadium mit einer exakten Himmelsausrichtung der Gebäude auf Nord-Südachse. **Quelle:** Fondation Le Corbusier, Paris.

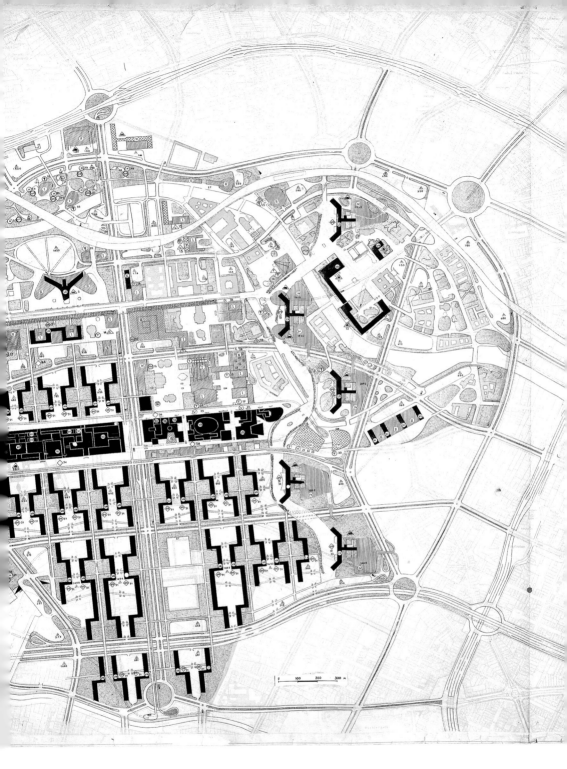

▶ **Wettbewerbsbeitrag** Le Corbusier für „Berlin Hauptstadt" 1958. Fünf Bürohochhäuser in Krähenfußform und mit Ausrichtung nach Westen, Wohnhochhäuser in Zickzackformierung entlang der Baulinien der alten Friedrichstadt, Geschäfts- und Einkaufszentren entlang der Leipziger Straße, Regierungsgebäude neben und gegenüber dem Reichstag, verschiedene repräsentative und kulturelle Gebäude entlang der Unter den Linden. Rundhochhäuser im Tiergarten, unterirdische Autobahnen und Tiefgaragen. **Quelle:** Fondation Le Corbusier, Paris.

wurde. „Le Corbusier hat gegen die Umplanungen seiner Unité ‚Typ Berlin'
protestiert. Vergebens. Er hat das Haus nie mehr besucht und aus dem
Oeuvre gestrichen."[60] Le Corbusiers Pläne wurden nur bedingt ausgeführt,
und wenn, dann sehr schlampig und mit Absicht billig und vereinfacht.
Nicht nur, um Baukosten zu sparen und schnell bauen zu können. Man
war in Berlin kollektiv gegen den Architekten Le Corbusier. Bauträger
Dr. Frithjof W. Müller-Reppen war zudem eindeutig ausschließlich an
einem schnellen Ergebnis interessiert und ging niemals auf die Wünsche
Corbusiers ein. Seine 1951 gegründete Baufirma Rhein-Ruhr-Bau GmbH
und viele andere Investitionen zeugen eher von einem Immobilienhai als
einen Architekturinteressierten. Das Ergebnis des Berliner Gebäudes ist
vergleichbar mit dem, was man in den USA „Investorenarchitektur" nennt,
nämlich eine Architektur ganz ohne Architekten, bei der die einzelnen
Zulieferer das „Design" liefern. Der Küchenbauer macht eine Zeichnung
für die Küche, der Stahlarbeiter entwirft die Treppe, und so weiter. Bei
moderner Architektur und modernem Design traut sich plötzlich jedermann zu, den Entwurf machen zu können ...

Es gibt in Berlin und in der deutschen Presse dieser Zeit fast keine positive
Stimme über den Architekten Le Corbusier. Ganz im Gegenteil, es prasseln
nur so Anschuldigungen, Skandale und Anfeindungen in Presse, Briefen
und Veröffentlichungen auf ihn hernieder. Selbst die Herausgeber der
Architekturfachpresse kritisierten Le Corbusier jetzt. Die Berliner Presse
nannte ihn jetzt den Teufel mit dicker Brille. Angefangen hatte es schon
in den 20er Jahren, wenn man ehrlich ist, mit dem „Berliner Dächerstreit",
der sich auch auf Corbusiers Beitrag 1927 in der Stuttgarter Weißenhofsiedlung bezog. Die einschlägigen deutschen Architekturzeitschriften
waren von 1927 bis 1957 durch die Bank weg alle gegen Corbusier.

Februar 1955. Le Corbusier war zu dem Bau eines Wohnhochhauses für
die IBA in Berlin geladen, aber erst als letzter Architekt, nachdem schon
52 weltberühmte Architekten aus insgesamt 13 Ländern zuvor gebeten
worden waren, Projekte einzureichen. Ein Zufall? Oder zeichnet sich genau
hier schon ab, warum es mit seinem Hochhaus-Neubau am Olympiastadion nicht mit rechten Dingen zugehen sollte? Die Information, dass es in
Berlin eine Weltausstellung moderner Architektur geben würde, muss Le
Corbusier schon lange zumindest aus der Presse bekannt gewesen sein.
Ansonsten müssten ihn mindestens seine Bekannten und Freunde, wie
der inzwischen weltberühmte brasilianische Architekt Oscar Niemeyer,
ein ehemaliger Mitarbeiter, informiert haben. Oder auch der Exberliner
Star-Architekt Walter Gropius, der 1924 Le Corbusiers Entwürfe in seinen
Bauhaus-Büchern veröffentlichte und schon 1910 mit ihm zusammen
bei Peter Behrens in Babelsberg gearbeitet hatte.
Die Entscheidung zu bauen war schon 1953 gefällt worden, die Bauausstellung war für das Jahr 1956 geplant gewesen. Allerdings dauerte die
Vorbereitung in Berlin fast zwei Jahre länger, und die geladenen Architekten
hatten extra viel Zeit, um sich auszutauschen und vorzubereiten. Wenn aber
keiner dieser Architekten Le Corbusier informiert hat, ist es umso merkwürdiger, dass er als Letzter mit ins Boot sprang. Jedenfalls tat er so, als habe
er von nichts gewusst und nahm die Einladung freundlich an. Wie sehr er
benachteiligt wurde, war ihm entweder genau klar oder gar nicht wichtig.
Vor allem die anderen ausländischen Architekten konnten sich organisieren,

---

60. ebd., S.197.

mit den Kontaktarchitekten in Berlin arrangieren und Informationen einholen. Vor allem hatten sie Gelegenheit, die Berliner Auftraggeber kennenzulernen. Im Gegensatz zu Corbusier. Er war zunächst gar nicht zur Ausstellung eingeladen worden. Er war im Gegenteil sogar unerwünscht. Einige Berliner könnten sich von dem Design-Papst eher bedroht gefühlt haben, als sich geehrt zu fühlen, mit ihm zusammen auf einem Feld zu erscheinen. War er einerseits der ungekrönte Architekturpapst jener Epoche, so war doch nicht jeder Architekt und Planer ein Fan von ihm. Im Gegenteil: Die letzten Jahre des Zweiten Weltkrieges und die Jahre unmittelbar danach hatten dem berühmten Mann sehr zugesetzt und ihn in ein seichtes Fahrwasser gebracht. Er war leicht angreifbar für seine Mitarbeit in der Nazikollaboration Frankreichs, und er hatte Feinde aus fast allen politischen Richtungen. Absurderweise waren es ja gerade die Nazis gewesen, die Corbusier angefochten hatten, allen voran der Schweizer Faschist Alexander von Senger und mit ihm der Kampfbund Deutscher Architekten und Ingenieure. Ein Großteil der bedeutenden modernen deutschen Architekten ging ins Ausland ins Exil, kam ums Leben oder musste sich zwölf Jahre lang in Deutschland bedeckt halten, wenn sie nicht kooperiert hatten und sich jetzt neu behaupten mussten. Le Corbusier war 18 Monate lang ein Kollaborateur der Nazis gewesen und hatte sich mehr oder weniger unversehrt weiter in Frankreich aufgehalten. Wenn er auch nicht seine erfolgreichsten Jahre in der Zeit des Nationalsozialismus verbracht hatte, so war es ihm zumindest vergönnt, Bücher zu schreiben und zu veröffentlichen, Häuser und Städte zu planen. Also lief es doch nicht ganz so übel für ihn.

Walter Gropius hingegen war von den Nationalsozialisten gezwungen worden, seine Bauhausschule in Dessau zu schließen, in Berlin wieder aufzubauen, und dann nach auftragslosen Jahren in die USA zu emigrieren. Ob der Hauptgrund dafür seine jüdische Frau gewesen war, ließ Gropius nie verlauten, aber dass er im Hitler-Regime keinen Erfolg hatte, ist eine Tatsache. So erging es Hunderten von Avantgarde-Architekten und Designern in Deutschland und Europa. In den USA hatten Corbusier und Gropius in den 50er Jahren viel miteinander zu tun. Das UNO-Hauptquartier-Projekt, welches von Corbusier für New York entworfen worden war, lief allerdings total schief, denn man benützte einfach Corbusiers Entwürfe und Skizzen, aber engagierte zur Ausführung den Leibarchitekten des Bauherren. In diesem Falle war es Nelson Rockefeller, der das UNO-Gebäude bauen ließ und dann der UNO schenkte und sein Architekt war Wallace Harrison. Derselbe Rockefeller, der mit Harrison auch schon das Rockefeller Center gebaut hatte und dort auch die wichtige Architekturabteilung des MoMA gründete, für das Le Corbusier schon 1935 nach New York gekommen war. Und Corbusier hatte danach ein für allemal alle Verbindungen zu Amerika und England gekappt. Das Ende des zu dieser Zeit nur noch englischsprachigen CIAM Kongresses kam deshalb auch wahrscheinlich aufgrund Le Corbusiers Resignation. Noch 1935 bei seinem Besuch in New York war er einer der ersten europäischen Modernen, die die Verbindung zu den USA hergestellt hatten. Inzwischen hatten ihn die Emigranten in diesem Erdteil längst überholt und abgehängt. Dokumentiert ist, dass sich Le Corbusiers wichtigster Partner, Pierre Jeanneret, bis zur Besetzung Frankreichs 1940 durch die Deutschen auf fast allen gemeinsamen Projekten als Co-Autor genannt, mit Corbusier schlecht verstand, weil sie gegensätzliche Meinungen zum Faschismus

▶ **Aussentreppe** der Unité Berlin von Le Corbusier mit verschiedenen Anstrichen.
Fotograf:
Didier Gaillard-Hohlweg, 2018.

und zur Kollaboration der Franzosen mit Hitler vertraten. Jeanneret trennte sich von Corbusier und blieb in Paris im Widerstand, während Le Corbusier ein Büro in Vichy gründete, wo er ein Amt in der Vichy-Regierung annahm, unentgeltlich, und für Wiederaufbau und Städtebau zuständig war. Die Liste der auseinanderdriftenden Beziehungen in dieser Zeit ist lang. Einige seiner Mitarbeiter und Angestellten trennten sich von Le Corbusier, darunter die Designerin Charlotte Perriand. Später arbeiten einige wieder mit Le Corbusier zusammen, aber mit größerem Abstand als zuvor. Während Le Corbusier seine Zickzack-Bewegung durch die politische Landschaft hinterlässt, gibt es andere Architekten wie Jeanneret, die eindeutiger auf einer politischen Position verharren und dafür auch sehr leiden, so zum Beispiel auch der sozialistische Architekt Bruno Taut, der im Exil in der Türkei 1939 verstarb, oder dessen jüngerer Bruder Max, der die NS-Zeit in Japan und ebenfalls in der Türkei verbrachte. Beide waren als sogenannte Kulturbolschewisten von der Zugehörigkeit in Akademien verbannt worden, und ihnen wurde, wie vielen anderen, die Lebensgrundlage genommen.

2015 erschien ein französisches Buch, übersetzt lautet sein Titel „Le Corbusier, ein französischer Faschismus."[61] Drei weitere wissenschaftliche Bücher erschienen anlässlich des 50. Todestags Le Corbusiers und klagten ihn posthum an, ein Kollaborateur der Nazis gewesen zu sein. Und noch viel mehr, Corbu war Redakteur der faschistischen Zeitschriften „Prélude" und „Plans", die schon 1931 Adolf Hitler unterstützten, aber auch Artikel von Walter Gropius und anderen Sozialisten druckten.[62] Und trotzdem schaffte es Corbusier damals, weiterhin die linken und sozialistischen Architekten der Welt um sich zu scharen. Diese neuen Skandalbücher erschienen zeitgleich zu einer monumentalen Ausstellung über Le Corbusier im Centre Georges-Pompidou. Es war die bis dahin meistbesuchte Ausstellung in dem größten modernen Kunstmuseum Europas.[63] Und zur Krönung wurden kurz darauf im Jahr 2017, zum ersten Mal in der Geschichte der internationalen Denkmalschutzbehörde UNESCO, große Teile des Gesamtwerks eines einzelnen Architekten denkmalgeschützt. Insgesamt 17 Bauten und Gebäudegruppen Le Corbusiers in Frankreich, Deutschland und weiteren elf Ländern, auf einen Schlag. Die Kritiker gingen auf die Barrikaden. Beschwichtigend beschrieb Corbusierspezialist Jean-Louis Cohen die politische Laufbahn Corbus als die Form eines Meanderflusses, oder auch ein Zick-Zack, von links nach rechts.[64] „Es war eben die damalige Zeit", sagt man auch immer gerne, wenn man nicht zugeben will, was die historische Faktenlage ganz eindeutig hergibt.

Vergangenheitsbewältigung gibt es in Deutschland nach 1945. Aber sehr oberflächlich und formal. Selbst wenn man die ganze Stadt Berlin inzwischen mit Denkmälern, Stolpersteinen und Mahnmalen vollgestellt hat. Am Verhalten und Bewusstsein und selbstkritischer Reflexion hat der einzelne Deutsche am Ende doch für sich selbst zu arbeiten. Zum Beispiel das große Thema Antisemitismus: Ein Jude kann heute mit einer Kippa auf dem Kopf nicht so einfach durch eine Innenstadt gehen, ohne an-

---

61. de Jarcy, Xavier: Le Corbusier. Un fascisme français, Paris: Albin Michel, 2015.

62. Dami, Aldo: „Hitler" in: Plans, Paris, 1931, S. 20.

63. Centre Pompidou, LE CORBUSIER, Mesures de l'homme, 29. April 2015 - 3. August 2015.

64. Cohen, Jean-Louis: „Le Corbusier, fasciste ou séducteur?" in: Le Monde, Paris, 03.06.2015.

gegriffen zu werden. Weiß ein Deutscher überhaupt noch, was eine Kippa ist? Wo ist da die kollektive und individuelle Vergangenheitsbewältigung wirklich? Das kleine Denkmal für die im Nationalsozialismus verfolgten Homosexuellen im Berliner Tiergarten muss mit Sicherheitskameras überwacht werden, damit es nicht ständig beschädigt wird.

Die Beispiele für neuen Rechtsradikalismus in Deutschland und vor allem in Berlin sind ungezählt. Die Aufarbeitung dieses Themas ist immer noch nicht beendet. Im Bauhausjahr 2019[65] erschienen einige neue Publikationen zum Thema Architekten im Dritten Reich. Die moderne Architektur wurde generell mit Bolschewismus und Judentum verbunden, obwohl es auch viele Beispiele von Architekten und Künstlern gibt, die modern waren und sich gut mit der politischen Rechten verstanden. Der extreme und vielleicht auch absurdeste Fall eines modernen Architekten, der sich im NS-System zurechtfand, war der Bauhausschüler Fritz Ertl, der das Konzentrationslager Auschwitz entwarf. Nur wenige Jahre zuvor hatte er noch an der weltberühmten Bauhausklasse von Wassily Kandinsky teilgenommen und erhielt 1931 am Bauhaus Dessau seinen Abschluss als Diplom-Architekt. Danach war er für das KZ Auschwitz als stellvertretender Leiter der SS-Zentralbauleitung tätig, während ein anderer Bauhausschüler, Franz Ehrlich, als KZ-Häftling in Buchenwald das Tor mit der Inschrift „Jedem das Seine" entwarf und wieder andere Bauhausschüler, ebenfalls als Häftlinge, die Gewächshäuser in Auschwitz planten. Eine Kombination, die vielleicht am besten die Absurdität dieser Zeit ausdrückt. Heute wissen wir, dass Albert Speer diese Konzentrationslager besichtigt hatte. Und die KZ-Grundrisse sowie Speers Städtebau ähneln den Städteplanungen aus den Büchern von Le Corbusier.

Dass Max Taut, Walter Gropius und andere später aus dem Ausland nach Berlin zurückkehrten, um dort zu bauen, war eine große Geste; eine politische Geste; während NS-Architekt Albert Speer nicht weit entfernt hinter Gittern seine Spandauer Tagebücher auf Klopapier schrieb.
Oder ist es vielmehr so, dass die Tiger die Schäfchen zurück in den Tigerkäfig lockten, um aller Welt zu demonstrieren, dass dies hier ein friedliches Land ist? Schaut mal her: Taut und Gropius fühlen sich hier bei uns in Berlin wieder pudelwohl! Das hatte große Symbolkraft, aber wurde nicht ausgesprochen. Gropius sagte der Presse 1957 zur Ankunft Corbusiers in Berlin: „Wir haben den berühmtesten Architekten der Welt!" Nur wer es weiß, kann die grausame Ironie dieser Zusammenhänge erkennen. Aber das ist die Magie der Architektur: Sie vermag solche Dinge auszudrücken; und selbst dann, wenn man die Information darüber nicht hat, kann man ein Gefühl für die politische und menschliche Situation, aus der ein Monument entspringt, erfühlen. Das nennen die Italiener Giorgio Grassi und Aldo Rossi kollektive Erinnerung (*Memoria colectiva*). Es ist eine Erinnerung an Fakten, aber auch an Gefühle, an eigene Erinnerungen und an die Gefühle der anderen.
Mythos ist vielleicht die Erinnerung an eine kollektive Lüge. Die Architektur als Momument, als Zeichen des Zeitgeistes, kann Fakten und Mythen gleichzeitig transportieren. Gedanken werden übertragen.

---

65. Das Bauhaus wurde 1919 in Weimar gegründet.

Ein Land, welches solche kollektive Erinnerung systematisch ausgelöscht hat, ist das 1974 nach General Francisco Francos Tod neu gegründete Königreich Spanien. Das sogenannte „Derecho al olvido" bedeutet soviel wie „Das Recht darauf, vergessen zu werden". Das Recht des einzelnen Täters im Faschismus auf Vergessen ist ein Konzept, das mit dem Datenschutz, dem Recht auf Ehre, Privatsphäre und Bild sowie dem Recht auf Geheimnisse zusammenhängt. Es ist die spanische Antwort auf die Entnazifizierung im Nachkriegsdeutschland nach fast 40 Jahren faschistischer Diktatur. Und tatsächlich wissen die Spanier nicht viel über ihre Geschichte. Die Gräueltaten sowohl während des faschistischen Regimes als auch im Krieg zuvor sind den einzelnen kaum bekannt. Man blickt optimistisch in die Zukunft, mit moderner Architektur als Symbol der Geschichtslosigkeit. In Italien gab es dagegen überhaupt keine Vergangenheitsbewältigung, der faschistische Diktator Benito Mussolini hat weiterhin eine Grabstätte, die von Anhängern verehrt wird. Die Architektur Mussolinis erstrahlt überall in Italien und wird kommentarlos weiter genutzt.

Die Internationale Bauausstellung Berlin 1957 hatte die Mission, ein neues Lebensgefühl auszudrücken. Die kollektive Erinnerung dazu ist heute dank des Denkmalschutzes teilweise noch erfahrbar. Die Entscheidung, das Berliner Wohngebiet mit den bekanntesten internationalen modernen Architekten zu besetzen, war ein krasses Gegenstück zur monumentalen Wohnsiedlung der Stalinallee der Sowjetischen Besatzungszone. Während die Sowjets noch ein letztes Mal auf den stalinistischen Kurs ihres klassizistisch-eklektizistischen Monumentalismus der Weltausstellung von 1937 setzten und damit weiterhin verblüffend nah an der Naziarchitektur blieben, nutzte die IBA 57 von der Wirkung her das genaue Gegenteil, einen schlichten, klassischen und zurückhaltenden Modernismus, der an Le Corbusier, das Bauhaus und auch die russisch-sozialistische Architektur vor 1933 anknüpfte. Vor allem aber setzte das IBA-Programm auf Bezahlbarkeit, Gleichheit und eine bestechende Einfachheit: die Natur steht im Vordergrund, die Form der Gebäude ist schlicht und unbeeindruckend. Demokratie wird durch diesen Gesamteindruck gefühlt, auch wenn dahinter Lügen stecken. Alles, was die Moderne auszudrücken vermag, wird hier zum Ausdruck eines Lebensgefühls. Der Westen und damit die kapitalistische Welt stellt sich bewusst nicht als protzige Wohnlandschaft im Überfluss dar, sondern als erschwinglich und kontrollierbar. Während das Hansaviertel vor dem Krieg ein dicht bebautes Nobelwohnviertel war mit einem klassizistischen und repräsentativem Architekturstil, sind die neuen Häuser eher schlicht, anonym und zurückgezogen. Als Städtebaumodell wird Le Corbusiers Idee der *Ville contemporaine* von 1922 benutzt, der Stadt von heute mit der Idee, die Innenstadt abzureißen und durch eine Mischung aus Punkthochhäusern und Langhäusern in einem Park zu ersetzen. Man kann auch die deutschen Siedlungen der 1920er Jahre zitieren, aber keine dieser Siedlungen war für die Innenstädte geplant, sondern als Gartenstädte außerhalb, am Rand der Stadt. Die radikale Idee der Parklandschaft in der Innenstadt ist einzig auf Le Corbusier zurückzuführen. Daher ist es umso merkwürdiger, dass er weder als der Stadtplaner noch als Architekt (bis fast ganz zuletzt) eingeladen wurde, ja es scheint so, als hätte man ihn gemieden. Die gesamte Nachkriegsarchitektur ist wie gesagt eine Kopie von Corbusiers Formen, im besten Fall eine Collage aus den einzelnen Elementen der Architektur Le Corbusiers. Gropius zieht sich am Ende aus der Berlin-Affäre geschickt

Abb. S. 173

zurück. Er erscheint nicht zur Wettbewerbsauswertung mit Corbusiers Berliner Stadtplanung und bleibt in den USA. Er fühle sich nicht gut. Le Corbusier sagte nie etwas gegen Gropius, aber die Konflikte häuften sich in den 1950er Jahren seit New York und dem UNO-Hauptquartier-Skandal.

Die moderne Welt der IBA-Architektur im Tiergarten inspirierte auch ein sehr erfolgreiches kritisches deutsches Bühnenstück, welches dort im Berliner Grips-Theater entstanden ist. Das Musiktheaterstück „Linie 1" des Komponisten Birger Heymann von 1986. Das Stück für Jugendliche ist ein Dauerbrenner auf deutschen Theaterbühnen und beleuchtet die Menschlichkeit der einfachen Leute genauso wie die Verstocktheit der spießigen Deutschen aus der Vergangenheit. „Ja, wir Wilmersdorfer Witwen verteidigen Berlin, sonst wär'n wir längst schon russisch, chaotisch und grün. Was nach uns kommt, ist Schiete, denn wir sind die Elite. Wir Wilmersdorfer Witwen! Berlin erstickt vor Türken und Asylantenpack. Nur eins kann da noch wirken: Knüppel aus dem Sack! Mit Gott und Diepgen im Verein wird unsre Stadt bald sauber sein. Wie vor fünfzig Jahren."

rom und die architektur europas

Warum eigentlich immer Rom, fragte sich Le Corbusier im Angesicht der Architektur, die bis 1900 von den Akademien gelehrt wurde. In Frankreich ist die Akademie tonangebend und niemand kommt an ihr vorbei. Le Corbusier wehrt sich während seiner gesamten Karriere gegen die Akademien und die Architekturschulen. Dies ist einer der großen Widersprüche des Künstlers, der nie wirklich Architektur studierte, eine neue Architekturschule und einen Stil begründete und zu den Studenten spricht und schreibt. Es ist klar, dass er als Reformer gegen die uralte Schule der klassischen Architektur kämpft und will, dass die moderne Architektur nicht ein akademisches Nachahmen alter Stile und Lösungen predigt. Er fordert außerdem, dass der moderne Mensch selbst denkt, unabhängig handelt und neue Lösungen zu neuen Fragen sucht. Doch hinter dieser Frage steht noch viel mehr. Zum einem ist da Rom, die Stadt mit ihrer Architektur, die von den griechischen Tempeln, Foren, Palästen, Sportstädten, Grabstätten und Theatern übernommen wurde. Die Grundform dieser Architektur ist die Säule mit dem Abakus und Echinus, der Basis, dem Kapitell, dem Querbalken und dem Dachabschluss. Eine einfache und harmonische, nützliche und stabile Bauweise, die ikonisch und repräsentativ ist. Diese, von den Römern dem griechischen Tempel abgeschaute Architektur ist *DIE* Grundlage aller westlichen Stilrichtungen der letzten 2000 Jahre. Und zwar steckt diese Formel sowohl in den Säulen der Gotik als auch den Möbeln von Louis XVI, dem Barock, Rokoko, Biedermeier, und selbst noch in den modernen Gebäuden Heinrich Tessenows und mit der kurzen Unterbrechung des Modernismus dann auch wider in den Gebäuden der

Abb. S. 146

▸ **Karl Friedrich Schinkels Altes Museum in Berlin**, 1825. Neoklassizismus mit Ionischer Säulenordnung. **Fotograf:** Didier Gaillard-Hohlweg.

Postmoderne bis heute. Generell ist über die Jahrhunderte die Architektur aber auch das Design bis zum Bilderrahmen und zur Teekanne, immer wieder nur eine Variation des römischen Tempelmotivs.

Dann ist da aber auch Rom, die Stadt, das Imperium, das Reich, die Cäsaren, das Heilige Römische Reich der Christen. Rom als Stadt und Reich war immer schon das große Vorbild aller Mächtigen. Es war die erste Millionenstadt der Weltgeschichte. Nach einem Römischen Reich sehnen sich alle Herrscher und viele ihrer Anhänger. Der Vatikanstaat mit seinem Monarchen, dem Papst, ist nach römischem Regierungsprinzip geformt, ebenso die USA und ihre Regierung mit Senat und POTUS, natürlich auch Hitlers Germania und sein Drittes Reich. Alle Reiche und Imperien haben ein Auge auf das Römische Reich und bewundern, wie es zustande kam und so mächtig wurde. Das einflussreiche Buch „The History of the Decline and Fall of the Roman Empire" von Edward Gibbon stellt im Jahr 1776 fest, dass Rom sich durch die neue katholische Religion und zu starke Feinde schwächen ließ.

Die Hure Babylon heißt Rom in der Biblischen Apokalypse. Man hat das Ende der Welt vor Augen, wenn man den Begriff Apokalypse hört. Apokalypse, das bedeutet Enthüllung. Es ist das letzte Kapitel der christlichen Bibel, in dem das Tier mit der Zahl 666 und die vier apokalyptischen Reiter auftreten, aber auch die Hure Babylon, die sich nicht ausradieren lässt. Geschrieben wurde der Text angeblich von einem Schriftsteller in Griechenland, vielleicht nach der Zerstörung des Tempels in Jerusalem durch die Römer im Jahre 60 n. Chr., also Jahre nach dem angeblichen Ableben der Figur Jesus. Diese Hure Babylon ist im Text eine Stadt. Eine Stadt mit sieben Hügeln, also womöglich Rom, die einzige Stadt, die in der klassischen Geschichte als Stadt auf sieben Hügeln bezeichnet wird. Weiter wird beschrieben: „Die Frau aber, die du gesehen hast, ist die große Stadt, die die Herrschaft hat über die Könige der Erde."66 Oder ist Babylon Berlin?

66. Die Bibel, Offenbarung des Johannes, 17, 18.

Rom ist bei weitem nicht verschwunden, es existiert in sehr vielen anderen unterschiedlichen neuen Formen lustig weiter. Die Römischen Reiche der Welt benutzen heute nur ein anderes Aussehen. Die moderne Architektur mag zunächst als die perfekte Maske gedient haben, um eine neue Demokratie und eine antidiktatorische Haltung zu vermarkten. Aber sie ist auch Ausdruck einer neuen Welt, die nach 1945 Wirklichkeit geworden ist. Man sprach fortan nur noch von „Nachkriegsarchitektur", wenn man die Architektur nach 1945 meinte, und von „Altbau" für die Architektur vor 1945. In den USA nennt man es pre-war vor 1945 und post-war danach. Historische Baustile mit klassischen Säulen gab es seither nicht mehr, und auch nie mehr wieder! Die Idee einer neuen Welt war auch schon das zentrale Thema der führenden Modernen: Le Corbusier, Behrens, Gropius, Mies und anderen. Zur neuen Welt und dann einem neuen Dritten Reich gehörte auch ein neuer Mensch, den man durch die Eugenik physisch als eine neue Rasse züchten könnte. Es sollte ein moderner Mensch auch psychologisch und kulturell geschaffen werden, durch Hygiene, Sport und Bildung. Die Architektur spielte bei dieser Neuordnung eine wichtige Rolle, so ist auch die Idee von Le Corbusier zu verstehen, dessen neue Standards für dieses Weltbild geschaffen waren.

Einen *Nom de guerre*, einen Kriegsnamen, nennt sein Freund Sigfried Giedion den Künstlernamen Le Corbusier. Und das macht Sinn. Für seine anfangs erfolglose Kunst und Malerei benutzt Le Corbusier seinen Familiennamen Jeanneret. Als er „Le Corbusier" für Architekturtexte verwendet, bekommt er großes positives Feedback von seiner Leserschaft. Mit diesem Kriegsnamen führt er einen Krieg gegen alle konservativen und vorsichtigen Strömungen des 20. Jahrhunderts. Philip Johnson ruft 1952 erfreut in der Einleitung zur Ausstellung Post-War Architecture im MoMA aus: „Der Kampf um die moderne Architektur ist längst gewonnen ..."[67] Es ist ein Kampf, den Philip Johnson zusammen mit Le Corbusier mit mehr Einsatz, Waffen und

---

67. Philip Johnson, Vorwort in: Henry-Russell Hitchcock, Arthur Drexler (Hrsg.): Built in USA: Post-war Architecture, New York: Simon & Schuster, 1952.

Munition gekämpft hat wie kein anderer. In dieser MoMA-Ausstellung 1952 ist die Architektur Le Corbusiers sehr stark vertreten, genauso wie die von Mies van der Rohe. Es sind die beiden Säulen der Nachkriegsarchitektur. Glaubhaft dargestellt, von Akademikern geprüft, bereits überall gebaut und vor allem ein Kompromiss zwischen der politischen Rechten und Linken. Beide Architekten hatten ihren Ursprung im Büro von Peter Behrens in Berlin. Beide studierten bei Behrens zusammen mit Gropius den Sonderdruck des Wasmuth-Bands mit den gesammelten großen Pläner und Ansichten der modernen Architektur Frank Lloyd Wrights. Beide waren dann in den 1920er Jahren mit dem Bauhaus von Walter Gropius verbunden. Und vor allem: Beide waren zwar kurzzeitig mit faschistischen Regimen unter Hitler in Europa verbunden, aber beide wohnten nach dem Krieg außerhalb Deutschlands in Paris und in Chicago. Beide hatten frühen Kontakt zum MoMA. In Berlin bauten die beiden Architekten je ein Gebäude, welches genau die neue Richtlinie der Nachkriegsarchitektur vorgab. Mies van der Rohe zeigte mit seiner Berliner Nationalgalerie beispielhaft die Anwendung von Stahlsäulen und Fensterrastern mit großen Glasflächen. Le Corbusier präsentierte das Sichtbetongebäude mit zurückgesetzten Glasflächen und dicken Pfeilern. Beide zeigten eine Architektur, die die Säule der klassischen Architektur sehr stark vereinfacht, aber in die neue Architektursprache überträgt. Diese beiden Architekturbeispiele bilden bis heute die maßgebenden Formsprachen der Architektur ab. Davon leiten sich alle modernen Architekturen ab, ob man es will oder nicht. Es gibt nur wenige Ausnahmen, welche diese Regel bestätigen. Die vielen Sichtbetongebäude der Nachkriegszeit und Glas-Stahlgebäude auf der ganzen Welt zeigen es. Es ist der Kompromiss der Nachkriegszeit, des Kalten Krieges. Erst Jahre später räumt Johnson ein, dass die moderne Architektur ein Fehler sei. Berlin aber bebaut er, mit einem modernen, und man möchte sagen klobigen Gebäude an der Friedrichstraße.

DER UNTERGANG

Was war passiert, dass Le Corbusier in Berlin 1957 in so ein schwieriges Fahrwasser geraten war? Seine Lage in Paris, sowohl privat als auch beruflich, stand auf dem Prüfstand. Er war schon über zehn Mal unter Strapazen nach Indien geflogen, um die Baustelle seiner neuen Stadt Chandigarh zu besuchen. Seine Frau Yvonne Gallis lag währenddessen krebskrank im Bett und sprach von Selbstmord. Nach langem Leiden war sie Ende 1957 gestorben. Für Le Corbusier war dies ein Schlag, von dem er sich wohl nie erholt hat. Beide waren zum Zeitpunkt ihres Todes nicht sehr alt gewesen und Le Corbusier hatte keine Kinder oder andere Verwandte in Paris, nur seinen Hund. Seine Mutter und sein Bruder Albert lebten noch in der Schweiz. Gleichzeitig blühte nach dem Zweiten Weltkrieg Corbus berufliche Architektenkarriere noch einmal auf. Die größten Projekte und Angebote kamen jetzt erst auf ihn zu und er wurde noch einmal weltberühmt. Dies brachte für ihn das nächste Problem: Seine Mitarbeiter und Angestellten hatten mehr als je zuvor zu tun, aber Le Corbusier tat sich sehr schwer, die Einkünfte der großen Projekte effektiv zu nutzen und auf die Mitarbeiter proportional zu dem extremen Arbeitsaufwand zu verteilen. Im Gegenteil: Anstelle eines größeren Büros, einer besseren Firmenstruktur und vor allem mehr Mitarbeitern, lastete die Arbeit weiter auf der gleichen Anzahl von treuen Mitarbeitern in dem winzigen Büroraum in Paris, bis es in den 1950er Jahren zu einem großen Streit kam. Von diesem Streit sollte sich das Corbusiersche Büro nie wieder erholen. Der langjährige Büromanager, André Wogenscky, schied endgültig aus dem Büro aus und eröffnete in Paris sein eigenes Büro. Dies geschah ausgerechnet parallel zur Planung der Unité in Berlin. Man muss sich erinnern, dass Corbusier kein eingetragener Architekt war und immer auf einen Partnerarchitekten angewiesen war. Als eigenständigen Architekten bezahlte Corbusier nun Wogenskys Büro, um die Pläne für das Projekt auszuarbeiten. Eine Komplikation und neue Arbeitsweise, die sich nicht gut auf die Kontrolle über das Berlin-Projekt auswirkte. Die Firma Le Corbusiers verlor damit die Kontrolle über das Projekt komplett. Gänzlich unerwartet kam für Le Corbusier, dass in Berlin und der Welt der Architektur gegen ihn gearbeitet wurde. Das wird vor allem in dem intensiven Briefwechsel zwischen den Berlinern und Corbusier deutlich.

Wie inzwischen gut aufgearbeitet worden ist, sind die Wohnungsbau-Bestrebungen in den 1950er Jahren eine Geschichte von Korruption und endlosen Intrigen. Es gab Seilschaften, die aus dem Dritten Reich bis in diese Zeit reichten und untereinander im Dunkeln Aufträge und Gelder hin und her schoben. Die großen Wohnungsbaugesellschaften, wie zum Beispiel die „Neue Heimat", haben die enormen Summen, die für sozialen Wohnungsbau von den USA durch den Marschallplan geschenkt und teilweise von deutschen Banken geliehen und von der Bundesrepublik durch Steuererlasse gefördert wurden, schamlos ausgenutzt. Die SPD ging an den Skandalen um die sozialen Wohnungsbauten in ganz Deutschland fast zugrunde. In Hamburg wurde das Thema zum heißen Eisen und Zankapfel der Politiker. Es erwies sich als nahezu unlösbares Problem und wurde von der rechten Opposition stark attackiert und sabotiert.

Auch das Corbusierhaus ist ein Beispiel für die Korruption und Politik dieser Zeit in Berlin. Vom Gesamtbetrag der Bausumme von über 16 Millionen Deutschen Mark wurden Teile dem Bauträger Müller-Reppen in Form von billigen Krediten fast geschenkt. Öffentliches Bauland und Baugeld wurden also fast ausschließlich an eine Privatperson bzw. eine Organisation übergeben. Zusätzlich gab es Steuerbegünstigungen als Gegenleistung für billige Sozialwohnungsmieten über den Zeitraum von 20 Jahren. Fakt ist, dass im Grundbuch nur eine Million Mark als Wert der Immobilie samt Baubürogebäude und Grundstück angegeben war. Der amerikanische Marshallplan nach dem Zweiten Weltkrieg billigte Deutschland knapp 1,4 Millionen US-Dollar in Subventionen zu, die nicht zurückgezahlt werden mussten, und 1,4 Milliarden US-Dollar zusätzlich als Darlehen, das nur zum Teil zurückgezahlt wurde. Diese Gelder wurden unter anderem in Berlin zum Bau der IBA-Gebäude verwendet, also auch für das Corbusierhaus. Das Corbusierhaus war beim Verkauf an Willi Bendzko 1979 zusätzlich mit neun Millionen Mark verschuldet, also einer jährlichen Verschuldung von fast 500.000 Mark. Das macht bei 530 Wohnungen im Haus knapp 1000 Mark pro Wohnung und Jahr. Wenn man dazu weiß, dass das Gebäude zwanzig Jahre überhaupt nicht renoviert oder instandgesetzt wurde, ist es noch fragwürdiger, wohin diese Gelder geflossen sind. Ein hauseigenes Elektrizitätswerk produzierte und verkaufte Elektrizität an die Mieter, einen zusätzlichen Einkommensanteil des Hauses brachten die unverbilligten Mieten für Büros, Dienstleistungsräume, Kindergarten, eine Poststelle und andere Räume ein. Selbst die Parkplätze, die unter dem Haus geschaffen wurden, erwirtschafteten Mieten, ebenso wie die Abstellräume in der bisherigen Waschküche. Das gesamte Projekt der Unité in Berlin wurde zwanzig Jahre dem Verfall überlassen, und nun quetschte man aus jedem Quadratzentimeter auch noch zusätzlich jeden Pfennig heraus.

Daraus könnte man folgern, dass sozialer Wohnungsbau eine öffentliche Einrichtung ist, was jedoch gar nicht stimmt. Fast alle Sozialwohnungen im Westen Deutschlands waren bis 1988 im Eigentum von Wohnungsbaugesellschaften, die mehr oder weniger in privatem Besitz waren. Ausnahmen bildeten die Wohnungen in der DDR, die alle in Staatsbesitz waren, und einige Wohnungen im Westen in kommunalem Besitz. Der größte Teil der Sozialwohnungen in Deutschland wurde nach 1988 wieder privatisiert, das heißt, die Wohnungen fielen aus der Förderung heraus. Die Mieten konnten angeglichen werden und die Wohnungen wurden weiterverkauft. In Berlin waren bei laufender Privatisierung im Jahr 2006 noch 9 % im Westteil und 24 % im Ostteil der Stadt der Sozialwohnungen vorhanden. So auch im Corbusierhaus, das 1958 bezugsfertig war und fast komplett belegt wurde. Zwanzig Jahre später, auf den Tag genau, als die staatliche Steuerförderung auslief, wurde das Haus von den Besitzern verkauft. Zunächst wurden die Wohnungen den Mietern zum Kauf angeboten, dann der Öffentlichkeit.
Der Immobilienmakler Willi Bendzko kaufte zunächst fast das gesamte Gebäude für einen Betrag von 25,6 Millionen DM. 10 % des Gebäudes verblieben bei den bisherigen Besitzern. Ein Quadratmeter Wohnfläche, der 1957 für rund 480 DM erstellt worden war, kostete damit zwanzig Jahre später 761 DM. Angesichts der aktuellen Jahresmieteinnahme von 1,55 Millionen DM akzeptierte Bendzko damit einen sehr hohen Preis: Er zahlte die 16,5fache Jahresmiete. Kurz nach dem Kauf tilgte der Investor angeblich die bislang noch nicht zurückgezahlten öffentlichen Kredite von rund neun Millionen DM; gleichzeitig begann er ein Renovierungsprogramm, das nach seinen eigenen Angaben eine Million DM verschlang. Während diese Arbeiten noch liefen, erhielten alle Mieter das Angebot, „ihre" Wohnung für einen Quadratmeterpreis von 1600 bis 1800 DM, je nach Lage und Stockwerk, zu erwerben. Eine 100 Quadratmeter-Wohnung kostete 1979 somit zwischen 80.000 und 90.000 Euro. „1958 hatte der Mietpreis für eine Wohnung dieser Größe noch 100 DM pro Monat betragen."[68]

Die Umwandlung war nur die Spitze des Eisberges in Berlin und in Deutschland. Der Skandal um den Verkauf des Corbusierhauses führte dazu, dass das Gesetz für die Umwandlung von Sozialwohnungen in Privatwohnungen endgültig geändert wurde und sozialer Wohnungsbau nicht mehr so einfach kurz nach seiner Entstehung umgewandelt werden konnte. Bendzko war so prominent mit seinem Anteil an Wohnungsumwandlungen in Berlin, dass man dem neuen Gesetz den Namen Lex Bendzko gab. Für die bisherigen Besitzer war das Corbusierhaus ein lukratives Geschäft. Die Filmproduzentin Ilse Kubaschewski, die das Gebäude 1959 für eine Million Mark gekauft hatte, kassierte zusammen mit einigen kleineren Partnern für 90 Prozent der Grundstücksgesellschaft einen Kaufpreis von 25,6 Millionen Mark. Der FDP-Abgeordnete Jürgen Kunze sagte vor den Mietern des Corbusier-Hauses: „In den Sozialwoh-

---

68. Alle Zahlen aus: Nawrodd, Joachim: „Ein unverdaulicher Brocken?" in: Die Zeit, 29.02.1980.

nungen steckt das Geld der Steuerzahler der fünfziger, sechziger und siebziger Jahre. Das Geld der Steuerzahler steckt deswegen drin, weil man preisgünstige Mietwohnungen schaffen wollte. Das ist der Sinn des sozialen Wohnungsbaus. Und die Umwandlungs-Spekulation mit Sozialwohnungen verkehrt diesen Sinn ins Gegenteil." Ein Mieter formulierte es noch drastischer angesichts der monatlichen Belastungen, die er beim Kauf seiner Wohnung auf sich nehmen musste: „Einen Parvenü zu bereichern, um den Preis einer Minderung meiner Lebensqualität, kann nicht Sinn meiner lebenslangen Arbeit sein." Berlins Bausenator Harry Ristock beklagte in einer Fragestunde des Abgeordnetenhauses, dass öffentliche Darlehen „zum Zwecke der Spekulation und der Bereicherung genutzt werden können." Und er gestand Versäumnisse ein: „Wir haben da vor Jahren ganz deutlich Fehler gemacht. Wir hätten die Möglichkeit der Bereicherung schon vor vielen Jahren ausschließen müssen, dass Gewinne entstehen durch öffentliche Subventionen. Und dies ist für mich der katastrophale Vorgang."[69]

Die großen Gewinner waren also Ilse Kubaschewski mit einem geschätzten 25fachen Gewinn nach zwanzig Jahren und Willi Bendzko mit einer Rendite von 300 Prozent innerhalb weniger Jahre. Die Verlierer waren die Mieter, die den Kaufpreis nicht aufbringen konnten und deren Wohnungen eventuell an private Eigentümer verkauft wurden. Mieterhöhung und Kündigungen wegen Eigennutzung waren das Resultat in den rund 530 Wohnungen des Corbusierhauses. Das berühmte Ausnahmegesetz der „Eigennutzung" des Inhabers, welches ihn als Vermieter begünstigt und den Mieter einfach kündigen kann, wurde dann in den nächsten vierzig Jahren so oft angewendet, bis nur noch wenige der ursprünglichen Mieter von 1958 im Haus verblieben waren. Echte Sozialwohnungs-Berechtigte zogen nach 1979 nie wieder in das Haus ein. Ein politisches Debakel, dass die große Aufmerksamkeit auf die Schwierigkeiten des sozialen Wohnungsbaus im Allgemeinen auf sich zog. Somit wurde das Berliner Corbusierhaus in Deutschland tatsächlich zum Sargnagel des Kapitels sozialer Wohnungsbau. Der wurde nach der politischen Wiedervereinigung der DDR und BRD kaum noch finanziert. Dagegen gab es in Berlin dann ein neues Modell, das die Haare aller Mieter zu Berge stehen ließ: eine neue Art von Investitionskredit für Renovierungen vermieteter Eigentumswohnungen, mit – man kann es schon erraten – 20jähriger Laufzeit.

Frau Kubaschewskis Verbindungen und ihre Karriere reichen zurück in die Zeit des Dritten Reiches. Ihr Ehemann Hans Kubaschewski war vor 1945 Filmkaufmann und UFA-Filialleiter. Die UFA (Universum Film AG), war in Berlin zur Zeit der Weimarer Republik das größte Studio. Während der Gleichschaltung unter dem Reichspropagandaleiter Joseph Goebbels 1937-1941 wurde die UFA weitgehend verstaatlicht. In den UFA-Studios entstand 1927 auch der Film *Metropolis* von Fritz Lang. Die Studios befanden sich in Berlin-Babelsberg und Berlin-Tempelhof. Die gesamten Filmarchive der Nazis sollen 1945 am Olympiastadion gelagert gewesen und verbrannt sein. Ilse Kubaschewskis Gloria-Film GmbH war in den 1950er Jahren der größte Filmverleih in Deutschland und hatte im Repertoire Filme der Nazizeit von Zarah Leander sowie Heimatfilme der Nachkriegsjahre wie zum Beispiel *Die Trapp-Familie*.

69. ebd.

Der örtliche Bezug zum 1945 abgebrannten Reichsfilmarchiv in der Nähe des Corbusierhauses unterhalb des Führerturms im Olympiastadion ist verblüffend und thematisch sowie architektonisch interessant. Auf dem Olympischen Hügel treffen diese historischen Erinnerungen aufeinander, Filme, Architektur, Weimarer Republik, Drittes Reich, Le Corbusier, UFA, Hitler, Fritz Langs *Metropolis*, Leni Riefenstahls Olympiafilm und Marlene Dietrich. Der Kreis schließt sich.

Seit 1979 gab es im Corbusierhaus einen Verwaltungsbeirat, nachdem die Mietwohnungen in Eigentum umgewandelt worden waren. Eine Verwaltungsfirma organisierte zusammen mit Vertretern der Eigentümer und Willi Bendzko Finanzen und Buchhaltung des Corbusierhauses. Durch seine Mehrheit hatte Bendzko immer das Sagen. Nach eigenen Angaben macht er monatlich eine Million DM Schulden durch Investitionen am Gebäude. Bis zum Jahr 1988, als alle seine Wohnungen dann verkauft waren, überraschte er die Hausgemeinschaft noch einige Male mit Kapriolen.

Forscht man genau nach, dann stößt man schnell darauf, dass es in Deutschland fast keine Organisation oder Person gibt, die den Zweiten Weltkrieg überlebt hat und nicht eng mit dem Faschismus verbunden war. So auch die Baufirma, die das Corbusierhaus gebaut hatte, in 18 Monaten und extrem effektiv, billig und, wie erwähnt, die Pläne des großen Architekten verschandelnd. Die Beton- und Monierbau AG hatte eine heftige Vergangenheit. Zur Zeit des Dritten Reiches baute sie ausschließlich Betongebäude für die Wehrmacht und für die Rüstungsindustrie. Unter anderem mussten Häftlinge des KZ Auschwitz III Monowitz Zwangsarbeit für das Unternehmen leisten. Auch wieder zufällig kam es für die Monierbau AG im Jahre 1979 zum nationalen Skandal um die Firmeninsolvenz, Schulden und im großen Stil gefälschte Firmenbücher. Der Fall war, wie die ZEIT schreibt, die größte Insolvenz in der Geschichte Deutschlands. „Allzu brutal haben die ehemaligen Vorstände des Pleite-Unternehmens Beton- und Monierbau ihre Bilanzen manipuliert."[70]

Es gibt so viele Skandale um das Corbusierhaus und seine Entstehungsgeschichte, die man lieber in die Geschichtsbücher verbannen oder gar nicht erwähnen würde. Man hat den Eindruck, weder Universitäten noch Fachleute wollten sich mit dem Schiffsunglück Corbusierhaus beschäftigen. Das lange Zeit einzige Buch, das dieses Werk Le Corbusiers beschreibt, ist das gleich nach dem Bau entstandene kleine Heft, das vom Bauherrn selbst herausgegeben wurde und so gut wie gar keine Zeichnungen Le Corbusiers für das Berliner Projekt zeigt, eben weil man sie nicht nach seinen Vorstellungen umgesetzt hatte. Stattdessen wurden beliebige Zeichnungen und Texte anderer Projekte Le Corbusiers sowie ein kurzer Brief von ihm gedruckt, nicht aber die lange Einleitung, der Berlintext, der er speziell für das Buch geschrieben hatte. Das ist auch verständlich, denn zum Zeitpunkt der Veröffentlichung war Corbusier nicht mehr bereit, mit den Berlinern zu sprechen. Im Gegenteil, er kam nach 1957 nie wieder nach Berlin oder Deutschland. Zum zweiten Mal hatte er die Nase von Deutschland gestrichen voll, das erste Mal kurz vor dem Ersten Weltkrieg, und jetzt wieder. Zum Thema gibt es in den vergangenen vier Jahren nur Fotobände und Publikationen von Bewohnern des Hauses.

(Vergl. S. 193)

---

70. o. A.: „Tief verstrickt" in: Der Spiegel, 24.11.1985.

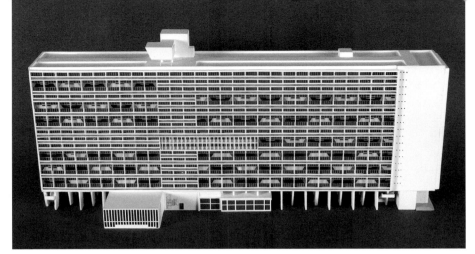

▸ **Modell der Unité d'Habitation** „Typ Berlin" von 1980 mit kleinem Dachpavillon.
Quelle: Berlinische Galerie.

CAFÉ CORBUSIER PHILIPP MOHR

ist es original oder fauxbusier?

Die Fachwelt und Sammler sind sich einig, dass kein Teil des Gebäudes, auch wenn man es ausbauen könnte, einen Ausstellungs- oder Sammlerwert besäße. Auch in Auktionshäusern sieht man nie etwas aus Berlin. Im Gegensatz dazu werden Bauteile, Einbauten und Details aus den anderen Unités und vieler anderer Bauten Le Corbusiers als begehrte Sammlerstücke hoch gehandelt und landen in Archiven und Museen. Trotz aller verfehlten Ausführungen ist das Berliner Gebäude vielleicht doch ein Original. Es kommt auf die Sichtweise an. Le Corbusier hat von allen Änderungen gewusst, sie selbst gesehen und sich mit ihnen auseinandergesetzt. Gleichzeitig hat er sie bemängelt und bekämpft, wohl in der ständigen Hoffnung, dass man noch auf ihn hören würde. Das Gebäude ist bei weitem nicht fertig ausgeführt. Einige Elemente fehlen komplett, während andere Teile wieder zugebaut oder sogar abgerissen wurden. Im besten Fall kann man die Betonstruktur in ihrem Rohbauzustand als echten, wenn auch schlechten Corbusier bezeichnen. In diesem auf die reine Baustruktur rückgebauten Zustand könnte man auch bestenfalls mit einer fachgerechten Renovierung beginnen. Denn zu bemerken ist auch, dass die Beton- und Monierbau AG ohnehin die Betonarbeiten nicht so kunstvoll ausführte, wie Le Corbusier es gefordert hatte. Jedoch ist diese, wenn auch schlechte Qualität, immer noch den Verschandelungen der letzten vierzig Jahre durch überfleißige Renovierungen vorzuziehen. Acrylfarben, Wärmedämmungen und Lackierungen, die in verschiedenen Farben auf das Gebäude aufgetragen wurden, sind nicht nur unnötig, sie machen es immer schwerer, den Beton darunter zu erkennen und gegebenenfalls später einmal für kommende Generationen zu rekonstruieren und zu restaurieren. Wenn ein Teil des Gebäudes wichtig ist, dann der Eingangsbereich, außerdem Vor- und Rückseite des Gebäudes, wo tatsächlich mit viel Mühe die Verschalung nach Le Corbusiers Plänen ausgeführt wurde. Hier wurde allerdings mehrfach graue Lackfarbe angebracht, anstatt den Beton altern zu lassen und die Vielfarbigkeit und Natürlichkeit zuzulassen, die Le Corbusier vorgesehen hatte.

Wenn man sich die Originalpläne von Le Corbusier anschaut und das, was der Bauherr in Berlin daraus gemacht hat, stellt man fest, dass Le Corbusier nicht zu viel an Qualität gefordert hatte. Es gibt viele andere Gebäude auf der Welt, wie zum Beispiel Hotels oder Komplexe mit Ferienwohnungen, die mit mindestens allen diesen Funktionen und Details ausgestattet sind. Was hinderte die Auftraggeber der Ber-

▶ **Ansicht der Südfassade** der Unité „Typ Berlin". **Fotograf:** Didier Gaillard-Hohlweg.

liner Bauausstellung also daran, das Gebäude so besonders zu machen? Der Zeitplan für die Fertigstellung war ja sowieso schon gesprengt. Deswegen wollte man für die Ausstellung auch nur die obersten Geschosse fertigstellen und für Besucher zur Besichtigung öffnen. Es wäre also nicht wirklich eine Zeitfrage gewesen. Man hätte sich noch ein paar Monate Zeit nehmen könne, um die Dachpavillons auszuführen, die Wohnungen mit durchdachten Details auszustatten sowie die Eingangshalle und die Gemeinschaftsbereiche nach Plan auszuführen. Warum ärgert es mich heute noch, dass dieses Gebäude so unfertig dasteht?

Zum einen wäre ein extra durchgearbeitetes Gebäude eine große Konkurrenz für die anderen Architekten der IBA gewesen und hätte alle anderen in den Schatten gestellt. Le Corbusiers Teilnahme stellte so oder so schon alles andere in den Schatten. Vor allem Kontaktarchitekt Felix Hinssen, der bei der Ankunft von Le Corbusier in Berlin bereits ein prominenter Architekt gewesen war. Er hatte das Hochhaus direkt auf der Ringautobahnachse in Charlottenburg und die Siedlungen im Wedding gebaut. Sein vergleichsweise niedriger Standard für Bauausführung ist im Prinzip genau der, zu dem er das Corbusierhaus gebracht hat. Die Baumaterialien und die formalistische Ausführung der Innenausstattung dort entsprechen genau seinem Geschmack. Eine bessere Lösung als seine eigene schien er nicht zulassen zu können. Schon die extreme Größe der Eingangshalle sprengt alles, was Hinssen bis dahin gebaut hatte. Die Eingangshalle für sein Hochhaus an der Ringautobahn ist nicht existent. Durch die Eingangstür des Hochhaues gelangt man direkt auf den ersten Treppenaufsatz. Und die Treppe des Hochhauses ist von ihrer Organisation her so eingespart, dass man von den Treppenabsätzen direkt zu den Aufzügen kommt. Die Decke des Eingangsbereichs ist unter 250 cm hoch. Auch das Vordach vor dem Eingang ist nicht existent, so dass sich bei Regen oder Schnee die Bewohner und Besucher an der Tür stauen. Bei schlechtem Wetter sind die Bewohner auch innerhalb des Hauses nicht geschützt, da die Gänge auf den Etagen offene Balkone sind. Es entsteht der Eindruck, als sei die Einsparung jeglicher Quadratmeter und Materialien ein Endziel an sich. Man soll dem Gebäude förmlich die Sparsamkeit ansehen. Ob die Baukosten des jeweiligen Wohngebäudes tatsächlich niedrig waren, ist dabei nicht ausschlaggebend. Albert Speer behauptet in seinen Erinnerungen, dass Hochhäuser viel zu teuer sind und sich nur bei extremen Bodenpreisen lohnen. Der Eindruck, dass man sich bemüht hat: sparsam zu sein, um allen die gleiche günstige Wohnung bieten zu können, soll wohl bei Hinssen für alle klar sichtbar sein, das wird zum Programm. Das ärgert mich als Architekt und als Bewohner deutscher Städte, als Bewohner jeglicher Städte in der Welt.

Der goldene Standard steht nach dem Zweiten Weltkrieg weltweit fest, und man glaubt ihn aus den verschiedenen Experimenten der Siedlungen der 20er Jahre übernommen zu haben. Dass die modernen Modellhäuser von Corbusier, Mies und Gropius der Stuttgarter Weißenhofsiedlung von 1927 das Existenzminimum als räumlich und qualitativ nicht als klein interpretiert haben, sondern den Raum für die Menschen erweitert haben, ist nach dem Krieg bei vielen vergessen. Corbusiers eigene Weißenhofbeiträge, die Citrohanhäuser, sind mit ihrem Baugrund zum einen sehr verschwenderisch. Zum anderen wird einer einzigen Familie als Bewohner sehr viel Platz geboten, eine ganze Doppelhaushälfte. In den 1950er Jahren verkommt die Idee des Existenzminimums zu einer extremen Einsparung an allem, Material, Grundfläche, Gemeinschaftsbereiche, Details. Und man schafft es seitdem nie mehr, sich wirklich von dieser Idee des Minimum zu lösen. Le Corbusier wird falsch verstanden und interpretiert, aber er trägt auch selbst dazu bei, dass man ihn sehr leicht falsch verstehen kann. Seine Kisten sehen auf den veröffentlichten Schwarz-Weiß-Bildern so einfach aus, dass man als Bauherr oder Baufirma denken kann: Das ist so billig, das können wir auch, sogar ohne Architekt. Genau das muss die Firma Monierbau beim Anblick der Fotos der Unités und der Modelle Le Corbusiers gedacht haben. Ein paar Kubikmeter Beton, ein paar Ingenieurszeichnungen, Leitungen, Anstrich, eine Corbusierharfe dran und fertig ist das Hochhaus. Vielen Dank, Herr Le Corbusier, sie machen uns das Leben einfach!

Abb. S. 207

Und so ging es dann auch weiter. Die Unité in Berlin bildete einen neuen weltweiten Standard. Von Le Corbusier so hart erkämpft, aber ein niedriger Standard in Berlin, den die Bauherren und Politiker gerne akzeptierten. Nur eine Betonwohnwabe ausschließlich mit Wohnungen, keine komplexen Funktionen, nur ein Hauswart ist nötig, um alle in Schach zu halten. Wunderbar. Und so wurde dieses Gebäude tatsächlich zum Modell für Millionen von Wohnungen, zunächst in Berlin, dann in Westdeutschland, dann Ostdeutschland und weltweit. Milliarden Wohnungen. Einige Verschlimmbesserungen des Wohnungsstandards, der bis dahin vorherrschte, sind die sogenannten, im Inneren der Wohnung liegenden, fensterlosen „amerikanischen Küchen", die man bis dahin nicht zugelassen hatte. Nach den ersten innenliegenden Küchen in der Unité in Marseille sind innenliegende Küchen und Bäder plötzlich der Standard im sozialen Wohnungsbau. Alle Plattenbauten der DDR haben innenliegende Bäder und Küchen. In der Weißenhofsiedlung ist das 1927 noch undenkbar. Alle Grundrisse formen sich damals noch hauptsächlich nach dem Merkmal, dass jeder Raum ein Fenster hat. Vielen Dank, Herr Le Corbusier! Das macht es den Architekten, Bauherren und allen

Verantwortlichen für sämtliche Wohnsiedlungen plötzlich unglaublich einfach. Den Immobilienentwicklern, Maklern und Verwaltern hat Le Corbusier, und mit ihm die gesamte Modernismus-Bewegung, die Arbeit vereinfacht und geradezu die Billiglösungen in die Hände gespielt. Zum Leidwesen der Bewohner, zum Leidwesen der Gesellschaft. Seitdem werden in den Innenstädten und in Siedlungen die Billigwohnblöcke ausgerollt, und bis heute gehören in aller Welt die Hochhaussiedlungen und Schlafburgen zum Alltag. Was sich Le Corbusier wünschte, nämlich eine Durchmischung der Nutzungen und Dienstleistungen wie in einem Hotel oder auf einem Passagierschiff, überstieg den Horizont der Politiker, Investoren und Verwalter. Hatte man Angst vor der Verwaltung der verschiedenen Mieter, der kommerziellen Nutzungen und Dienstleister? Angst vor dem Management der vielen Angestellten? Angst vor Kosten? Angst vor Lärm und Konflikten, die durch Spielplätze, Planschbecken, Sportplätze und Gemüsegärten entstehen? Eine kleine Stadt in einem Wohnturm ist eine billige und einfach zu organisierende Lösung. Das heißt aber nicht, dass man dadurch allen Lebensstandard senken darf und alle lebensnotwendigen Funktionen einfach weglässt.

So überrascht es nicht, dass Wohnsiedlungen mit Wohnhochhäusern oft zu sozialen Brennpunkten werden. Wie das Beispiel der Christiane F., die ihre Kindheit in den elenden Wohnblöcken der Gropiusstadt im Süden von Berlin so bildlich und beispielhaft in ihrem Roman *Wir Kinder vom Bahnhof Zoo* ausgedrückt hat. Es ist, als hätten die Planer dort allen Sinn für das Menschliche vergessen und das unter dem Existenzminimum liegende Leben akzeptiert. Die Planer der Wohnblöcke im Fall Christiane F. waren niemand anderes als Walter Gropius und und sein Architektenteam. Die in ihrer Jugend heroinabhänge Christiane Felscherinow beschrieb in ihrem 1978 erschienen Roman die Abgeschiedenheit der Wohnsiedlung, die fehlende Hygiene und die nicht kindgerechte Architektur. Die Druckknöpfe in den Aufzügen sind für die Kinder nicht erreichbar, es gibt keine Jugendzentren, keine Toiletten und allgemein nicht genug für die Kinder zu tun. Der von Corbusier gepriesene Bahnhof Zoo mit seiner tollen Anbindung und seinem übersichtlichen Vorplatz ist in den 70er Jahren vollends zum sozialen Brennpunkt verkommen. Noch im Kindesalter prostituierten sich Christiane F. und ihre Freunde dort und lebten ein Leben am Rande der Sittlichkeit und der bürgerlichen Gesellschaft, inmitten von Kriminalität und Sucht. Heroinabhängig, nach einem Jahrhundert von Karl Marxs „Opium für das Volk", lässt sich die jugendliche Opiumsüchtige zur Märtyrerin der Gesellschaft des Kapitalismus im Kalten Krieg machen. Vielleicht auch das Sinnbild des geteilten, zum Spielball der Weltgeschichte und Weltmächte verkommenen Westberlin. Vertont von David Bowie, der ebenfalls alkohol- und drogensüchtig im Berlin der 80er Jahre lebte. Nicht nur die Gropiusstadt ist verkommen und wird als sozial untragbar kritisiert. Hohenschönhausen und andere Wohnsiedlungen à la Unité von Corbusier geraten immer mehr in das Kreuzfeuer der Kritik der Presse, der Bevölkerung und der Fachleute in Berlin. Aber auch weltweit werden Wohnzentren und Satellitenstädte mit Sozialwohnungen zum Symbol einer problembehafteten Gesellschaftsschicht und zu Brandherden der sozialen Probleme in der westlichen Welt während des Kalten Krieges. In den USA werden die, nach dem Vorbild Corbusiers entworfenen, aber nach einem letztlich falsch verstandenen Plan gebauten, Sozialsiedlungen von Anfang an

Vergl. S. 22

▶ Nachbau einer gesamten Wohnung der Unité d'Habitation von Le Corbusier in Marseille. „Cité de l'architecture et du patrimoine" in Paris, 2008.
Fotograf: Philipp Mohr, 2017.

projects genannt. Projekte der Gesellschaft, die nach Corbusier der ganze Stolz der Republiken sein sollen, den Ausdruck der Zeit, den Stil, der sich aus dem Willen und Geist der Zeit entwickelt hat, verkörpern sollen. Auch im Gebiet der DDR nach dem Mauerfall sind die großen Plattenbausiedlungen Jenas, Dresdens, Magdeburgs, Weimars und in Berlin die Kerngebiete der sozialen Unzufriedenheit und eines neuen politischen Extremismus. Lassen sich Armut, Unsittlichkeit, Schande und Unglück nun mit dem Mittel der Architektur, der Baukunst und des Städtebaus Corbusiers lösen?

In Wirklichkeit sieht Le Corbusier im Wohnungsbau keine Unterscheidung zwischen Arm und Reich und verschiedenen Gesellschaftsschichten. Es ist seine Überzeugung, dass ein gewisser Standard für alle gleich sein kann. Genauso wie auch Autos, Fahrräder und Flugzeuge für alle den gleichen Standard bieten. Vielleicht gibt es innerhalb mancher öffentlicher Transportmittel Unterschiede mit zwei oder drei Klassen, oder es gibt bessere und schlechtere Airlines mit unterschiedlichen Preisen, mit unterschiedlichen Ausstattungen, aber der Flugzeug- oder Zugtyp ist meist derselbe. Warum soll man dann ausgerechnet beim Wohnen in so extrem unterschiedlichen Kategorien denken? Weil Häuser etwas Privates sind? Beim Wohnungsbau wird es unglaublich kompliziert mit dem Standard. Vielleicht liegt es daran, dass man ein Wohnhaus als Immobilie und Investition ansieht, die über viele Jahre Gewinne ausschütten soll. Das Wohnhaus soll im Idealfall als Investition bis in die Ewigkeit Gewinn bringen. Le Corbusier sagt, er habe mit seiner Verbindung aller menschlichen Bedürfnisse in der Architektur, der Vereinigung in der Unité, den Tempel wieder zurückgebracht zur Familie. Eine Institution der Ewigkeit.

---

71. Le Corbusier, Städtebau, Deutsche Verlags-Anstalt, München, S. 223.

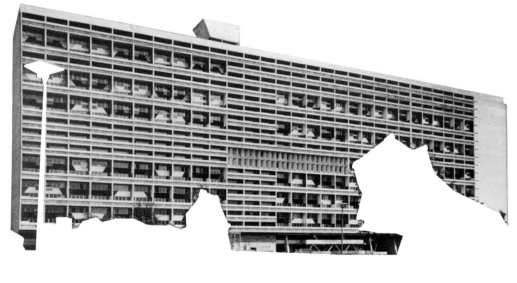

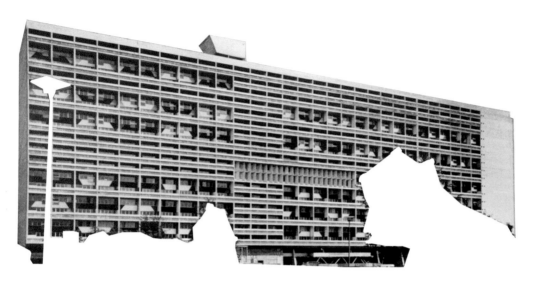

▶ **Cristian Chironi, My house is a Le Corbusier (Saluti Affettuosi)** - Unitè d'Habitation Berlin, 2019. Handgeschnittene Postkarte.

▸ "Berlin: Le Corbusier-Haus; Dachterrasse mit Aufbau." **Fotograf:** Willy Pragher, 1960. **Quelle:** Landesarchiv Baden-Württemberg, Abt. Staatsarchiv Freiburg. W 134 Nr. 061175b

ein café à la corbusier, bitte!

Das am wenigsten beachtete Gebäude des Corbusier-Hochhauses ragt wie ein Gespenst auf allen Fotos und Postkarten vor 1980 über dem Dach empor: der Dachpavillon. Zum Verwechseln ähnlich mit dem heute noch existierenden Aufzugsturm, aber dennoch ein eigenes separates Gebäude auf dem Dach der Unité. In der Modellrekonstruktion erkennt man, dass es sich um ein wichtiges und eindrucksvolles kulturelles architektonisches Zeichen handelt. Der große zweigeschossige Raum steht auf Stelzen auf dem Dach, verbunden durch einen Tunnel mit dem Aufzugsturm. Dieser Aufzugsturm beinhaltet auch den Treppenturm, der direkt zur Dachterrasse führt. Heute ist die Berliner Dachterrasse leider nicht zugänglich und der Pavillon ist abgerissen. Wahrscheinlich wurde er während der Betonsanierung nach 1980 von Willi Bendzko selbst zur Zerstörung freigegeben. Die Hausgemeinschaft wusste mit Sicherheit nicht, dass das Gebäude existierte. Zu wenige Le Corbusier-Kenner hatten Kontakt zu dem Haus und der Denkmalschutz war noch nicht geplant. Der Förderverein Corbusierhaus Berlin e. V. wurde erst 2004 gegründet und konnte sich nur noch mit dem Rest des Gebäudes auseinandersetzen. Der Pavillon ist das Resultat eines extensiven Designs für die Dachterrasse. Le Corbusier hatte geplant,

Abb. S. 158

Abb. S. 114

Abb. S. 168

dass dies sein architektonisches Hauptwerk wird, ein Geschenk an Berlin, Deutschland und die Welt. Dieser Gedanke war ihm so wichtig, dass er dafür Dutzende Pläne und Modelle anfertigen ließ, darunter ein zwei Meter großes Gipsmodell, das sich heute im Archiv der FLC in Paris befindet. Daneben existiert ein Holzmodell im Archiv des Centre Pompidou. Ein Modell mit den genauen Formen des heutigen Gebäudes und den Farben der Loggien sowie mit dem Dachpavillon, das der Senat vom Büro Le Corbusier für eine Ausstellung bekam, existiert heute in der Berlinischen Galerie. Dieses Modell ist ein maßstabsgetreues und detailliertes architektonischen Denkmal für die Dachterrasse, wie sie in Berlin existierte. Besucher des Gebäudes bekamen während der IBA 57 nur die Schauwohnung im obersten Geschoss, die Waschküche und einen Laden des Hauses zu sehen. Das Dach war schon damals nicht zugänglich. Ein bürokratischer und organisatorischer Aufwand, an dem man im Schatten der

Abb. S. 210

Abb. S. 153

Intrigen und kalten Profitsucht aller Beteiligten nicht interessiert war. Für Le Corbusier war das Dach viel mehr als eine Spielerei. Hier kam das Menschliche ins Spiel, die Lust, die Kunst, die Freiheit des Menschen, das Menschsein und der Gemeinschaftssinn. Genau wie in dem Kloster bei Florenz, das er 1910 besuchte, waren die einzelnen Wohnzellen nur ein Teil des Gesamtorganismus. Das Dach und die Gemeinschaftseinrichtungen waren das wichtige Gegenstück zu der reinen Wohnkiste und mussten einen großen Anteil an der Gesamtstruktur haben. Aber gerade das Dach und die Gemeinschaftseinrichtungen wurden fast alle aus diesem Gebäude entfernt. Ein wahres Trauma für die weitere Entwicklung der Wohnungsbauten, die sich nach diesem Vorbild richten würden.

Abb. S. 194

Wir können davon ausgehen, dass der Dachentwurf von Le Corbusier für Berlin keine zufällige oder beliebige Struktur war, ohne die das Gebäude hätte funktionieren können. Auch wenn das Dach und das gesamte Gebäude eine Kopie des ungebauten Projekts in Meaux aus der gleichen Zeit sind, scheint es sehr bedacht für diesen Ort ausgewählt zu sein. Corbusier sagt 1958 wiederholt in einer Notiz: „Die Unité am (Heilsberger) Dreieck ist die Quintessenz aller meiner bisherigen Arbeiten der letzten 40 Jahren."[72]

Abb. S. 188

Der leider unausgeführte große Berliner Dachaufbau von Le Corbusier mit Theatern und Kindergärten bildet eine eigene Welt; eine Stadtlandschaft mit öffentlichen Gebäuden, Amphitheater, Tempeln und Wegen. Eine Akropolis auf dem Olympischen Hügel Berlins, vom Propheten der modernen Architektur höchstpersönlich dort inszeniert. Die Himmelsausrichtung Nord-Süd gibt dem Dach die Bedeutung der kosmischen Natur, der Ausrichtung zu den Himmelskörpern, zum Verlauf der Sonne, im Gegensatz etwa zu einer Ausrichtung auf ein anderes Gebäude oder einen anderen gesellschaftlichen Punkt. Die Natur ist die souveräne Ordnung für diese Weltanschauung. Ausgang hierfür ist die faschistische Ordnung des Olympiastadions, deren Sichtachsen sich nur auf sich selbst und vielleicht auf den Hitlerturm und

---
72 Le Corbusier: „Das Wort von heute" in: Carnet Nr. 1014, 1015, Berlin 1957.

auf die Thingstätte des Waldstadions mit ihrem Wotankult beziehen. Die Dachlandschaft Le Corbusiers ist ein neuer Beginn und ein richtungsweisendes Modell auf den Menschen und die Natur bezogen, ohne Politik. Form und Funktion richten sich nur auf Mensch und Natur aus, wie ein Schiff der Mittelmeerfahrt des Homer mit den verschiedenen „Mythen", die sich an Deck abspielen. Der Aufzugsturm aus Beton ist der Mast, das Freiluft-Amphitheater wie ein Segel, es gibt sogar Wasser in einem kleinen Schwimmbecken. Das Schiff wendet sich mit der geschlossenen Nordwand wie mit einem Heck von der Vergangenheit ab, aber nicht ohne sich daran erinnern zu können. Im originalen Plan sind kleine Kajütenfenster an der Nordfassade des Treppenhauses geplant. Ein Ausblicksturm mit Freitreppe bildet den nördlichen Abschluss oben auf dem Dach, ein Mast mit Ausguck. Der generelle Ausblick von hier oben über dem 17. Wohngeschoss wendet sich nach Süden, das Freitheater mit 250 Sitzplätzen wendet sich in Südrichtung und auf den Grunewald zu. Andere Blicke führen nach Westen und Osten auf die verschiedenen umliegenden Berliner Stadtteile, hauptsächlich auf das Zentrum Berlins und den Ort der von Speer begonnenen Germania-Stadtachse, zu deren Nord-Südachse dieses Dach genauen parallel steht. Die Achse des Gebäudes und der darauf geplanten Dachlandschaft sitzt aber genau auf einer der Achsen des Olympiastadions. Die geschlossene Nordwand bildet das Ende dieser Schneise, die den Haupteingang des Stadions mit der S-Bahnstation verbindet. Eine nicht unwichtige Achse. Wenn man sich dieses Ensemble gebaut vorstellt, kann man nachvollziehen, dass es den Architekten des Olympiastadions Werner March damals verärgert hatte, und dass er wohl mehr als zufrieden gewesen war, seinen Hitlerturm mit fast 80 Metern Höhe zwei Jahre nach Fertigstellung von Corbusiers 50 Meter hohem Wohnturm wieder aufbauen zu dürfen.

Corbusiers Dachlandschaft ist ein öffentlicher Ort mit allen Funktionen, die zum glücklichen und ausgewogenen Leben dienen. Es ist ein Ort, der den Ausgleich bildet zur Zerrissenheit der Industriegesellschaft, der Zivilisation, die von der Jahrhundertwende bis in die 1950er Jahre immer mehr Menschen in die Ballungszentren drängt, wo sie ihre Arbeit finden. Le Corbusier selbst beschrieb die Stadt damals so: „Sobald man die riesigen (Berliner) Alleen verlässt, ist es einfach nur Abscheu, reiner Horror." Le Corbusier kritisierte sowohl die dichte Hochhausstadt als auch die aufgelockerte Gartenstadt der Vorstädte, ein demokratischer Name für die elitären Villengegenden an den Stadträndern. Ein Problem der dichten, zugemauerten steinernen Stadt, weit ab von der Natur. In einer Notiz schreibt Corbusier 1957, dass der Stadtmensch sich nach der Natur sehnt und der Landmensch nach der Stadt. Auf der Dachlandschaft der Unité sollte beides eine Einheit finden. Wie es unten an der Seitenwand des Gebäudes geschrieben ist: die „Wiederherstellung der Bedingungen der Natur für das Leben des Menschen." „Vor allem", schrieb Le Corbusier 1950, müsse die künftige Stadt „das Ziel vor Augen haben, den Menschen zur Natur zurückzubringen" und so „neues Licht in das individuelle Leben bringen"[73].

Die eleganteste und modernste Form, mit der Natur verbunden zu sein, ist hier nicht nur, direkt in einer Parklandschaft umherzugehen oder zu sitzen, sondern auch, in der gebauten Welt der Unité die Biologie der natürlichen Welt aus der Ferne zu betrachten und zu genießen, aber auch die größere

---

73. Le Corbusier: The Marseille Block, London: Harvill Press, 1953 S. 24.

▸ Architekturmodell des nach 1980 abgerissenen Dachpavillon von 1957.
Quelle: Berlinische Galerie. **Fotograf:** Philipp Mohr, 2019.

▸ Dachpavillon auf der Unité in Marseille von Le Corbusier aus dem Jahr 1952.
Quelle: Fondation Le Corbusier, Paris.

Natur, den Himmel und den Kosmos, selbst erfahren zu können. Den Himmel über Berlin zu sehen, die frische Berliner Luft zu schnuppern, in den Grunewald hineinzugucken. Diese Dachlandschaft ist durch die Rampen sowie die inneren und äußeren Wege die endgültige Ausformung der *promenade architecturale*, eines architektonischen Spazierganges. Ein Lustwandeln und Zeitvertreib zur Erholung vom Arbeiten in der Stadt, ein aufs Land Gehen und Sehen von einem städtischen Gebilde aus. Was hätte die Figur des Buches *Wir Kinder vom Bahnhof Zoo*, Christiane F. aus der Gropiusstadtsiedlung, auf so einem Dachgarten gemacht mit ihren Freunden und Freundinnen aus dem Haus? Erst mal aufs Klo gehen, denke ich.

Interessanterweise war eines der Bedürfnisse ihrer Freundesclique immer wieder, auf Dächer zu gehen. Eine Szenerie, die im gleichnamigen Film in ihrem Höhepunkt beeindruckend dargestellt wird. Auf dem Dach des Europazentrums am Breitscheidplatz mit dem ikonischen, sich um sich selbst drehenden monumentalen Mercedes-Stern im Hintergrund. Eine Szenerie, die in Berlinfilmen wie zum Beispiel *Victoria* von 2015 immer wieder vorkommt. Es ist eine Geste der Protagonisten, die sich durch das verbotene Begehen der Dächer den spirituellen Raum des modernen Flachdaches zurückerkämpfen, gegen die Macht der Investoren. Es ist aber auch eine Geste gegen sinnlose Gesetze und die Bürokratie, die es fertigbringt, jeden Spaß aus der gebauten Umwelt abzutöten. Eine Umwelt mit Spaß und Spiel war Corbusier so wichtig. Die Engel in Wim Wenders' *Himmel über Berlin* stehen auf der Berliner Siegessäule und schauen herab auf die Welt, die Stadt, die Natur und die Menschen. Sie nutzen die verspielte innere Landschaft von Scharouns Staatsbibliothek Potsdamer Straße und setzen sich auf hohe Geländer und Kanten, um beobachten zu können. Sie nutzen all die Räume, nach denen sich das verspielte innere Kind im Betrachter sehnt.

Verspielt sein, beobachten, dabei sein und miterleben, das ist die Idealwelt der Dachlandschaft und der gesamten Unité mit ihrer Umgebung in ihrem Idealzustand. Hier macht auch Corbusiers Zitat wieder Sinn, dass die Architektur das Spiel der Formen unter der Sonne ist. Diese Formen sind auch die Menschen selbst! Der Mensch steht im Mittelpunkt. Der Architekt erdenkt sich dafür nur die Rahmenbedingungen. Die Architektur soll gar nicht im Vordergrund stehen und das tut sie bei Corbusier auch nie. Die Architektur Le Corbusiers nimmt sich immer bewusst zurück, um dem Geschehen den Vorrang zu lassen. Wie ein Gerippe, das nur den Zusammenhalt für das Lebewesen bildet. Die Wohnungen nach Le Corbusiers Design reflektieren dieselbe Grundidee. Die Wohnungen sind Wohnlandschaften, die sich die Bewohner spielerisch und kreativ zunutze machen können. Alleine schon die Schiffstreppe mit dem niedrigen kindgerechten Geländer auf der Außenseite und den vielen Durchblicken lädt zum Spielen und zum Aufenthalt und Hinsetzen ein.

● Abb. S. 213

● Abb. S. 11

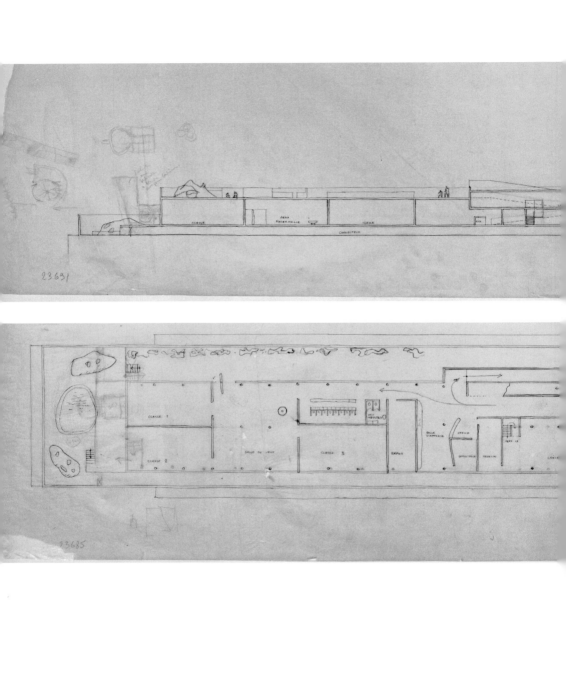

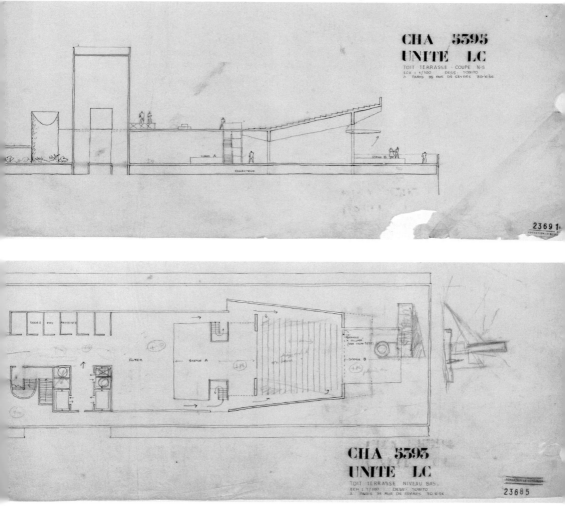

▸ **Unrealisierter Entwurf** für den Dachaufbau der Unité Berlin von Le Corbusier. Zeichnung von Augusto Tobito vom 30.06.1956. Schnitt und Plan im Maßstab 1:100. **Quelle:** Fondation Le Corbusier, Paris.

Abb. S. 90 Diese Wohnungstreppe ist ein bequemer erhöhter Sitzplatz, von dem aus man eine andere Perspektive bekommt, dabei sein kann, beobachten und ausruhen kann. Die Brüstung der zweigeschossigen Maisonette-Öffnung ist ebenso ein Ort des Beobachtens und spielerischen Erlebens. Le Corbusier führt auf dem Dach dieselben Elemente, die er in seinen Plänen innerhalb des Gebäudes aufgebaut hat, nach außen weiter. Aus dem Aufzugturm heraus geht man entweder in ein Gebäude oder eine Etage höher direkt auf eine Dachterrasse, die den Blick auf die untergehende Sonne und die Havel lenkt. Oder man dreht sich um und sieht zum Olympiastadion und dem Maifeld zurück, oder man geht weiter zur Spitze des Gebäudes und sieht den Grunewald, Drachenberg und Teufelsberg mit der amerikanischen Abhöranlage. Und natürlich noch eine Drehung, und man sieht die aufgehende Sonne über der gesamten Stadt Berlin, die Avus, den Messeturm und den Sausuhlensee im Friedhof Heerstraße. Es gibt auf dem Dach Pflanzen und kleine Grünanlagen, Nachtbeleuchtung, ein Wasserbecken, Tische und Sitzgelegenheiten. Zu gut, um wahr zu sein. Es muss doch irgendwo einen Haken geben! Warum? Das muss doch unglaublich viel kosten oder gefährlich sein! Warum? Le Corbusier hat es ja in anderen Gebäuden in Frankreich auch gebaut, weniger aufwendig als in Berlin geplant, aber immerhin gibt es in Marseille in seinem Gebäude eine Turnhalle, Büros, Cafés, **Abb. S. 163** Läden, ein Hotel, ein Restaurant, Ausstellungen, einen Kindergarten, Wasserbecken auf dem Dach ... und das alles kostet nichts extra, und es ist auch nicht gefährlich.

Abb. S. 160 Die umgehende Schutzwand auf dem Berliner Dach ist 170 cm hoch, davor ist außen noch ein Vorsprung. Das heißt, man kann sich leichter vom Ende der Wohnungsbalkone stürzen als vom Dach. Und wer auch immer an so etwas denkt, der wird es tun, egal von wo aus. Also ein Dachaufbau ist keine Fantasievorstellung. Le Corbusier fordert es als Minimum für eine so dicht gedrängte Wohnwabe. Das Wohnhochhaus soll nicht nur eine Wohnwabe sein, sondern ein Hybrid aus allen notwendigen Nutzungen, die man zum täglichen Leben braucht. Dadurch soll die Einheit von Mensch und Natur erreicht werden. Ein Zusammenspiel aller menschlichen Funktionen innerhalb der Natur, mit der Möglichkeit, alle Seiten der Natur von dort aus zu erfahren, Wald, Wiese, Tiere, Gärten, Gemüse. Es klingt wie eine Utopie oder wie ein Ergebnis eines Kindergartenseminars für ein Traumhaus. Ja, das soll es auch sein, ein Traumhaus, kein Albtraum, kein sozialer Brennpunkt, keine Gropiusstadt der Christiane F.. Für über zweitausend Einwohner ist es nicht Luxus oder zu teuer oder zu aufwändig, zweitausend Quadratmeter Dach so nutzbar zu machen, dass sich alle menschlichen Bedürfnisse erfüllen lassen. Le Corbusier hat sein ganzes Leben nur nach dieser Lösung gesucht. Es ist eine sehr komplexe Lösung mit sehr vielen Details, aus einfachen Mitteln und Materialien gemacht. Einfach nachzumachen, einfach herzustellen. Nicht zu teuer und nicht zu kompliziert in der Pflege und Instandsetzung. Die Schönheit der Architektur liegt nicht im Material oder der Form, sondern in der Nutzung, welche die Architektur ermöglicht. Eine Architektur zum Erleben, zum Erholen, ein Betonberg, ein Betontempel und eine Betonakropolis.

Die letztendlich in Berlin ausgeführte kleinere Version für einen kleinen Dachpavillon, die Minimalversion, ist ebenfalls eine Hommage an die

▸ Ansicht des Dachpavillon auf der Unité von 1957.
Zeichnung: Philipp Mohr, 2018.

Idee des griechischen Tempels und die Akropolis. In den vertikalen Säulenlinien der Fenster wird das ursprüngliche Bild der Akropolis widergespiegelt. Die Akropolisskizzen Corbusiers von seiner Athenreise sehen fast genauso aus wie diese lange Fensterreihe, die den Tempelsäulen ähnelt. Die Säulen der Tempel spiegeln sich ebenfalls in der Regelmäßigkeit der Betonstützen unter dem Berliner Gebäude wider. Selten verwendet Le Cobusier gleichmäßige und aneinanderreihende Muster, er bevorzugt immer verspielte und unregelmäßige Fenstergrößen. Schon in den Berliner Wohnungsfenstern unten in den Balkonloggien und in den käfigartigen Eisengeländern der Tigerkäfig-Treppen musste er schon zu viel Regelmäßigkeit von den Berliner Kontaktarchitekten akzeptieren. Für diesen Pavillon hat er das Allermindeste gegeben, ohne die Berliner auch noch in Aufruhr zu versetzen. Der Pavillon ist ein großer kubischer Raum auf zwei Stützen, durch einen Tunnel mit dem Aufzugturm verbunden. Eine Reihe hoher Fenster. Eine nach innen schräg einfallende Rückwand. Sonst nichts. Vielleicht würde der Dachbereich darunter einmal von den Hausbewohnern benutzt? Le Corbusier war es an diesem Zeitpunkt sicherlich egal. Er hatte wirklich alles versucht und gegeben, alle Abstriche gemacht, die man ihm auferlegt hatte.

Abb. S. 195

Abb. S. 168

Das Unitégebäude war schnell, gut und solide gebaut worden und zu normalen Kosten, billiger als die anderen Gebäude der Bauausstellung. Der kleine Dachpavillon wurde 1957 zusammen mit dem gesamten Gebäude in Beton gegossen. Der Plan dafür ist in keinem Archiv zu finden, doch es gibt davon ein Modell aus Le Corbusiers Werkstatt, welches der Senat 1980 der Sammlung der Berlinischen Galerie schenkte. Das Modell entstand für die Ausstellungen der IBA 1958 und wurde zusammen mit den anderen Gebäuden ausgestellt. Dieses Modell ist identisch mit der endgültigen Fassung der Berliner Unité. Die Farben der Loggias sind sogar so korrekt angebracht, dass das Modell laut Denkmalschutzplan als Anleitung für die Farbgebung bei Fassadenrenovierungen verwendet werden sollte. In diesem Modell ist auch der Dachpavillon in seinen Proportionen und Details nachgebaut. Auf Postkarten vor 1986 ist der kleine Dachpavillon auch zu sehen, nur sieht er so aus, als sei es der Aufzugturm. Bei genauem Hinsehen erkennt man jedoch die charakteristische schräge Nordwand des Pavillons. Wie ein gelandetes UFO steht der Betonbunker auf den schlanken Stahlsäulen auf dem Dach, fast unsichtbar wie ein Tarnflugobjekt. Nur wenn man weiß, um was es sich bei diesem kleinen Gebäude handelt, erkennt man es auf den zeitgenössischen Fotos. Laut Zeitzeugenberichten wurde es nie der Öffentlichkeit zugänglich gemacht. Ein kleines Nebengebäude des Aufzugturm besteht noch heute und wird ebenfalls nicht genutzt.

Abb. S. 153

▸ Rekonstruktion von Le Corbusiers Dachpavillon mit Café. **Zeichnung:** Philipp Mohr, 2018.

Meine Rekonstruktion besteht aus den Grundrisszeichnungen des Gebäudes, Fotos und dem Modell. Zusammen mit einer kleinen Gruppe meiner Mitarbeiter habe ich die Pläne, Ansichten und Schnitte rekonstruiert. Im Fall eines Wiederaufbaus müsste die Rekonstruktion noch viel genauer sein. Mit 3D-Computerprogrammen rekonstruierten wir zuerst die rohen Innenräume, danach entwickelten wir Studien für die Inneneinrichtung. In dem kleinen Gebäude mit einem Raum und einer Fensterfront ist nur eine beschränkte Anzahl von Besuchern möglich und nur eine kleine Zahl von Nutzungen denkbar. Aus dem Gedanken heraus, dass das Gebäude ständig über den Aufzug von der Eingangshalle des Gebäudes aus erreichbar sein würde, entstand die Idee, den Raum mit einem Café und gastronomischem Mobiliar auszustatten. Das Café Corbusier, wenn man will. Für Farben, Mobiliar und Lampen nahmen wir die Einrichtung der Wohnung 258 als Ausgangspunkt, die ich kurz vorher renoviert hatten. Somit würde der Raum mit Möbeln und Details aus der Zeit um 1958 mit Designs von Le Corbusier und seiner Mitarbeiter Pierre Jeanneret, Jean Prouvé und Charlotte Perriand ausgestattet. Die Farben der Polychromie würden angewandt und ausgestellt. Für die Türen konnten exemplarisch die originalen Holztüren der Berliner Treppenhäuser mit ihren Details und Handgriffen von Le Corbusiers Plänen rekonstruiert werden. An Lampen dieser Designer gibt es eine inzwischen große Auswahl von Replika verschiedener Firmen. Den Großteil der Oberflächen und den Boden haben wir in den Darstellungen im Sichtbeton belassen, so wie das Gebäude wahrscheinlich 1958 auch vom Architekten hinterlassen wurde. Als Arbeitsnamen wählten wir „Café Corbusier", ein Name, der für das Projekt der Rekonstruktion steht und für das demokratische Element, welches ein Café generell ausstrahlt. Ein alltäglicher Ort für alle, ohne Politik, ohne Interessengemeinschaften und komplizierte Funktion. Ein ruhiger Ort für alle, zum Genießen, Verweilen, Ausruhen, und gegebenenfalls als Ort der Begegnung und Kommunikation. Angedacht in diesem Café wären auch ein Piano und eine Musikanlage, so dass die Möglichkeit für kulturelle Veranstaltungen und Ausstellungen besteht. Die jährliche Eigentümerversammlung könnte in dem gesamten Geschoss vom Eingangsbereich über die Brücke bis in den Saal hinein stattfinden. Die maximale Kapazität ist von Fluchtwegen abhängig. Dazu könnte man eine Fluchttreppe über einen Schacht im Aufzugsturm zum Dach erweitern. Eine Verbindung zum Dach vom Pavillon aus würde die Rahmen des Gebäudes um ein Vielfaches erweitern. Im Sommer könnten Stühle und Tische sonnengeschützt unter dem Pavillon platziert werden. Das gesamte Dach könnte begehbar gemacht werden mit Gehwegen und Grünbereichen sowie mit Beleuchtung durch die Berliner Corbusierlampe und Bewässerungssystemen ausgestattet werden. Eine Parklandschaft mit Sitzgelegenheiten für Bewohner und Besucher. Eine größere Fläche könnte als Versammlungsplatz für Außenveranstaltungen, Yoga, Hochzeiten usw. angelegt werden. Die Entlüftungsschächte müssten zu wenigen Schornsteinen zusammengelegt und durch Mobiliar versteckt werden. Die Antennen am Aufzugsturm sind in diesem Szenario nicht einbegriffen. Gute Ausweichorte wären zum Beispiel der Teufelsberg, der Glockenturm oder andere Türme des Olympiastadions.

Abb. S. 80

Eine weitere Etage des Café Corbusier kann bis auf die oberste Etage des Unitégebäudes ausgeweitet werden. Im 17. Obergeschoss neben den Aufzügen befindet sich die ehemalige Waschküche, die später in die unterste Etage im Glashaus der Maschinenzentrale verlegt wurde. Auf vier Wohnungsachsen besteht hier oben ein Gemeinschaftsraum von der Größe der heutigen Eingangshalle. Momentan wird der gesamte Raum leider nur als Abstellraum für einige Hauseigentümer genutzt. Laut Denkmalpflegeplan ist dieser Bereich als Café, Kita oder andere Nutzung vorgeschlagen. „Die Räume der ehemaligen Waschküche mit ihrer exponierten Lage und der wunderschönen Sicht auf Berlin lassen sich gut als Gemeinschaftsräume umwidmen."[74] In den Briefwechseln Le Corbusiers mit den Bauherren wird ihm zugesagt, dass man den Dachgarten mit Pavillon später noch ausführen wird, wobei sicherlich die große Version des Dachaufbaus angedacht war. Zum anderen wird ihm 1957 zugesagt, dass man noch weitere Unités in Berlin bauen wird. Es gibt viele Möglichkeiten, noch einige der Ideen Le Corbusiers in Berlin umzusetzen. Baut man nochmal eine neue Unité, diesmal nach allen vorhandenen Plänen, keine Kopie, sondern ein Original? In den Grunewald hinein?

Abb. S. 213

Noch ein weiterer Ort für ein Dachcafé wäre denkbar auf dem noch zu bauenden Rundturm im Norden des Grundstückes, auf dem Areal des Baubürogebäudes, welches heute als Kita genutzt wird. Als Designleitlinie für alle Neubauten, Tiefgarage, Dachpavillons, Rundturm und S-Bahnbrücke könnte gelten, dass zunächst die aus den Zeichnungen erkennbare Struktur in Rohbeton geplant wird. Alle Details, die sich aus den Zeichnungen und ähnlichen anderen existierenden Bauten ableiten lassen, könnten zu diesem Rohbauzustand hinzugefügt werden. Ein Gremium aus Le Corbusier-Experten könnte die Pläne begutachten, die Details besprechen und beratend beistehen. Für Eingangshalle und Waschküche sowie den umliegenden Park könnte mit ähnlichen Gremien, basierend auf Le Corbusiers Zeichnungen und dem Vergleich mit den anderen Unités in Frankreich, eine Renovierung entworfen werden. Für die Außenbeleuchtung im Park könnten die Betonlampen, die speziell für Berlin gezeichnet wurden, hergestellt und entlang der Wege aufgestellt werden. In den Außenanlagen des Parks könnten die Sportanlagen und Gemüsegärten aus Le Corbusiers Zeichnungen angelegt werden. Unter dem Gebäude könnte man die Autostellplätze in die Tiefgarage verlegen, um die Bereiche der allgemeinen Nutzung zuzuschreiben. Der Bodenbelag könnte aus Schiefer bestehen und so verlegt werden, wie es in anderen ähnlichen Le Corbusier-Gebäuden auch zu sehen ist.

---

74. Beer Architekten: Corbusierhaus Denkmalpflegeplan, Beer Architekten: Berlin 2005, S. 97.

Die Pfeiler und die Unterseite des Gebäudes könnten in den von Le Corbusier vorgesehenen Farben angemalt werden, denn die Tarnfarben sollten die rechteckigen Schalungen auf dem Beton verstecken. Le Corbusier arbeitete an seinen Gebäuden wie ein Maler. Jede Oberfläche kann bearbeitet werden, um einen gezielten Effekt zu erreichen, und wenn es nur mit einem Eimer Farbe ist. Nach seinem Entwurf sollten schmale Holzbretter in verschiedenen Ausrichtungen als Schalung verwendet werden, so dass ein Streifenmuster auf dem fertigen Sichtbeton entsteht. Stattdessen hatte man einfach rechteckige Schalungen benutzt, deren Verbindungslöcher im Beton sichtbar und im fertigen Beton sehr hässlich waren. Noch heute sind diese unschönen Rechtecke auf den Pfeilern zu sehen.
Le Corbusier versuchte diese Ausführung noch zu retten, indem er einen Farbplan erstellte für das „Tarnfarbe" genannte Übermalen der schlechten Betonschalung, sogar in verschiedenen Farben; eine Lösung, die er schon in Paris im Studentengebäude ausprobiert hatte. Hier ist die Unterseite des Gebäudes hellblau bemalt, um Unreinheiten in der Oberfläche zu tarnen. Mit großem Zorn forderte damals Le Corbusier, dass der gerade erst ausgewechselte Bauherr Müller-Reppen und der Kontaktarchitekt Hinssen entlassen würden und ein neuer Architekt und Bauherr den Bau des Gebäudes übernehmen solle. Das wäre möglich gewesen, denn man hatte ja gerade erst den Vertrag, den er mit einer anderen Baugesellschaft unterschrieben hatte, rückgängig gemacht, um Le Corbusier zu einem neuen Vertrag zu zwingen. Der Bauherr blieb, der Architekt wurde tatsächlich gewechselt, Hinssen war entlassen und Schoßberger neu eingestellt. Das heißt aber tatsächlich, es gab im letzten Jahr der Bauausführung keinen Architekten auf der Baustelle in Berlin mehr! Architekt Schoßberger blieb bis zur Fertigstellung des Gebäudes unansprechbar! Offiziell hatte er sich krank gemeldet und aufs Land zurückgezogen. Also ein Bau ohne Architekt! Ein Geisterschiff! Le Corbusiers eigener Büropartner André Wogenscky verabschiedete sich ebenfalls von dem Gebäude, um sein eigenes Architekturbüro weiterzuführen. Somit war nur noch eine kleine Armee von französischen Angestellten aus Le Corbusiers Pariser Büro ab und zu in Berlin im Baubüro auf dem Baugrundstück anwesend. Die Firma Beton und Monierbau AG reichte einfach selbst die abgeänderten Pläne beim Bauamt ein, ohne Einschaltung eines Architekten. In der Tat gibt es beim Bauamt Charlottenburg kaum einen Architektenplan der Berliner Kontaktarchitekten. Alle Pläne wurden von den Bauingenieuren gezeichnet und eingereicht. Im Baubüro der Firma Monierbau wurden die Originalpausen von Le Corbusier abgeändert und so lange ausgebessert, bis die Ingenieure sie endgültig berechnen und im Bauamt einreichen konnten.

Abb. S. 192

Die Verbindung mit Hans Schoßberger ist viel interessanter, als es auf den ersten Blick erscheint. Eine damalige Schreibweise ist auch Schoszberger. Bisher ist er als Kontaktarchitekt von Corbusier noch in keiner Literatur zur Berliner Unité erwähnt, war aber tatsächlich ab Mai '57 bis zur Fertigstellung des Gebäudes 1958 offiziell für den Bauherren Müller-Reppen tätig. Offiziell war Hans Schoßberger aber auch Partner mit Paul Schwebes in dem erfolgreichsten Architekturbüro der Berliner Nachkriegszeit. Der gesamte Bereich Zoo- Breitscheidplatz, das Bikinihaus, Berlin Hotel am Zoo und viele, viele andere Neubauten prägten den Westteil der Stadt in den 50er und 60er Jahren. Allesamt sind diese Gebäude im Stil-Corbusier entworfen, und manchmal sogar direkte Kopien aus Corbusiers Designbibel. Das Telefunkenhaus von 1957 zum Beispiel gleicht Corbusiers

Abb. S. 173

Turm für Algerien in Form und Proportion. Das Bikinihaus auf Pilotisäulen und mit horizontalen Fenstern weist sogar die Loggienfarben der Marseille Unité auf. Schoßberger schien damit also der perfekte Partner für Corbusier. Allerdings geht alles sofort schief zwischen Schoßberger und Corbusier. Die Bedürfnisse des Bauherren der Unité werden von Schoßberger ernst genommen, während Corbuseirs Pläne weiterhin nicht respektiert werden. Schoßberger weist zum Beispiel einfach ab, dass alle Fenster, die Corbusier ja nicht bewilligt hatte, eben schon bestellt seien, und dass man jetzt keine Änderungen mehr vornehmen könne. Und nach ein paar Briefwechseln ist dann endgültig Stille. Schoßberger ist scheinbar verschwunden, sagt die Sekretärin. Ich kann mir nur denken, dass diese Sekretärin alleine in der Bismarckallee 18 im Grunewald saß, währen Schoßberger im Großraumbüro in der Innenstadt arbeitete. Ich meine, für jeden anderen Architekten wäre es damals das Nonplusultra gewesen, einen Anruf von Le Corbusier zu bekommen, und wer auch immer das Telefon abgenommen hätte, wäre nicht zur Ruhe gekommen, bis er jemanden gefunden hätte, der sich mit dem jeweiligen Corbusierthema auskennt. Dass Schoßberger nicht aufzufinden sei, kann deshalb natürlich gar nicht stimmen, da genau im Jahr 1957 gleich mehrere Gebäude vom Büro Schoßberger-Schwebes geplant und gebaut wurden. Schoßberger hatte sich anfangs von sich aus bei Corbusier gemeldet und als Kontaktarchitekt angeboten, nachdem bekannt wurde, dass Kontaktarchitekt Hinssen gefeuert worden war. Nichts ist bisher darüber geschrieben worden, und ich kann nur spekulieren, dass Schoßberger schon lange gute Kontakte zum Bauherren,

Abb. S. 208

▶ **Café Le Corbusier**, mit Blick Richtung Teufelsberg. **Entwurf:** Le Corbusier 1957 und Philipp Mohr, 2018.

zur Baufirma und zur Berliner Politik hatte. Immerhin war er schon 1952 zum ersten Vorsitzenden des Bund Deutscher Architekten, Landesverband Berlin, gewählt worden. 1953 wurde er dann vom damaligen Bausenator beauftragt, das Exposé für diese Internationale Bauausstellung in Berlin zu schreiben, für die Corbusier jetzt baute! Alles Weitere wäre Spekulation, aber es scheint mir so, als sei Schoßberger im kulturellen und intellektuellen Vakuum der Berliner Nachkriegszeit zu einem übermäßig mächtigen Spieler in der Architekturszene geworden. Merkwürdigerweise gibt es aber nur sehr, sehr wenig Literatur zu diesem extrem wichtigen Thema Berlins. Für mich ist es leicht zu sehen, dass der Architekt Schoßberger mit den geborgten und geklauten Ideen Corbusiers unglaublich weit in Berlin vorankam. Als Architekt kann ich gut nachvollziehen, dass Schoßberger in seiner Machtfülle dazu geneigt war, den Stararchitekten Le Corbusier komplett aus der Stadt zu verbannen. Am besten Corbusier gar nicht zur IBA einladen. Es wäre ja noch schöner, wenn Corbusier nach Berlin käme und wirklich zeigen würde, was gute Architektur und guter Städtebau ist. Und dann noch mit ganz neuen und noch besseren Ideen und noch besserer Qualität zu noch billigeren Preisen. In meinen Augen wurde Corbusiers Berliner Unitégebäude von diesem Team mutwillig sabotiert und zur persönlichen Bereicherung ausgenutzt.

Corbusiers Städtebauprojekt von 1958 wurde ja auch vom Wettbewerb mit merkwürdigen Ausreden disqualifiziert. Im Gegensatz zu diesem Team des Bauherren hatte der Berliner Senat ja in zehn langen Sitzungen alles von Corbusiers Tiefgarage, über den Dachaufbau, die Parkanlage bis zum Kindergarten und so weiter mit großer Mehrheit gebilligt und die Finanzierungen waren ja wie gesagt auch für alles da gewesen. Nicht nochmal muss man erwähnen, dass alle Berliner Beteiligten um diesen Ünitébau tiefe Verbindungen ins 3. Reich hatten und daher sicherlich eher zusammenhielten, wenn es nötig war, als sich von dem Ausländer Le Corbusier auch nur irgendetwas sagen zu lassen. Franzosen waren ja nur ein paar Jahre zuvor von Hitler noch als der Todfeind der Deutschen bezeichnet worden.

Und niemand anderes als Berlins späterer Stararchitekt Jürgen Sawade war damit beauftragt, damals noch als junger Praktikant, im Berliner Baubüro, also noch nicht mal im Architekturbüro Schoßbergers, die originalen Pläne Le Corbusiers abzuändern und zu verschandeln. Eine sehr zweifelhafte und ruhmlose Arbeit, wenn man bedenkt, was alles schiefgehen kann, aber als junger Architekt denkt man nur: Dann kannst du mal sagen, du hast mit Corbusier gearbeitet. Ich kenne das. Immerhin wurde Sawade danach als Architekt tatsächlich einflussreich und sehr bekannt in Berlin. Ein wichtiges Projekt in Berlin ist das Wohnhochhaus von Jürgen Sawade, der sogenannte Sozialpalast, in dem er gewissermaßen alles, was er auf der Baustelle des Corbusierhauses gelernt hatte, und vor allem das, was er Corbusiers Planung weggestrichen hatte, anwendete. „Sawade war an das Praktikum gelangt, weil er zufällig im selben Haus mit dem Bauherrn Müller-Reppen wohnte. Der vermittelte ihn der Firma Beton- und Monierbau, anfangs für eine Mark die Stunde, ins Baubüro – das heute noch steht –, später mit Akkordlohn zu den ‚gestandenen Zimmerleuten' der Turmkolonne, die immer ein paar Stockwerke voraus den Treppen- und Fahrstuhlkern betonierte."[75] „Ich kam ins Baubüro und musste auf Plänen irgendwelche Aussparungen eintragen. Ich habe begriffen, ich zeichne die Pläne von Corbusier um. Sie mussten frisiert werden im Rahmen des Berliner Sozialen Wohnungsbauprogramms. Langsam habe ich zu durchschauen gelernt, was nicht alles corbusierisch werden sollte und begriff, dass das eigentlich gar kein Corbusier-Haus werden kann. Am Anfang war ich noch hoffnungsvoll, ähnlich Corbusier, der irgendwann anvisiert wurde ... "[76] „Einmal kam Le Corbusier auf den Bau. 200 Handwerker gingen an die Rüstung, auf die sogenannte Westseite, da war die Anfahrt. Es kam ein schwarzer Mercedes mit Schwedler, dem Senator, und Senatsbaudirektor Stefan, der schon bei Speer gearbeitet hatte. Vorne stieg Le Corbusier aus, mit Borsalino und Fliege, gestreiftem Anzug und schwarzer Hornbrille, für die er bekannt war. Er ging auf das Haus zu. Da standen 200 Leute. ... Er nahm den Borsalino und grüßte die Männer vom Bau. Die Zimmerleute und die Betonbauer mit ihren Hämmern, die Eisenflechter mit ihren Eisenzangen – alle schlugen auf die Rüstung. Das war so emotional auch für mich – ich habe mir heimlich geschworen, so willst du werden, Junge, das ist unglaublich. Und dann ist er ganz alleine auf die erste Stüt-

▶ „**Sozialpalast**" in Berlin von Architekten Jürgen Sawade, Dieter Frowein, Dietmar Grötzebach und Günter Plessow, 1974.
Fotograf:
Philipp Mohr, 2016.

75. Rumpf, Peter: „Der Himmel hat es nicht gewollt, daß .." in: Bauwelt 19, 2007, S. 17.

76. Jürgen Sawade, Zitat, veröffentlicht in der Ausstellung im Corbusierhaus, 2015.

ze zugegangen, hat sie allseitig betrachtet, hat sie abgenommen und hat immer L.C. mit Datum dahinter geschrieben." Selbst dem Praktikanten Sawade fielen im örtlichen Baubüro die Unterschiede zwischen den Plänen aus der Rue de Sèvres in Paris und denen auf, nach denen betoniert wurde. Le Corbusier beharrte auf seinem Modulor-Maßsystem: Raumhöhe 2,26 m inklusive zweigeschossigem Wohnraum vor den Fenstern, Ladenstraße im 7. OG, freies EG nur für die Pilotis und eine verglaste Eingangshalle. Aber das sind nur wenige Details, die an dem Gebäude verändert und einfach weggelassen wurden. Noch 1957 erklärt Corbusier dem Senator für Bauwesen Schwedler mit einem Satz, den er schon mehrmals gesagt hatte, die Dringlichkeit seines Anliegens an dem Berliner Projekt, durch das er nicht nur den eigenen Namen gefährdet sieht: „Sehr geehrter Herr Schwedler, Sie haben mir vertraut. Ich habe alles getan, um ehrenhaft zu sein. Die Unité am (Heilsberger) Dreieck ist die Quintessenz aller meiner bisherigen Arbeiten der letzten 40 Jahre. Ich denke jetzt am Ende weder daran, meinen eigenen Namen noch das Ansehen Frankreichs zu gefährden."[77]

▶ **Hans Schoßberger** und Paul Schwebes, Zentrum Am Zoo, 1956. **Fotograf:** Bert Sass, 1957. **Quelle:** Landesarchiv, Berlin.

Das kann doch alles wirklich nicht wahr sein. Jedem Architekturliebhaber müssten an dieser Stelle doch sämtliche Haare zu Berge stehen. Wie kann es denn sein, dass es zum einen überhaupt so weit mit der Zerstörung Corbusiers Projekten in Berlin gekommen ist, und zum anderen, dass bisher niemand dazu etwas veröffentlicht hat? Und da regt sich das heutige „Corbusierhaus" auch noch auf, weil ich die Wohnung so original und fast perfekt im Sinne Corbusiers rekonstruiert hatte. Regelmäßig werde ich nämlich inzwischen über meine Webseite direkt kontaktiert, weil die Kontaktstelle, also der Verein des Corbusierhauses, behauptet, ich hätte da etwas sehr Schlimmes gemacht in dem Haus. Man wolle keine Führungen der Wohnung in die Wege leiten und keine Informationen weitergeben, auch keine E-mail oder Telefonnummer. Auch die internationale Presse klopft seit Jahren regelmäßig bei mir an und will herausfinden, wie und wo man die Wohnung besichtigen und filmen oder fotografieren kann, denn die offiziellen Kontakte wollen nichts mit Wohnung 258 zu tun haben. Und zudem wird auch noch von dieser offiziellen Stelle behauptet, Corbusier hätte sich am Ende doch noch zu diesem Gebäude als Urheber bekannt, was natürlich von der Fondation Le Corbusier in Paris bis heute heftig dementiert wird.[78] Nicht zuletzt schrieb Corbusier ja Dutzende Male, immer und immer wieder, dass er diesen Hausentwurf in Berlin so nicht gezeichnet hatte. Im Gegenteil: Ausschließlich mein eigenes Wohnungsdesign in Berlin ist nämlich von der Fondation als echter Corbusier zertifiziert worden! Jedes Foto davon muss daher vor Veröffentlichung von der Fondation genehmigt werden. Die Wohnung 258 von mir, Philipp Mohr, ist absurderweise der einzig originale „Le Corbusier" in Berlin!

---

77. Brief von LC an Schwedler, 1957, FLC M3-18 156T, 2.

78. Holfelder, Moritz, zwischen Vision und Funktion: Der Jahrhundertarchitekt Le Corbusier, DOM publishers, Berlin, S. 10.

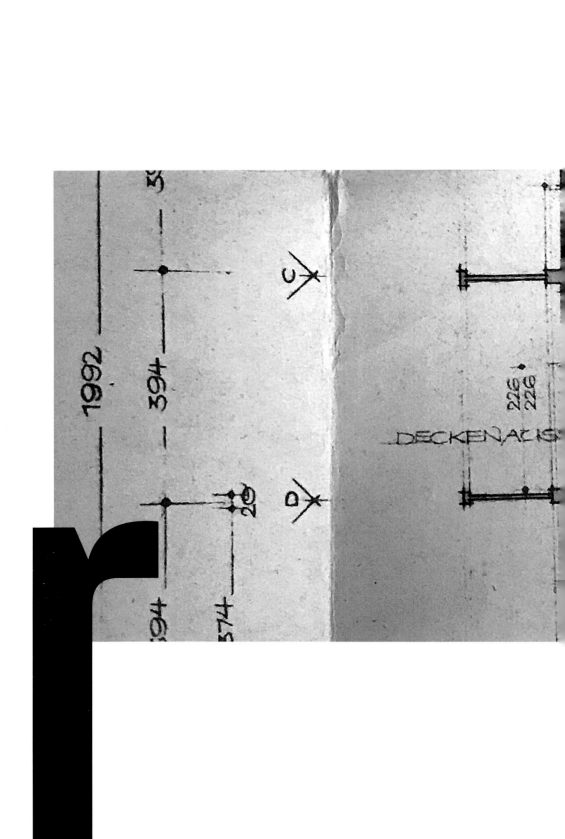

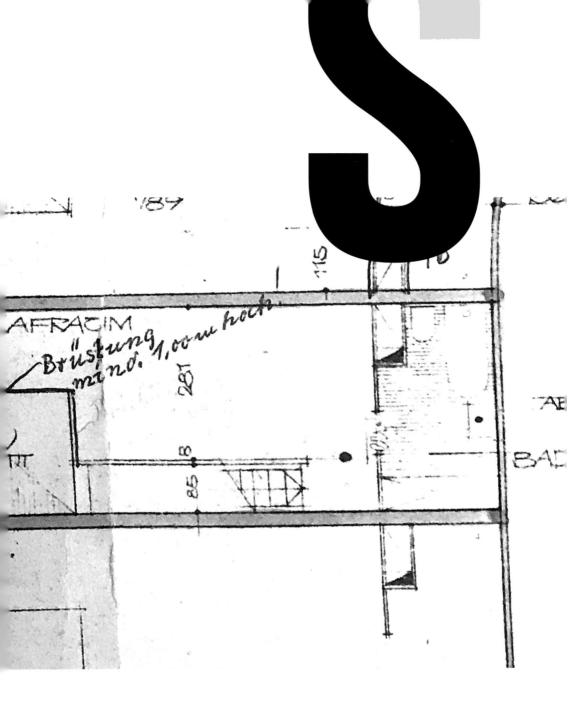

▶ **Bauplan der Unité Berlin** von Le Corbusier, 1957. Maisonettewohnung mit „Deckenausschnitt" von 226 cm x 226 cm. „Brüstung mind. 1,00 m hoch." **Quelle:** Bauamt Charlottenburg.

tagträumereien und bye bye berlin

Wie gesagt, wurde neulich durch mehrere Veröffentlichungen für die breite Öffentlichkeit enthüllt, dass Le Corbusier ein Kollaborateur der Nazis war, und auch vielen anderen politischen Gruppierungen wie Anarchisten, Kommunisten, Sozialisten und Faschisten nahestand. Und trotzdem schaffte es Corbusier damals, weiterhin die linken und sozialistischen Architekten der Welt um sich zu scharen.

Man kann nach dem Krieg fast von einem kollektiven psychologischen Trauma sprechen. Plötzlich benutzt man Kindersprache und redet von Wundern: dem deutschen Wirtschafts-WUNDER! Bis die nächste Generation heranwächst und dies alles in Frage stellt. Die Antworten aber fehlen. Die Nachkriegsarchitektur drückt diese plötzliche Amnesie aus, aber auch das Trauma und die psychotische Verrücktheit der Nachkriegsgenerationen und deren systematischen Dissoziation von ihrer Vergangenheit. Die postmodernen Architekturformen ähneln Spielzeugen.
Verneinung und allgemeine kulturelle Verwüstung finden ihren Ausdruck durch eine neue Sachlichkeit. Vergebung, Sühne, Wiedergutmachung und Zusammenarbeit mit den Völkern werden von den Deutschen nicht genügend praktiziert. Stattdessen fehlt den Alt-Nazis hier die Möglichkeit, ihre Wut und Trauer über die doppelte Kriegsniederlage, das Scheitern, auszudrücken. Sie müssen ihre politische Haltung verstecken und ihren Frust verbergen und ein nettes Lächeln aufsetzen. Sie lenken sich mit Arbeitswut und Konsum ab. Im Fernsehen läuft Propagandaunterhaltung und Werbung: Persil und der Weiße Riese aus der Waschmittelwerbung versprechen alles einheitlich weißzuwaschen. Beruhigend. Unterschwellig lebt eine Nazi-Stimmung weiter, die in allen Bereichen der Gesellschaft verschleiert ausgedrückt und praktiziert wird.

Und wir Deutschen sind nach Jahren der Besatzung und Teilung seit 1989 wieder wer und denken, wir haben Grund zu feiern: Wir sind Papst, Weltmeister, wieder ein Volk! Doch seit 2015, ausgelöst durch die Aufnahme von Millionen Flüchtlingen aus dem syrischen Kriegsgebiet, bekommt plötzlich die Politik der Rechtspartei AfD großen Zulauf. Obwohl Bundeskanzlerin Angela Merkel verspricht: „Wir schaffen das." Refugees welcome – Flüchtlinge willkommen!

In der politischen Gegenrichtung wird plötzlich alles, was unterschwellig rechtspolitisch geduldet gewesen war, aufgedeckt und massiv in Frage gestellt, und zwar nicht nur in Deutschland. Der deutsche Papst in Rom setzt sich selbst ab. Er hatte sich verplappert und zugegeben, in der Hitlerjugend gewesen zu sein. Bilder des deutschen Malers Emil Nolde verschwinden aus dem Zimmer der Bundeskanzlerin, es stellt sich heraus, er war Nazi gewesen. Berühmte Architekten wie Philip Johnson, Richard Meier, Le Corbusier, Adolf Loos, Mies van der Rohe und viele andere stehen unter Beschuss der Medien im Zeitalter des #MeToo und der Auslöschkultur. #Cancelculture. Eine neue Welle der Vergangenheitsbearbeitung, bei der vor allem die längst verstorbenen Künstler für ihre Politik bestraft werden.

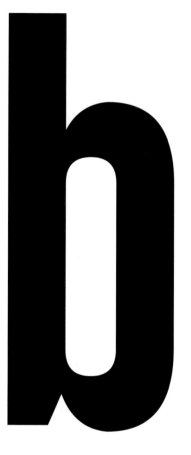

Wenn man zurückschaut, sieht man, dass die Juden vor dem Zweiten Weltkrieg einen wichtigen Beitrag zur kreativen Entwicklung leisteten, obwohl sie nur eine sehr kleine Minderheit in Deutschland waren. Man brachte sie fast alle um. Jetzt hinterlassen sie eine spürbare tiefe Schlucht in der deutschen Kultur. Ein Trauma. In Berlin gab es dann nach 1945 fast keine Kultur mehr, die wenigen verbliebenen Architekten waren fast alle aus dem alten System und hatten das moderne Bauen der 1920er Jahre vergessen und verlernt. Manche von ihnen haben bestenfalls zwölf Jahre lang modernistische Kirchen gebaut. Die Nachkriegsarchitektur ist Ausdruck eines Mangels an Kreativität und Ausbildung, aber auch an Überzeugung oder gar Reflexion. Diese innere Leere ist auch in der Ausführung und Instandhaltung des Berliner Corbusierhochhauses sichtbar.

Nach dem Krieg erhielten die führenden Personen aus dem Hitler-Regime geheimerweise große Unterstützung im Ausland, weit über 20 000 landen in Südamerika, aber auch mehr als 2000 in den Vereinigten Staaten (Operation Paperclip), wo sie als Spione und Wissenschaftler eine zweite Chance bekamen. „Entnazifizierte" Deutsche blieben aber natürlich auch in der Bundesrepublik und in der DDR in führenden Positionen, vor allem im Militär und in der Stasi, aber auch in der SED. 70 Jahre später wundert sich die Verteidigungsministerin Annegret Kramp-Karrenbauer, dass es im deutschen Militär Rechtsextremismus, Rassismus und Antisemitismus gibt.

Es scheint dem arbeitssüchtigen Architekten Corbusier egal gewesen zu sein, wie man seine Idee des neuen Menschen umsetzen würde, er baute für Stalin ebenso wie für jüdische Industrielle, Franzosen, Algerier, Japaner, Deutsche. Er nahm auch Kontakt zu Mussolini auf. Seine unterschiedlichen politischen Persönlichkeiten reflektieren die Zerrissenheit in der modernen Gesellschaft: Ein idealer Mensch und der reale Mensch passen nicht richtig zusammen. Eine gute und eine fehlerhafte Persönlichkeit stehen sich gegenüber. Ein schizophrener Zustand, der das Zeitalter der Industrialisierung mit ihrem Hang zur Atemlosigkeit und zum Überfluss widerspiegelte. Eine Gesellschaftsform, die an die Dissoziation eines Psychopathen erinnert, der in einer imaginären Realität gefangen ist, die er durch seine Süchte selbst geschaffen hat. „Sucht kommt von suchen", sagte meine Mutter immer, wenn sie mich wegen des Zigarettenrauchens kritisierte. Dabei rauchte sie ja selbst. Damals wusste ich noch nicht, wonach ich suchte und wonach wir suchten.

Gegen Ende meiner Renovierungsarbeiten in Berlin habe ich auch die letzte Therapiestunde mit meiner New Yorker Psychologin über Zoom von meinem Sofa in Barcelona aus am Laptop verbracht. „Philipp, wir sind jetzt so weit", sagte sie. „Gratulation! Das ist jetzt unsere letzte Stunde. Ich bin stolz auf dich, du hast unglaublich schwere Arbeit geleistet." Ich kann es gar nicht glauben, doch ich fühle den Erfolg dieser jahrelangen Arbeit und spüre förmlich die Überwindung meines Traumas. Mir kommen fast die Tränen, aber es ist erst ein Anfang, merke ich. Durch die Traumatherapie und meine sehr gründliche Familienforschung fand ich endlich den Kern meines eigenen psychischen Leidens und auch meiner starken Sensibilität heraus: Ich wurde 20 Tage zu früh geboren und lag damals 6 Wochen in einem Inkubator aus Plexiglas im Krankenhaus. Währenddessen wurde mir mein gesamtes Blut im Körper ausgetauscht, ohne Schmerzmittel. Durch diese Isolation in dem geschlossenen Plexiglaskasten waren alle meine Sinneserfahrungen in meinen ersten Lebenswochen abgeblockt. Vor allem aber der menschliche Körperkontakt fehlte. Damals glaubten die Ärzte in Deutschland noch, dass Babys erstens keine Gefühle hätten, und zweitens sich später sowieso an nichts erinnern könnten. Diese Fehleinschätzung der Medizin war ein Überbleibsel der Eugenie und der Rassenlehre der 30er Jahre. Heute weiß man, dass die Nachwirkungen dieser Art von Frühgeburt auf jeden Fall unglaublich schwierige psychologische Probleme mit sich bringen. Dissoziieren oder Abspalten nennt man den Mechanismus, mit dem die Kinder mit diesem überwältigenden psychologischen Ballast zurechtkommen. Meine Mutter nannte es immer Tagträumen. Gut zu wissen, dachte ich, daher reagierte ich also so sensibel auf meine Umwelt, aber auch auf soziale Konflikte und Störungen! Daher kommt auch mein Talent, mich stundenlang in meiner Fantasie zu vertiefen und mir nichtexistierende Welten und auch Architekturen vorzustellen. Die Erforschung meiner eigenen Vergangenheit fasziniert mich nach wie vor genauso wie die Untersuchung der Probleme moderner Architektur und des Städtebaus.

Den Knüller konnte ich meiner jüdischen Psychologin in New York leider gar nicht mehr mitteilen: Auf der Seite meiner Familie väterlicherseits ist tatsächlich eine jüdische Vorfahrin, die sich umtaufen ließ. Und verschiedene Gen-Tests, die ich an mir und meiner Familie durchführen ließ, bestätigen, dass ich dieser Wissenschaft zufolge tatsächlich zu 6 % jüdisch bin. Und auf der Seite meiner Mutter gibt es dagegen laut Test tatsächlich keine Juden, sondern ausschließlich bis ins Jahr 1700 zurück deutsche Katholiken und Protestanten. Diese Jüdin ist also kein Mythos in meiner Familiengeschichte, sondern eine historische Person, deren Fall in Süddeutschland sogar hohen Bekanntheitsgrad erreichte. Es war in den vergangenen Jahrhunderten üblich, dass die verschiedenen Fürsten Europas entscheiden konnten, welche Religion ihre Leibeigenen hatten. So auch 1754, als die Fürsten von Hohenzollern-Sigmaringen den ansässigen Juden befahlen, sich entweder katholisch taufen zu lassen oder das Land zu verlassen. So kam es auch, dass sich die gesamte Familie meiner Vorfahren katholisch taufen ließ. Das ist gar nicht so unüblich, und jeder Familienstammbaum wird nach gründlicher Recherche solche oder ähnliche Vorkommen enthüllen. Für die Nazis genügte es, wenn die jüdischen Großeltern sich hatten christlich umtaufen lassen, um dadurch diese Familie als „deutsch" anzuerkennen. Daher hat meine Familie diese Zeit auch überlebt. Aber natürlich ergeben sich daraus auch tiefe spirituelle Unklarheiten, Schamgefühle und Identitätskrisen, die ich jetzt endlich versuche, für mich selbst aufzuarbeiten. Dies wurde für mich alles zum Teil der Trauerarbeit, mit der ich beim Tod meiner Mutter begonnen hatte.

Gene sind unglaublich gute Faktenlieferanten in unserer Gegenwart. Wie Genwissenschaftler jetzt herausgefunden haben, sind aschkenasische Juden ja im Prinzip von ihren Genen her ohnehin hauptsächlich Deutsche. Und auch die Sprache „Jiddisch" selbst ist nichts weiter als ein deutscher Dialekt. Es war also ein ziemlich merkwürdiges Vorhaben, damals in Deutschland, die eigenen Landesbrüder und eben auch fleischlich Verwandten zu verhetzen und umzubringen. Aber wie ich immer mehr der Auffassung bin: Der schlimmste Streit der Menschheit entsteht meist unter Geschwistern. Muslime, Juden und Christen stammen ja im Prinzip laut der Bibel alle irgendwann mal von Abraham ab. Wir sind daher alle Brüder und Schwes-

▶ **Le Corbusiers Zeichnung** „Sonne und Gorgone" aus dem 1942 veröffentlichten Buch (dt. Das Haus der Menschen).
Quelle: Le Corbusier, François de Pierrefeu: La maison des hommes, Plon, Paris, 1942, S. 221.

tern. Das Abendland kann gar nicht untergehen, diese Formulierung allein ist schon das Problem. Abendland und Morgenland sind eine zusammengehörige Kultur.

Auf Seiten der Familie meiner Mutter entdeckte ich eine viel verwirrendere Identitätsverstrickung. Meine Großmutter aus diesem rein katholischen Familienstamm bekannte sich zu der Nazireligion (Sie ist als „gottgläubig" in der Heiratsurkunde vermerkt). Meine eigene Mutter wurde daher auch zunächst nicht getauft und wurde erst nach dem Krieg bereits als Jugendliche evangelisch, damit sie wohl nach der Flucht aus Westpreußen besser in das evangelische Schleswig-Holstein passte. So viele Glaubensveränderungen und Zerstörungen von Weltbildern innerhalb einer Generation können einen ja nur verrückt machen und traumatisieren. Es war eine Generation von Wölfen in Schafspelzen, die sich nur untereinander erkennen und bekennen konnten und ansonsten der Gesellschaft gegenüber Masken tragen mussten. Wie vorher schon erklärt, die Neutralität der modernen Kunst und Architektur half dieser Generation dabei, sich hinter nichtssagenden und unbedeutenden Hüllen zu verbergen und dadurch politisch zu neutralisieren. So erklärt sich dann auch für mich zumindest die neue in Beton gegossene Regierungsarchitektur in Berlin.

Meine beiden Opas kämpften im Ersten und Zweiten Weltkrieg, beide wurden verwundet, beide reisten mit ihren Truppen im Jahr 1945 auf Befehl ihres Führers Richtung Berlin, um die zerstörte Stadt vor den einmarschierenden Alliierten zu verteidigen. Nur ein Opa überlebte und sämtliche meiner Onkels waren in beiden Weltkriegen gefallen. Ein Familiendrama – ein verstecktes Trauma, welches von der Zeit und durch die verstrichenen Jahre und vor allem durch das Wegschauen nicht ausgelöscht wurde.

Ich erinnere mich an die Kinofilme, die ich über die Jahre in den USA gesehen habe, und die im Originalton eine komplett andere Bedeutung hatten als die Versionen, die man in Deutschland kennt. Manchmal reicht es aus, dem Bösewicht in Originalversionen von amerikanischen Filmen einen sehr überspitzen britischen Akzent zu geben, um ihn klar als deutschen Nazi darzustellen. Die Familiensaga *Star Wars* ist im englischen Original eindeutig ein Kampf der Kinder gegen ihren Nazivater Darth Vader. In der deutschen Vertonung erscheint diese Politik nicht so eindeutig. In *Krieg der Sterne: Episode V – Das Imperium schlägt zurück* gibt es die berühmte Enthüllung des Bösewichts: „Ich bin dein Vater." Es ist unmissverständlich das Bekenntnis des Diktators zu seinem Sohn und damit auch seiner Tochter, der Prinzessin Leia. Beide Kinder erschienen uns als die Anführer der demokratischen Republik, die gegen die faschistische Militärdiktatur Darth Vaders kämpften, nur um herauszufinden, dass sie selbst Kinder des bösen Diktators sind. Aber die Worte „Nazi" und „Faschist" sind heute längst zum sprichwörtlichen Begriff für alle Lebenssituationen geworden. Die kunterbunte Vaderfamilie repräsentiert alle heutigen Familien und Imperien der Welt. Den Hang zu Selbstverliebtheit und der Hunger nach Macht steckt in uns allen. Man muss nur den Mut haben, sich selbst und seine Herkunft selbstkritisch zu betrachten.

Viele der Kriegspropaganda- und Nachkriegsfilme Hollywoods enthalten Referenzen zu den deutschen Nationalsozialisten. Die Filme sind in den deutschen Ausgaben aber so geschickt zusammengeschnitten und ver-

▸ **Goldene Proportionen:** Nautilus Muschel in der Wohnung 258, Berlin. **Fotograf:** Didier Gaillard-Hohlweg.

tont, dass man das Thema als Deutscher nicht erkennt. Von *Casablanca* über *Indiana Jones* bis *Inglourious Basterds* bestimmt das Thema Nationalsozialismus einen großen Teil der Handlung. Wobei man beim Film *Casablanca* damals noch so weit ging, diese unschöne Haupthandlung herauszuschneiden, so dass für das deutsche Publikum als Inhalt nichts weiter als eine romantische Liebesgeschichte übrig blieb. Auch in der Synchronisation hat man einiges am Text geändert: aus den Nazis wurden Drogenhändler! Der sehr antideutsche *Inglourious Basterds* wurde übrigens nahe dem Corbusierhaus im Fort Hahneberg bei Berlin-Staaken gefilmt und der „deutsche" Hauptdarsteller ist im echten Leben ein Österreicher.

Ein Recht darauf, vergessen zu werden, musste gar nicht erst vom deutschen Bundestag verabschiedet werden, es wurde auch ohne Gesetzgebung praktiziert. Die einzigen, die dabei vergessen haben, waren allerdings nur die Deutschen selbst. Auch die deutsche Nachkriegsliteratur und der Film beschäftigten sich zwar oft mit dem Thema Zweiter Weltkrieg, aber es wird immer sehr stark das Klischee des „guten Deutschen" vermittelt, der nur Mitläufer und sogar selbst Opfer des Nationalsozialismus war, ja, dass sogar niemand die Weltkriege wollte und niemand wirklich Hitler mochte. Allen voran der verfilmte Roman *Die Blechtrommel* von Günter Grass. Auch bei Grass stellte sich später heraus, dass er im Zweiten Weltkrieg nicht ein kleines unschuldiges Kind war, wie er es in seinem Roman autobiografisch darstellte, sondern ein Mitglied der Waffen-SS. Ich sehe in diesen Arbeiten der Nachkriegsgeneration keine ehrliche Aufarbeitung, sondern immer wieder ein Verdrängen der brutalen Wahrheit. Es ist jedoch das Beste, was sie tun konnten.
Die Bibliothek meiner Mutter ist gefüllt mit den verschiedenen Werken von Günter Grass, es findet sich auch Spengler „Untergang des Abendlandes" und auch vieles zu Olympia 1936. Es macht für mich jetzt auch Sinn. Meine Eltern sind vor und auch noch lange nach dem Ende des 2. Weltkrieges mit der Naziideologie aufgewachsen. Jetzt erst diskutiere ich es auch zum ersten Mal ehrlich mit meiner Familie. Deutschland war bis 1968 nicht wirklich entnazifiziert worden. Das erklärt für mich auch das Wiederaufleben der extrem rechten Politik in den vergangenen fünf Jahren. Die extreme Rechte war nur unter einer modernen Oberfläche versteckt gewesen und ist jetzt wieder klar sichtbar. Es ist von mir keine Anschuldigung, sondern ein Aufruf an die Deutschen, sich erneut und mit viel Mut die eigene Vergangenheit anzuschauen, bevor sie sich heute wieder von den Populisten verleiten lassen. Man kann zum Beispiel die NSDAP-Mitgliederkartei der Großeltern beim Bundesarchiv beantragen, auch die Militärakten, und mit der Familie zusammen Forschungsarbeit treiben. Nur wenige Menschen, mit denen ich über das Thema gesprochen habe, sind sich im Klaren, was sich in ihrer Familie wirklich zugetragen hat. Zu häufig habe ich von meinen Mitmenschen die Geschichte gehört, dass der Opa irgendwann im Krieg etwas Gutes getan hat und dann verschwunden ist und nach dem Krieg plötzlich wieder aufgetaucht ist. Bundeskanzler Helmut Kohl verteidigte die alte Generation und verschloss damit die Auseinandersetzung mit der Vergangenheit über Jahrzehnte. Er selbst war, wie viele andere deutsche Politiker auch, in der Hitlerjugend und der Wehrmacht gewesen. Er nannte die Diskrepanz zwischen den „schuldigen" Vorfahren und der „unschuldigen" nachkommenden Generation einfach die „Gnade der späten Geburt". Ein Totschlagargument, denn ich verstand es immer so, als hätte ich gar kein Recht darauf, diese

Abb. S. 38

▸ **"Rundblick vom Teufelsberg; links:** Le Corbusier-Wohnhochhaus am Heilsberger Dreieck."
Fotograf: Hans Seiler, August 1966. **Quelle:** Landesarchiv Berlin.

unerträgliche Vergangenheit und den deutschen Vernichtungskrieg gegen die Nachbarn kritisch neu zu erforschen. Später verband Kohl die beiden Teile Deutschlands mit dem schlichten und geschickt-unpolitischen Versprechen auf „blühende Landschaften". Gras drüber wachsen lassen, nennt man das auch auf gut Deutsch.

Die Lösung aller psychologischen Probleme ist rigorose Ehrlichkeit, lernte ich in der Therapie. Ich denke, die Zeit heilt, wenn man die Wunden in Ruhe lässt, und wenn man es schafft, lange genug zu überleben: „You're as sick as your secrets." Du bist nur so krank wie deine verdrängten Geheimnisse, die du mit dir herumschleppst. Scheinbar bin ich unglaublich hart gesotten. Ich lebe! Es gibt nur das Hier und Jetzt! Wunder gibt es nicht! Himmel, Hölle und Märchen existieren nicht! Und Probleme lösen sich nicht einfach in Luft auf.

Als Hannah Arendt dem Prozess gegen den Naziverbrecher Otto Adolf Eichmann beiwohnte, war sie Zeugin einer „Banalität des Bösen" und zog den Schluss, dass kein Mensch das Recht habe, bedingungslos zu gehorchen. Ich lerne, dass Fakten etwas mit mentaler und emotioneller Gesundheit zu tun haben. Aus meiner Lektüre für meine Therapie weiß ich inzwischen zu gut: „Gefühle sind keine Fakten." Ich denke sogar andersherum: nur auf Fakten und Wahrheiten und nicht auf Mythen und Verdrehungen baut sich auch ein gesunder Geist auf. Um harte Fakten ging es mir daher auch in diesem Buch. Um Dokumente, Bauten und Rekonstruktionen. Wie in Beton gegossen und schwarz auf weiß gedruckt. Ich denke, alles Schreiben ist am Ende nichts anderes als eine Form von Inventur. Das Aufschreiben bringt Klarheit. Schreiben macht gesund!

Sind wegen meines Traumas und dem Dissoziieren wohl diese minimalistischen Glaskästen und weißen leeren Räume der modernen Architektur so zutiefst interessant für mich gewesen? Ja, sie gaben mir sogar Glücksgefühle! Der Anblick schöner moderner Gegenstände wirkte auf mich beruhigend.

Inzwischen kann ich aber dazu stehen, dass ich eher ein ruhiger Mensch bin, obwohl ich das nie von mir selbst gedacht hatte. Eine Stunde lang alleine ein Buch zu lesen, ist für

mich erholsamer als eine Party mit tausend Leuten. Tagträumen. Wie zitierte Corbusier nochmal Blaise Pascal? Alles Unglück kommt von der Tatsache, dass Menschen nicht genug Zeit in ihrem Zimmer verbringen. Die Corbusierwohnung hat mich zurückgeführt zu einem farbigen und bunten Leben. Die Farbe Gelb ist inzwischen meine Lieblingsfarbe geworden. Ich fühle für Le Corbusier und denke, dass ich ihm mit diesem Text eine Stimme gegeben habe. Nach meiner jahrelangen Recherche zum Corbusierhaus bin ich heute mehr als zuvor erschüttert über die kontinuierliche Vernachlässigung, Zerstörung und Schändung dieses Hauptwerks des wichtigsten Architekten unserer Zeit. Nach seinem letzten Deutschlandbesuch, bei dem er die Baustelle des Wohnhauses und auch die Eröffnung einer großen Berliner Corbusierausstellung besuchte, schrieb er von Paris aus einen verzweifelten Brief an die deutsche Presse. Gedruckt wurde dieser Brief leider bisher nicht. Der Leser ist von Corbu flehend dazu angehalten, sich mit der unmenschlichen Art und Weise auseinanderzusetzen, mit der man ihn selbst und sein architektonisches Werk in Berlin behandelt hatte:

„Zur Beachtung des Publikums: Ich fordere die deutsche öffentliche Meinung auf, sich über die willkürliche Verfälschung meiner Pläne im Zeitpunkt der Ausführung der UNITÉ D'HABITATION am Heilsberger Dreieck zu äußern. Meine Pläne sind das Ergebnis von Überlegungen, Studien, unermüdlicher Versuche und Erfahrungen seit dem Jahre 1907, d. h. während der vergangenen 50 Jahre. Sie haben die UNITE D'HABITATION ins Leben gerufen. Die gegenwärtige Ausstellung zeigt diese lange Sucharbeit in den Plänen des Städtebaus, der Wohnungen, der Konstruktionstechnik, der Soziologie und der Ästhetik (Biologie der Architektur). Hat man in Berlin das Recht, trotz aller loyalen Proteste der Behörden, das Werk eines Gastes – eines Menschen, dem man die Ehre erwiesen hat, mit einem derartig außergewöhnlichen Auftrag zu betrauen – in solch einer Weise zu entstellen?

Paris, den 28. August 1957.
Le Corbusier."[79]

Vergl. S. 194

79. Le Corbusier, öffentlicher Brief vom 28. August 1957 zur Ausstellung LE CORBUSIER in Berlin. Fondation Le Corbusier M3 16.

▶ **Le Corbusier** mit Modell einer Unité d'Habitation. **Quelle:** Fondation Le Corbusier.

▸ Le Corbusiers Plan für Meaux, gezeichnet von Augusto Tobito, 17.10.1957. Quelle: FLC.

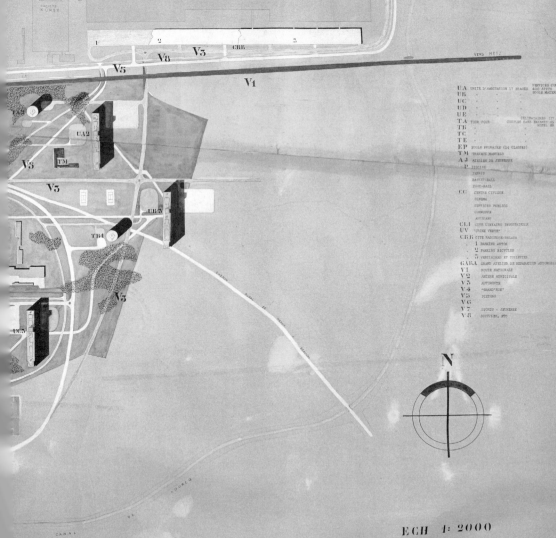

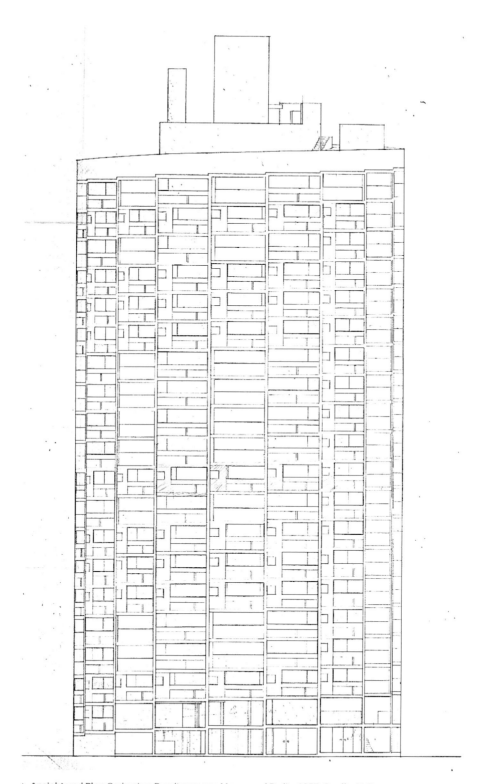

▶ **Ansicht und Plan** Corbusiers Rundturms von Meaux und Berlin, 1957. **Quelle:** FLC.

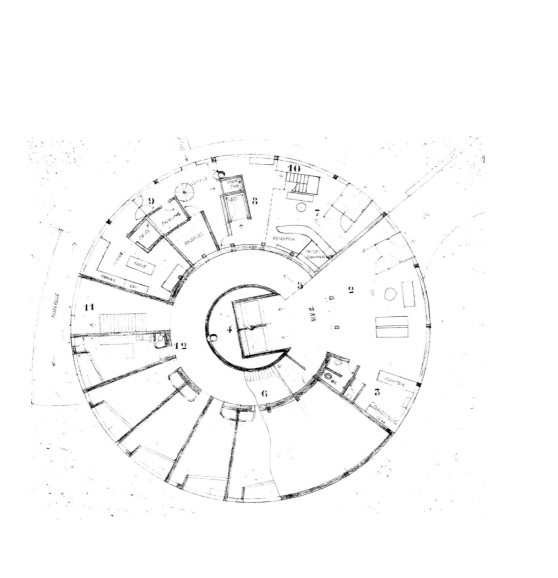

▸ **„Baustelle für das Corbusier-Haus** (17-geschossiges Wohnhaus)"
Fotograf: Willy Kiel, 9. Mai 1957. **Quelle:** Landesarchiv Berlin.

berlintext:
UNITÉS D'HABITATION DE GRANDEUR CONFORME[1]

LE CORBUSIER

---

1. Der nachfolgende Text vom 1. April 1957 wurde von Le Corbusier ursprünglich für die 1958 im Berliner Verlag für Fachliteratur erschienene Broschüre Le Corbusier Wohneinheit „Typ Berlin" von Frithjof Müller-Reppen verfasst. An dieser Stelle zum ersten Mal veröffentlicht, mit freundlicher Genehmigung der Fondation Le Corbusier (FLC), Paris. Die von Le Corbusier geprägte Bezeichnung Unités d'Habitation de Grandeur Conforme wird nie ins Deutsche übersetzt. (Anm. d. Hg.)

1907

Ich bin 19 Jahre alt. Meine erste Fühlungnahme mit Italien. Im Herzen der Toskana erhebt sich die Kartause von Ema² mit den Zinnen ihrer Mönchszellen auf einer ungeheuren, steil abfallenden Festungsmauer. Zwischen jeder Zinne befindet sich ein in der Tiefe verborgener Garten, von außen nicht einzusehen und keinen anderen Ausblick gewährend als auf den weiten toskanischen Horizont. Die Unendlichkeit der Landschaft – Alleinsein mit sich selbst. Dahinter liegt die Zelle, durch einen Kreuzgang mit den anderen Zellen, mit dem Refektorium und der Kirche in der Mitte verbunden. Ein wunderbares Gefühl von Harmonie überkommt mich. Ich begreife, dass eine echte menschliche Sehnsucht gestillt ist: Schweigen, Einsamkeit; jedoch ebenfalls der Austausch, die tägliche Berührung mit den Sterblichen und gleichzeitig die nahe Beziehung zu den Offenbarungen des Unfassbaren.

1910

Rucksackwanderung während sieben Monaten: Prag, Wien, Budapest, Balkan-Serbien, Rumänien, Bulgarien, Rumelien³, europäische Türkei, asiatische Türkei, Athen, Delphi, Neapel, Rom und Florenz. Im siebten Monat (Oktober) bin ich wieder in der Kartause von Ema angelangt. Diesmal habe ich gezeichnet, so sind mir die Dinge besser eingegangen … und ich bin ins Leben gestartet, für den „großen Kampf". Ich war 23 Jahre alt. Das war ein erster Eindruck von Harmonie in der Kartause von Ema, das Urwesentliche sollte mir jedoch erst später aufgehen – die immerwährende Forderung an den Scharfsinn der Menschen, die Gleichung zu lösen: Die Zweiheit „Individuum – Kollektivität". Jedoch gibt das Resultat eine ebenso entscheidende Lehre, nämlich: um einen großen Teil der menschlichen Probleme zu lösen, braucht man Ort und Raum.⁴ Und das ist Architektur und Städtebau. Die Kartause von Ema war ein Ort, und die Räume waren vorhanden, angelegt nach der schönsten architektonischen Biologie. Die Kartause von Ema ist ein Organismus. Der Ausdruck „Organismus" ist mir ins Bewusstsein gedrungen. Jahre vergingen …

1922

[Marcel] Temporal, Präsident der ersten Städtebauausstellung in Frankreich, die im Rahmen des *Salon d'Automne* stattfinden soll, bittet mich, an dieser Ausstellung teilzunehmen!

Ich war Gründer (1919) und Direktor (1920–1925) des *L'Esprit Nouveau*⁵. An dieser Stelle veröffentlichte ich 1920–1921 die zehn oder zwölf Artikel, die 1923 in dem Buch *Vers une Architecture*⁶ zusammengefasst wurden … Ich frage Temporal: „Was ist Urbanismus?" – „Nun", antwortete er, „wie es das Wort andeutet, Urbanismus, das ist alles, was das Schauspiel der Stadt, der Straße ausmacht: die Fassaden, die Läden, die Leuchtschilder

---

2. Dieses italienische Kartäuserkloster bei Florenz hat verschiedene Namen und ist daher leicht zu verwechseln. Die offizielle italienische Bezeichnung lautet Certosa di Val d'Ema oder Certosa del Galluzzo. Die Ema ist ein kleiner Nebenfluss des Arno. Daher der französische Name Chartreuse du Val d'Ema. Le Corbusier verkürzte diesen Namen zwar zu Chartreuse d'Ema, behielt aber den Bezug zu dem kleinen Fluss bei. (Anm. d. Hg.)

3. Rumelien ist im Jahr 1910 die nicht mehr übliche Bezeichnung für Griechenland und Teile des Balkans, die bis dahin den Westteil des Osmanischen Reiches bildeten. Allerdings könnte hier auch Mazedonien gemeint sein, das erst im Zuge des Ersten Weltkriegs an Griechenland überging. (Anm. d. Hg.)

4. Die Hervorhebungen stammen vom Autor selbst. (Anm. d. Hg.)

5. L'Esprit Nouveau war der Titel einer von dem französischen Maler Amédée Ozenfant und Le Corbusier gemeinsam mit Paul Dermée und Michel Seuphor zwischen 1920 und 1925 herausgegebenen Avantgarde-Zeitschrift, die ein breites Themenspektrum abdeckte und deren eigentliches Ziel die Verbreitung ihrer Ideen zur Malerei und Architektur darstellte. (Anm. d. Hrsg.)

6. Die deutsche Ausgabe des Buches erschien 1926 unter dem Titel Kommende Baukunst bei der Deutschen Verlags-Anstalt; die französische Erstausgabe war 1923 im Verlag Crès in Paris erschienen. (Anm. d. Hg.)

▸ **Das Kloster von Ema**, Außenansicht. Die einzelnen Häuser bilden die Mönchszellen. Die dazwischenliegenden Räume bilden die privaten Gärten der Mönche. **Quelle:** Certosa del Galluzzo, Florenz.

▸ **Der Parthenon von Athen.** Handzeichnung Le Corbusiers im Skizzenblock von 1910. **Quelle:** FLC_CA_VO_carnet 3,123.

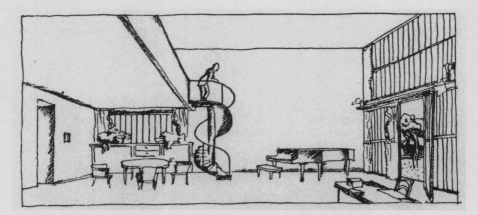

▶ **Le Corbusier und Pierre Jeanneret**, Innenraum eines „Citrohan"-Wohnhauses.
Quelle: Le Corbusier: Vers une Architecture, 1923, Seite 200.

und die anderen, sogar bis zum Ansatz der Treppenhandläufe, der von der Straße aus zu sehen ist. Und selbstverständlich auch die Brunnen und noch anderes mehr."- „Ich werde Ihnen also ein 110 qm großes Diorama mit einem großen Brunnen machen und hinter dem Brunnen eine *Moderne Stadt mit drei Millionen Einwohnern.*"

Vier Monate später weihte man im Grand Palais, in der Achse der großen Eingangskuppel, den Stand der modernen Stadt von drei Millionen Einwohnern ein. Ohne Brunnen!!! Jedoch auf 25 m Länge ein Diorama, das eine moderne Theoriestadt darstellt. Mit dem Geschäftszentrum, den öffentlichen Anlagen, den Wohnvierteln. Letztere, unter Verwendung moderner Techniken, nehmen an Höhe (50 m) ein, was sie sonst an Flächenausdehnung beansprucht hätten; sie bilden auf diese Weise eine *grüne Stadt.* Grundsätze, die sich in der Folge regelmäßig entwickeln konnten und die ihren Platz erobert haben.

Diese Wohnviertel verkörperten von dieser Zeit an den Begriff der *Unités d'Habitation de Grandeur Conforme* in zwei verschiedenen Formen: Erstens die *redans* – abgestufte Zeilenbauweise, bestehend aus sechs Doppeletagen ohne Innenhof; zweitens die *lotis-*

sements fermés – geschlossene Siedlungen, die einen Park umrahmen, der in etwa so groß ist wie das Palais Royal in Paris.

Das Prinzip dieser *Unités d'Habitation de Grandeur Conforme* war das Übereinanderlegen von Innenstraßen, die mit dem Erdboden durch vertikale, mechanische Verkehrswege verbunden sind. Die größte zu Fuß zurückzulegende Entfernung in den Innenstraßen vom Aufzug zu einer Wohnung beträgt 100 m. Das gilt sowohl für die *lotissements fermés* als auch für die *redans*.

Genauso wären ebenso viele *vertikale Wohngemeinschaften* beschaffen (ohne Politik), die den Aufgaben der täglichen 24 Stunden des Sonnenkreislaufes angemessen sind: Eine Sonne geht auf, eine Sonne geht unter, eine Sonne geht von Neuem auf. Die 24 Sonnenstunden sind ein Zyklus, in dem Harmonie herrschen muss. Herrscht sie nicht, dann ist nichts in Ordnung, dann ist alles noch in Unordnung.

Die 50 m Höhe, die 100 m Entfernung von den Aufzügen ergaben die Zahl von 2000 bis 2500 Einwohnern für jede *Unité d'Habitation de Grandeur Conforme.* 2000 oder 2500 Einwohner erlauben nunmehr die Organisation von Hotel- und anderen Betrieben.

Unsere Beteiligung am *Salon d'Automne* von 1922 legte das sehr ausgearbeitete Detail der *Immeuble-Villa – Mietshaus-Villa*

---

7. Ein Diorama war im 19. Jahrhundert ein sehr populäres Ausstellungsmittel mit Malereien von Panoramen auf gigantischen Leinwänden in eigens dafür gebauten runden Gebäuden. Dem von Le Corbusier gestalteten Pavillon ist daher neben dem kubischen Gebäude ein kreisrundes Gebäude angeschlossen. (Anm. d. Hg.)

8. Das französische redans wird manchmal auch als Zahn- oder Zickzackblöcke übersetzt. (Anm. d. Hg.)

---

9. Geschlossener Siedlungsblock. (Anm. d. Hg.)

10. Wohnblock aus gestapelten Einfamilienhäusern. (Anm. d. Hg.)

dar, ein Wohnungstyp, der auch von einem Hoteldienst übernommen werden kann. In diesem Augenblick tauchte eine vollkommen neue Anschauung der Großstadtwohnung, der Architektur des Mietshauses sowie der Technik und der Ästhetik der Wohnung auf. Die „Naturgegebenheiten" konnten wiederhergestellt werden. Die Sonne beherrschte von nun an das Leben der Menschen. Die Straße war nicht mehr am Fuß der Häuser; der Fußgänger war vom Auto getrennt. Ich wurde als Menschenfeind verschrien, weil ich behauptete, dass die Autos (mit deren Herstellung man in den ehemaligen Flugzeugfabriken vom Krieg 1914–1918 begann) bestimmt wären, die Städte zu überfluten, die Straßen zu verstopfen, das Leben verabscheuungswürdig zu machen. 1922!

Diese Art des Städtebaus des *Salon d'Automne* von 1922 trug mir die Freundschaft von Blaise Cendrars ein. Er entdeckte mich am Tag der Einweihung, wie ich die letzten Nägel für das Diorama einschlug. Das, was wir ankündigten, begeisterte ihn. Blaise Cendrars hat eine große Rolle gespielt für die Ausdrucksweise der modernen Zeit.

Doch Geduld ist nötig! ...

Immer noch im gleichen Stand befand sich das sogenannte „Citrohan"-Haus (um nicht Citroën zu sagen), dessen Anfänge bis 1920 zurückreichten. Dieses Haus, das schon auf Stützen stand, warf das Problem der *Standardisierung* und der *Serienkonstruktion* auf. Schrecken und Gräuel! Bei Gott, welche Ausdrucksweise!

1927 war dieses sogenannte „Citrohan"-Haus eines von den beiden, die wir in Stuttgart in der Weißenhofsiedlung bauten. 1956 erfuhr ich, dass die Stadtverwaltung von Stuttgart diese beiden Häuser in der Weißenhofsiedlung zu historischen Denkmälern erklärt hatte, stolz (so sagte man mir), sie zu besitzen, und immer noch stolz darauf, sie schon vor dreißig Jahren erhalten zu haben.

Abb. S. 206

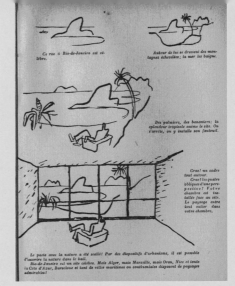

▸ **Ausblick** aus einer idealen Le-Corbusier-Wohnung auf die umliegende Landschaft.
Quelle: Le Corbusier, The Home of Man, 1948, Seite 87.

1925

Abb. S. 199

„Internationale Ausstellung der dekorativen Künste in Paris". Der Pavillon des „Esprit Nouveau" ist nach den Plänen von 1922 gebaut. Er stellt die Zelle einer *Immeuble-Villa* in Naturgröße dar, mit der gesamten Inneneinrichtung. Dieser Pavillon hatte die heftigsten Stürme von Seiten der verantwortlichen Ausstellungsleitung zu erdulden. Er bildete einen architektonischen Markstein in der modernen Zeit und einen anschaulichen Kontrast zum Dekorationsgeist der übrigen Ausstellung. Die schärfsten ästhetischen Probleme waren aufgeworfen, vom antidekorativen Gegenstand, den Sitzmöbeln, den als Möbel dienenden Regalen, den Serienindustrieobjekten, bis zu den Gemälden von Picasso, Braque, Gris, Léger, Le Corbusier und Ozenfant. Die große Neuerung der Polychromie kam hier in einer machtvollen Symphonie zum Durchbruch. Diese Polychromie konnte nur aus dem *plan libre* (= ungebundener Grundriss) entstehen, ermöglicht durch Stahl und Beton und folglich erkannt, vorgestellt und verwirklicht werden nur von einem mit den Problemen der Farbe vertrauten Architekten. Die internationale Jury wollte diesen Pavillon durch Erteilung der höchsten Auszeichnung hervorheben. Der Präsident dieser Jury war jedoch dagegen und erklärte: „Es ist nichts von Architektur daran zu sehen!"

1929

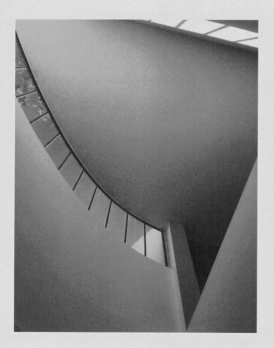

Überseereise. Buenos Aires, Rio de Janeiro. Die Unordnung der Städte in der ganzen Welt ist erschreckend. Die Darlegung der Aufgaben und Pflichten des Architekten in zehn improvisierten Vorträgen in Buenos Aires gibt mir die Gelegenheit zu einer zyklischen Stellungnahme. Auf der Rückreise arbeite ich auf dem Schiff (Rio – Bordeaux) das Buch über diese zehn Vorträge aus: *Précisions sur un état présent de l'architecture et de l'urbanisme*[11].

Ich skizziere die Hauptideen der städtebaulichen Neuplanung für Buenos Aires, Montevideo, São Paulo, Rio de Janeiro. Nach Paris zurückgekehrt, nehme ich das Angebot der unentgeltlichen Dienste von vier jungen Leuten der *École Boulle* (Möbelschule) an und beschließe, den in Südamerika erworbenen Auftrieb ausnützend, 20 Blätter über städtebauliche Gesetze auszuarbeiten. Diese 20 Blätter stellen 1935 die theoretische Grundlage für *La Ville Radieuse* (dt. *Die strahlende Stadt*) dar, ein Ausdruck, der seitdem in die Herzen der Menschen unserer Zivilisation eingegangen ist. Diese Blätter tragen die Bezeichnung „V.R.". Auf die Frage eines meiner Hauptmitarbeiter: „Was ist das – ‚V.R.'?", antworte ich: Ville Radieuse. „Wieso ‚Ville Radieuse' – was soll das heißen? Nenn es doch eher ‚Die Lokomotive', denn es läuft und es funktioniert." Ich antwortete ihm: „Nein! Ich halte an ‚Ville Radieuse' fest, denn meine Gegner beschuldigen mich, Kasernen zu bauen und Konzentrationsstädte für Termiten und Roboter zu fördern. Diese Leute werden, bevor sie mich beschuldigen, diese Pläne sehen müssen, sie betrachten, sie studieren. Und danach werden sie sehen, dass diese Stadt ‚strahlend' ist. Der Ausdruck ist schön, und ich halte daran fest." In *La Ville Radieuse* zeigt Blatt 7 die Synthese einer *abgestuften Zeilenbauweise* und einer *geschlossenen Siedlung*. Nach und nach bestätigte sich das alles.

---

11. Die französische Originalausgabe erschien 1930 im Pariser Verlag George Crès & Cie. Die deutsche Ausgabe erschien unter dem Titel Le Corbusier 1929 – Feststellungen zu Architektur und Städtebau als Band 12 der Reihe „Bauwelt Fundamente" 1964 bei Ullstein. (Anm. d. Hg.)

▶ **Außenansichten des Pavillons** *L'Esprit Nouveau* von Le Corbusier und Pierre Jeanneret für die Herbstausstellung 1925 in Paris. Der abgebildete Pavillon wurde 1977 von Giuliano und Glauco Gresleri sowie José Oubrerie im italienischen Bologna rekonstruiert. **Quelle:** *Les Couleurs*® Le Corbusier

1930–1942: Sieben aufeinanderfolgende Pläne zur Neuplanung von Algier.

1933: Neuplanung von Stockholm, Norrmalm-Viertel.

1933: Neuplanung des linken Ufers der Schelde in Antwerpen.

1935: Drei Monate in den Vereinigten Staaten, organisiert von der Rockefeller-Stiftung 23 improvisierte Vorträge in 23 Städten des Ostens und Mittleren Westens über Architektur und Städtebauprobleme, um die damals in den USA herrschende verschlafene Architekturerziehung wachzurütteln.

Ein Buch ist über diese Reise erschienen: *Quand les Cathédrales étaient Blanches (Voyage au pays du timide)*[12]. Ein Kapitel in diesem Buch heißt: „Die Obrigkeit ist schlecht unterrichtet."[13] Das Amerika, das die Folgen der maßlosen Depression von 1929 durchstand, steht vor einer ungeheuren Arbeitslosigkeit. Die Obrigkeit beschloss, viergeschossige Wohnhäuser zu bauen, um die Arbeitslosen zu beschäftigen und (außerdem) die „Aufzüge zu sparen" ... Die Lehre ist leider falsch.

Noch einmal formuliere ich die Binsenwahrheiten über die *Unités d'Habitations de Grandeur Conforme* in einer vierstündigen Unterredung mit Herrn Berle[14], einem der Finger der rechten Hand des Präsidenten Roosevelt, Mitglied des *Brain Trust*.[15] Herr Berle sagt mir: „Gehen Sie doch zum Präsidenten."

Ich habe noch viel zu sagen: Vorhersage der Notwendigkeit von Plänen und Projekten, Vorhersage der Zellenreform des Stadtnetzes von New York, Vorhersage der Umgestaltung von Manhattan, d. h. eine neue zweckdienliche Stadt auf Manhattan, prophetischer Hinweis auf den neuralgischen Punkt: Die 42. Straße am East River. 1946 nehme ich teil an der Kommission zur Ermittlung des Grundstücks für die Errichtung des Sitzes der Vereinten Nationen in New York. Die Generalversammlung vom Dezember 1946 akzeptiert das vorgeschlagene Terrain zwischen der 42. und der 47. Straße. (und so fort ... es wäre noch viel über das Abenteuer vom Bau des Sitzes der Vereinten Nationen in New York zu erzählen!!!).

1935: Plan von Manhattan.

1939: Plan von Buenos Aires.

---

12. dt. Als die Kathedralen weiß waren (Reise in das Land der Ängstlichen). (Anm. d. Hg.)

13. „L'Autorité est mal renseignée".

14. Adolf Augustus Berle (1895–1971) war ein US-amerikanischer Politiker, Jurist, Hochschullehrer und Autor. (Anm. d. Hg.)

15. Brain Trust bezeichnet ein Gremium von Experten in wissenschaftlichen oder politischen Schlüsselpositionen, die ihr Wissen gemeinschaftlich zur Beratung der Regierung einbringen. Bekannt wurde der Begriff vor allem während der Präsidentschaft von Franklin D. Roosevelt. (Anm. d. Hg.)

▶ Le Corbusier und Pierre Jeanneret, Modell für eine Neuplanung **der Stadt Algier** in Algerien, 1930.
Quelle: Fondation Le Corbusier, Paris.

1942–43–44: Gründung und Tätigkeit der ASCORAL (*Assemblée de Constructeurs pour une Rénovation Architecturale* – Vereinigung von Konstrukteuren zur Erneuerung der Architektur). Uneigennützige Untersuchung von Leuten aller Disziplinen, in elf Arbeitsgruppen aufgeteilt. Alle 14 Tage kommen die Gruppen zusammen. Die Doktrin zeichnet sich immer mehr ab. Die Grundrisse und Schnitte der *Unités d'Habitation de Grandeur Conforme* werden immer deutlicher. Neue Formen treten auf außerhalb der **abgestuften Zeilenbauweise** und der **geschlossenen Siedlungen**. Der Plan von Nemours (Afrika) zeigt das Ergebnis davon. Andere Theoriewerke wurden veröffentlicht, die das Problem der Behausung weiterentwickeln: *Manière de Penser l'Urbanisme*[16], *Propos d'Urbanisme*[17].

1946

Der erste Wiederaufbauminister, Raoul Dautry, fragt an: „Wollen Sie in Marseille eines von Ihren Gebäuden bauen?" Antwort: „Ja, Herr Minister, unter der Bedingung, von allen örtlichen Vorschriften dispensiert zu sein." „Einverstanden." So begann ein pathetisches Abenteuer. Es dauerte mehr als sechs Jahre, erregte tollste Leidenschaftlichkeit, die beispiellosesten Feindseligkeiten. 1953 wurde die *Unité d'Habitation* in Marseille eingeweiht. Seither kommen Besucher aus aller Welt und während des ganzen Jahres dorthin.

---

16. Le Corbusier: Manière de Penser l'Urbanisme, Éditions de l'Architecture d'Aujourd'hui, Collection ASCORAL, Boulogne-sur-Seine, 1946.

17. Le Corbusier: Propos d'Urbanisme, Éditions Bourrelier & Cie, 1946. Die deutschsprachige Ausgabe erschien unter dem Titel Grundfragen des Städtebaues bei Hatje, Stuttgart. (Anm. d. Hg.)

▶ Le Corbusier und Pierre Jeanneret, 1922: **Projekt für eine Immeuble-Villa** – ein Hochhaus mit zweigeschossigen Wohnungen und großen Balkonen. Ein Modell für eine dieser Maisonettewohnungen stellt der Pavillon der Pariser Herbstausstellung von 1925 dar. Der runde Teil des Pavillon enthält das Wandbild der „Modernen Stadt von drei Millionen Einwohnern". **Quelle:** Fondation Le Corbusier, Paris.

Der Wiederaufbauminister Claudius Petit will 1951, dass ich das südliche Marseille über ungefähr 16 km² plane. Mein Plan liefert Angaben, die ich für äußerst wichtig halte für die nötige und ausreichende Gruppierung der *Unités d'Habitation de Grandeur Conforme*, gemäß dem am Boulevard Michelet errichteten Typ. Es handelt sich also hier um Wohnungen für Haushaltungen ohne Dienstboten oder solche, die keine wollen. Der Grundriss (Typ Marseille Michelet, Nantes oder Berlin) stellt eine unerhörte Einsparung an Wegen und Zuleitungen dar. Gleichzeitig entsteht ein vollkommen neues Element: die neue *Unité* für Junggesellen, als runder Turm. Es ist ein sehr wichtiges soziales Problem: die Wohnung des Junggesellen, oder des Ehepaares ohne Kinder, als spezifisches und angemessenes Obdach. Nun ist also ein neues Spiel eingeführt, von ästhetischer und plastischer Beschaffenheit: „Der Kontrast im

Abb. S.128

Raum von runden Elementen und den prachtvollen rechtwinkligen Körpern der *Unités de Grandeur Conforme.* Eine plastische Lösung von gewaltiger Wirkung, von hoher poetischer Ausdruckskraft.

Von da an ist alles sehr schnell gegangen. Nach der Schlägerei von Marseille Michelet wurde die *Unité d'Habitation* in Rezé-lès-Nantes in 18 Monaten zum legalen Preis der H.L.M.[18] gebaut. (Leider erhielt Rezé wegen widriger administrativer Umstände nicht genügend allgemeine Einrichtungen). Und jetzt, Briey-en-Forêt, das die Gültigkeit der vertikalen Gemeinschaft zeigt (ohne Politik), für jede soziale Schicht und gleichgültig, an welchem Ort. Ist es nicht in Wirklichkeit das Prinzip, die erdrückenden Lasten der Hausfrau zu erleichtern durch angemessene Organisation der allgemeinen Einrichtungen für die Pflege der Kinder, die Versorgung mit Lebensmitteln, für die Jugend usw.. ... So wird häusliche Ruhe geschaffen.

Nach Briey-en-Forêt ist es in Berlin am „Heilsberger Dreieck" auf dem Olympiahügel, und gleichzeitig mit Berlin ist es Meaux bei Paris. Ein Projekt mit 17 *Unités d'Habitation*, Typ Marseille Michelet, sechs Türme für Junggesellen und kinderlose Ehepaare, in Verbindung mit einer modernen Industriezone, die gleichzeitig geschaffen werden soll, ein demonstratives Beispiel einer *linearen Industriestadt.*

Eine der entscheidenden Arbeiten der ASCORAL war die Besprechung und danach die gemeinsame Abfassung des Buches *Les Trois*

18. Habitation à loyer modéré (HLM): in Frankreich und der Schweiz Bezeichnung für den sozialen Wohnungsbau (Anm. d. Hg.)

Établissements Humains[19]. Das Buch befasst sich mit der vernünftigen Bodennutzung durch eine technische Zivilisation in Form von drei Anlagen:

1. die landwirtschaftliche Produktionseinheit,
2. die lineare Industriesiedlung,
3. die radiokonzentrische Stadt des Austausches, Regierung, Ideen, Waren

Bis jetzt genügten zwei Anlagen: Die landwirtschaftliche Siedlung (ohne Maschinen) und das ausstrahlende Stadtzentrum des Austausches.

Die Einführung der modernen Industrie hat diese Zweiheit gesprengt, das Unheil der Randviertel hervorgerufen, das Unheil der täglichen sinnlosen Transporte, die fantastische Vergeudung, die *Große Vergeudung,* die Ursache der meisten Übel auf der ganzen Welt. Universelle Krise.

Les Trois Établissements Humains führen das heilbringende dritte, noch fehlende Element ein: die lineare Industriesiedlung.

Diese Ausführungen zeigen, wie sehr das Unternehmen der Stadt Berlin in Charlottenburg auf dem Olympiahügel in einer Gesamtheit von Faktoren, welche das Leben der Menschen in ihrem Gewissen, in ihrer Familie, in ihrem Milieu beherrschen, verwurzelt ist. So wird von Neuem die Verbindung mit den Gesetzen der Natur geschaffen.

Paris, am 1. April 1957

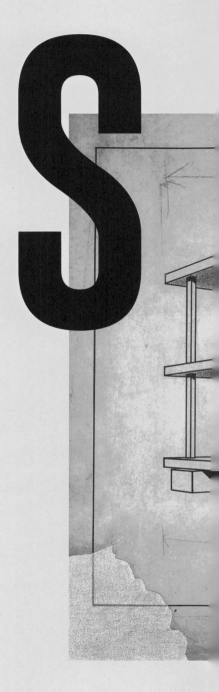

---

19. Das Buch Les trois établissements humains (dt. Die drei menschlichen Siedlungsformen) erschien 1946 bei Denoël in Paris.

▶ Le Corbusier: **Maison Dom-Ino**, 1914. Skizze für ein zweigeschossiges Wohnhaus. Betonplatten und Betonstützen mit einer Betontreppe. Ein Modul, welches beliebig mit weiteren Dom-Inos kombiniert werden kann. Das Vorsetzen einer variablen Fassade ist möglich, und der Grundriss kann frei bestimmt werden. **Quelle:** Fondation Le Corbusier, Paris.

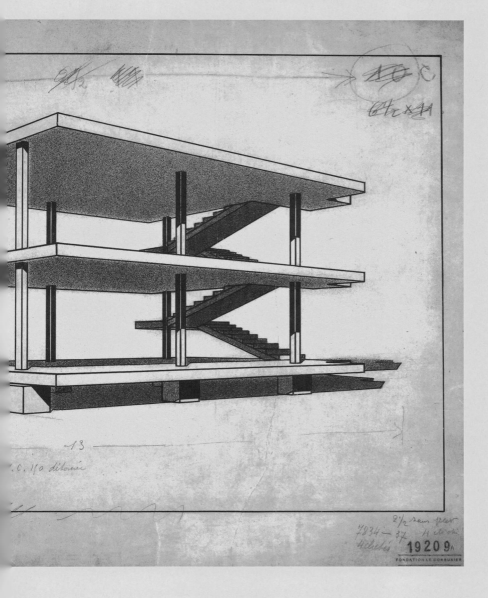

▸ Le Corbusier und Pierre Jeanneret, **zwei Häuser in der Weißenhofsiedlung**, Stuttgart, 1927.
Quelle: Staatsarchiv Freiburg, W 134 Nr. 002656, 002658. **Fotograf:** Willi Pragher.

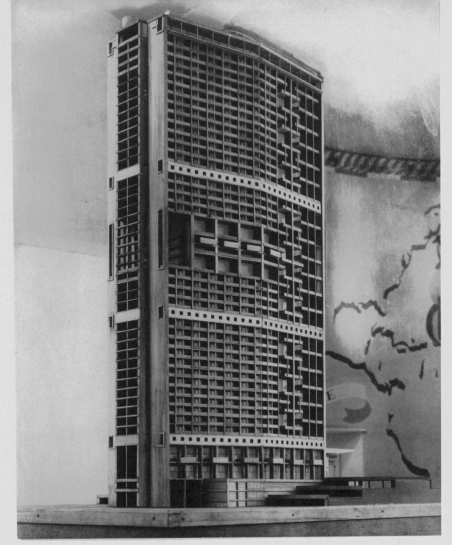

▸ Le Corbusier und Pierre Jeanneret, **Wohnhochhaus Algerien.** „1930–1942: Sieben aufeinanderfolgende Pläne der Neuplanung von Algier." **Quelle:** Fondation Le Corbusier, Paris.

wohnhochhaus LE CORBUSIER
„TYP BERLIN"[1]

1. Der nachfolgende Text wurde von Le Corbusier für die neunseitige Pressemitteilung WOHNHOCHHAUS „Typ Berlin" vom 10. April 1957 verfasst und über die Pressestelle der Interbau (Internationale Bauausstellung Berlin 1957) veröffentlicht. An dieser Stelle wird der Text von Le Corbusier erstmals in seiner Gesamtheit abgedruckt, mit freundlicher Genehmigung der Fondation Le Corbusier, Paris. (Anm. d. Hg.)

Baubeschreibung

Zu den bedeutenden in- und ausländischen Architekten, die aufgefordert worden sind, in Berlin im Rahmen der „Internationalen Bauausstellung Berlin 1957" zu bauen, gehört auch der französische Architekt Le Corbusier, dessen Schaffen das Bauen auf der ganzen Welt beeinflusst hat. Le Corbusier errichtet auch in Berlin eine, wie er es nennt, „Unité d'Habitation" (Wohneinheit). Das Gebäude wird 135 m lang, 23 m breit und 56 m hoch. In seinen 17 Wohngeschossen werden 527 Wohnungen gewonnen.

Wahl des Baugrundstücks

Die Größe des Baukörpers schloss von vornherein aus, dass man diesen im Hansaviertel errichten konnte, ohne die städtebauliche Ordnung des neuen Stadtteils zu stören. Es musste also außerhalb des Hansaviertels ein Baugrundstück gefunden werden. Berlin stellte das sogenannte Heilsberger Dreieck, ein städtisches Grundstück zwischen dem Olympiastadion und der großen westlichen Ausfallstraße, der Heerstraße, zur Verfügung. Das Baugelände liegt auf einer sanften, aber doch die Umgebung überragenden Anhöhe inmitten eines ausgedehnten Villenviertels mit landschaftlichem Charakter.

Abb. S. 78

Schon die Wahl des Baugrundstücks hat zu wochenlangen Debatten in Fachgremien und Presse, in Senat und Abgeordnetenhaus sowie in der Charlottenburger Bezirksverordnetenversammlung geführt, denn es fehlte nicht an Stimmen, die gegen die Errichtung eines Hochhauses in dem Villenviertel sprachen. Bemerkenswert ist, dass die Frage von der Bauverwaltung immer wieder zur Diskussion gestellt wurde und dass man sich nicht eher für diesen Bauplatz entschieden hat, als die überwiegende Zahl der Fachleute und die Parlamente zu der Erkenntnis gekommen waren, dass die „Unité d'Habitation" an dieser Stelle berechtigt ist. Danach ist gerade das Heilsberger Dreieck ein ausgezeichneter Platz, um den Corbusier'schen Gedanken zu demonstrieren, denn es bietet alle für eine „Unité d'Habitation" notwendigen Voraussetzungen. Ferner gibt der Bau dem Städtebauer die gewünschte Möglichkeit, diese von der Natur gegebene Anhöhe, für die seit langem eine besondere bauliche Betonung vorgesehen war, aus dem Stadtbild herauszuheben und weite Grünflächen um das Wohnhochhaus zu sichern.

Bauherr des Hauses ist die „Heilsberger Dreieck-Grundstücks AG" (Direktor: Müller-Reppen), eine Gesellschaft, die eigens für diesen Bau gegründet worden ist. Le Corbusier wurde bei der Ausarbeitung der Pläne von seinem ständigen Mitarbeiter, Architekt André Wogenscky, assistiert. Die örtliche Bauleitung liegt in Händen der Berliner Architekten Baurat Felix Hinssen, Dr. Ing. Erich Böckler und Obering. Fritz Eske in Zusammenarbeit mit der ausführenden Firma Beton- und Monierbau. Prüfingenieur ist Dr. Ing. Hannemann, Berlin. Die Pläne für die gärtnerische Gestaltung der Umgebung des Hauses sind von Le Corbusier entworfen und in Berlin mit vorgelegt worden.

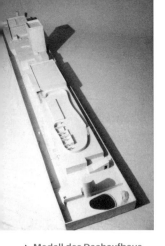

▸ **Modell des Dachaufbaus** der Berliner Unité d'Habitation, 1957.
Materialien: Holz, Pappe und Gips; Größe: 200 cm x 40 cm. Für den Dachbereich ist u. a. eine Nutzung als Theater, Kindergarten, Aufzugturm, Schwimmbecken sowie für Konferenzräume, Freilufttheater, Restaurant, Toiletten, Café vorgesehen.
Quelle: FLC, Paris.

Um die Jahreswende 1956/57 wurde mit dem Bau begonnen; Ende Februar war die Betonierung der Fundamente beendet. Das Haus wird während der „Internationalen Bauausstellung" im Bau sein. Von insgesamt 17 Obergeschossen sind bis zu diesem Termin 13 im Rohbau fertiggestellt, einige werden sich schon im Ausbaustadium befinden.

Die „Unité d'Habitation"

Die Idee der „Unité d'Habitation" entspringt einer langjährigen Auseinandersetzung Le Corbusiers mit dem Wohnen von heute und dem neuzeitlichen Städtebau. Eines ihrer Prinzipien entspricht den allgemeinen modernen Anschauungen: Die bei der alten Blockbebauung üblichen Innenhöfe entfallen, durch die Konzentration vieler Wohnungen in einem Hochhaus erreicht man die gleiche Ausnutzung wie bei niedriger Bebauung, gewinnt aber zwischen den Häusern bedeutend mehr Platz für Grünflächen; Anschließungskosten für Straßen, Versorgungsleitungen usw. werden vermindert und die Unterhaltungskosten der Wohneinheiten beträchtlich herabgesetzt. Der Kern des Begriffes „Unité d'Habitation" liegt aber in Folgendem: Wohnungen und Einrichtungen des „täglichen Lebens", wie Geschäfte, Wäscherei, Arzt- und Rechtsanwaltspraxen, Kinderhorte, Clubs usw. werden in einem Hause, „unter einem Dach", zu einer Funktionseinheit zusammengeschlossen. Diese Funktionseinheit setzt folglich rein wirtschaftliche Überlegungen voraus, denn Zahl und Größe der Wohnungen müssen die zusätzlichen Einrichtungen rechtfertigen. Es wird also – um es extrem auszudrücken – mit der „Unité d'Habitation" eine gewisse „Wohnautarkie" angestrebt, die dem Mieter in seinem Hause nicht nur die Wohnung, sondern vieles mehr bietet, was zur Befriedigung materieller und kultureller Ansprüche erforderlich ist.

Abb. S.76

Auch werden die modernen technischen Versorgungsmöglichkeiten erst durch eine Zusammenfassung zahlreicher Wohnungen auch für Wohnungen mit niedriger Miete in vollem Maße rentabel. Deshalb haben die „Unités d'Habitation", die Le Corbusier gebaut hat, relativ viele Wohnungen, seine „Strahlende Stadt" in Marseille, zum Beispiel, 337 in 23 verschiedenen Typen.

Abb. S.78

Le Corbusier hat nach langen Studien und Berechnungen ein eigenes System von Raummaßen, den „Modulor", entwickelt, der seinen Ausgangspunkt im Goldenen Schnitt und in den menschlichen Körpermaßen hat. Nach dem „Modulor" sind die beiden bekanntesten Häuser von Le Corbusier, in Nantes und Marseille, gebaut.

Diskussionen um Raumhöhe

Abb. S.88

Die ersten Pläne, die Le Corbusier in Berlin vorlegte, sahen wie in Nantes und Marseille, ausgehend von den Maßen des „Modulors", eine lichte Raumhöhe von 2,26 m vor. Berlin war jedoch nicht der Ansicht, dass man dieses Maß ohne Weiteres auf Berliner Verhältnisse übertragen könne. Man beanstandete außerdem Größe und Schnitt der Wohnungen. Lange, zum Teil sehr heftige Diskussionen, die in der Öffentlichkeit über diese Fragen geführt wurden, waren ein schönes Zeichen für das große Interesse des Berliner Publikums an Städte- und Wohnungsbau. Zu betonen ist, dass sich die Bauverwaltung nicht gegen die Raumhöhe von 2,26 m aussprach, weil diese den Bestimmungen, die eine Mindestraumhöhe von 2,50 m vorsehen, widerspricht. Man bezweifelte aber die Vermietbarkeit der Wohnungen und damit die Wirtschaftlichkeit des großen Objektes, wenn einmal die Wohnungsnot behoben sein wird. Die niedrige Raumhöhe, so sagte man, entspreche nicht den hiesigen Lebensgewohnheiten und sei daher nicht zumutbar.

Eine andere grundsätzliche Frage wurde mit dem Le-Corbusier-Projekt erneut aufgeworfen: Sollen auch Wohnhäuser als Hochhäuser gebaut werden? Die Berliner Bauverwaltung lehnt das Wohnhochhaus an bestimmten Stellen der Stadt als städtebauliche Betonung oder gleichsam als „Freiflächengewinner" nicht grundsätzlich ab, meint aber, dass es für Familien mit mehreren Kindern ideale Wohnverhältnisse nicht bieten kann. Es soll also möglichst Alleinstehenden und kinderlosen Ehepaaren vorbehalten bleiben. Dieser Standpunkt hat in Berlin dazu geführt, dass in dem Le-Corbusier-Haus, abweichend von den Bauten in Nantes und Marseille, meist kleine und entsprechend mehr Wohnungen gewonnen werden. So haben 428 von den insgesamt 527 Wohnungen nur ein und zwei Zimmer.

▸ **Außenansicht** des Le-Corbusier-Hauses, August 1966. **Quelle:** Landesarchiv Berlin, **Fotos:** Hans Seiler.

Problematik des Projektes in Berlin

Das Projekt Le Corbusiers rührte also an eine Grundsatzfrage, die nicht nur für dieses Objekt, sondern allgemein für die Bebauung des Hansaviertels durch eine Vielzahl in- und ausländischer Architekten gilt. Da es sich bei den Häusern nicht um reine Ausstellungsobjekte, um Schaustücke handelt, die man nach der Ausstellung wieder abreißt, sondern um Wohnhäuser, die, auf lange Sicht gesehen, dazu beitragen sollen, die immer noch akute Not an Wohnungen zu lindern, die den hiesigen Vorstellungen vom familiengerechten Wohnen entsprechen, mussten einige Entwürfe unter Berücksichtigung der örtlichen klimatischen, finanziellen und soziologischen Gegebenheiten modifiziert werden. Die INTERBAU kann und will also nicht zeigen, wie ein bedeutender Architekt etwa die Villa eines reichen Mannes unter südlichem Himmel gestalten würde, sondern wie er in einer Stadt mit noch mehr als 100.000 Wohnungssuchenden zur weiteren Verbesserung des Sozialen Wohnungsbaus beiträgt. Kurz gesagt kommt es darauf an, nicht nur in, sondern für Berlin zu bauen. Diese Aufgabenstellung schafft erst echte Relationen und Vergleichsmöglichkeiten. Von ihrer Lösung sollen die Impulse auf den Wohnungsbau ausgehen, die man sich von der INTERBAU versprechen kann.

In vielen Verhandlungen, die Vertreter Berlins mit Le Corbusier geführt haben, hat der berühmte Franzose schließlich die Einwände gegen die vorbehaltlose Übertragung seines Systems auf Berlin als berechtigt empfunden. Er hat sich daher entschlossen, ein Haus zu entwerfen, das er selbst „Typ Berlin" nennt. Es führt die bisherigen Arbeiten des großen französischen Meisters fort und trägt trotzdem den Forderungen der Berliner Situation Rechnung. Alle Räume sind in Berlin 2,50 m hoch und die Wohnungen 4 m breit (3,66 m in den französischen „Unités d'Habitation").

Das in Marseille wie ein Balkon in den großen doppelgeschossigen Wohnraum hineinragende Schlafzimmer wird in Berlin ein in sich geschlossener Raum mit eigenem Fenster sein.

gliederung der wohnungen

Charakteristisch für das Gebäude sind insgesamt neun „rues intérieures" (Innenstraßen) in der 1., 3., 5., 7., 8., 9., 10., 13. und 16. Etage. Sie liegen in der Mitte des Hauses, durchziehen es in seiner ganzen Länge. Sie sind künstlich beleuchtet. An diese Innenstraßen, in deren Höhe die Fahrstühle halten, sind alle Wohnungen angeschlossen.
Ausgangsbasis für die 527 Wohnungen des Hauses bilden drei Standardzellen, deren mehrfache Kombination eine Vielzahl von Wohnungstypen ermöglicht. Zur ersten Zelle gehört der Wohnungseingang von der „rue intérieure", ferner die Küche und der Wohnraum. Die zweite Zelle umfasst Elternzimmer, Badezimmer und WC. Die dritte Zelle schließlich enthält einen weiteren Raum, das Arbeits- oder Kinderzimmer.
Wohnungen aus nur einer Zelle (Typ B) sind für Junggesellen oder kinderlose Ehepaare vorgesehen. Die beiden Zellen des Typs C mit Wohnraum und Elternschlafzimmer sind für Ehepaare mit einem Kind geeignet. Im Typ E, der drei Zellen umfasst, werden die doppelgeschossigen Wohnungen gebaut, die für Familien mit mehreren Kindern bestimmt sind. Auf Wunsch der Mieter kann hier das dritte Zimmer durch eine Wand zusätzlich unterteilt werden. Bei den Doppelgeschosswohnungen liegt die Zelle mit Küche und Wohnraum immer in Höhe des Eingangs an der Innenstraße, Eltern- und Kinderzimmer liegen bei diesem Typ immer entweder ein Geschoss über oder unter dem Eingangsgeschoss. Sie nehmen die ganze Breite des ost-west-orientierten Hauses ein, so dass sie Licht und Sonne von beiden Seiten bekommen. Alle Wohnungen mit mehr als einem Zimmer erstrecken sich über zwei Ebenen.

Abb. S. 19

Das Haus hat vier Nebeneingänge und einen Haupteingang, der im nördlichen Drittel in den Fahrstuhlturm führt. Dieser nimmt neben dem Treppenhaus zwei Personen- und einen Lastenfahrstuhl auf, die durch eine Kommandorufanlage gesteuert werden.

ausstattung der wohnungen

Der Wohnraum, der direkt an die Küche anschließt, ist von dieser durch einen halbhohen Schrank getrennt, über dem sich eine Glaswand befindet. Die Küchen sind mit Einbaumöbeln ausgestattet, die so angeordnet sind, dass die Küchenarbeit so weit wie möglich rationalisiert werden kann. Wohnungen der Typen B und C haben einen Balkon, die des Typs E zwei Balkone. Die Zimmerfußböden werden mit Linoleum belegt. Bäder und WCs erhalten einen Bodenbelag aus Fliesen oder ähnlichem Material. WC und Bad sind voneinander getrennt. Zu jeder Wohnung gehört ein ausreichend bemessener Abstellraum.

Abb. S. 12

▸ **Computerdarstellung**
Le Corbusiers Entwurf für die Berliner Unité d'Habitation von 1956 unter Berücksichtigung aller vorhandenen Pläne, Modelle, Texte und Skizzen. Computerdarstellung von Philipp Mohr, Barcelona, 2019.

Konstruktion des Hauses

Das Gebäude steht auf 7 m hohen Pfeilern, die auf Stampfbeton-Fundamenten gegründet sind. Die Freifläche geht also ungehindert unter dem Hause hindurch. Sämtliche Decken des Hauses und der sich im nördlichen Drittel befindliche Fahrstuhlturm sind in Beton ausgeführt. Die Wohnungstrennwände werden aus Betonfertigteilen hochgezogen, die auf der Baustelle gegossen worden sind. Alle Zwischenwände in den Wohnungen bestehen aus stark wärme- und schalldämmenden, 8 cm dicken Gipsplatten. Um auch die Massivdecken ausreichend zu isolieren, werden sie mit Kokosfaserplatten, einer 2,5 cm dicken Asphaltschicht (schwimmender Estrich) und schließlich mit Korklinoleum belegt.

Abb. S. 193

Technische Ausstattung des Hauses

Die Anlage der Versorgungs- und Abflussleitungen ist in dem Berliner Haus von Le Corbusier besonders rationalisiert. Nur jeweils an einer Stelle ist das Gebäude an das öffentliche unterirdische Versorgungsnetz angeschlossen. Es gibt folglich nur einen Elektrizitäts-, Post- und Wasseranschluss, nur an einer Stelle werden die Abflüsse aus allen Wohnungen in die Rohrleitungen der Stadtentwässerung abgeleitet. Diese ganz erhebliche, kostensparende Vereinfachung setzt natürlich eine straffe Konzentration und Rationalisierung des Hausleitungssystems voraus. Dazu wird ein „Versorgungsgeschoss" geschaffen, das unter dem ersten Geschoss, zwischen den tragenden Stützen, eingehängt ist. In ihm werden die großen, hier horizontal verlaufenden Sammelleitungen in einem Ringzug vereinigt. Von diesem aus führen die senkrechten Steigleitungen, in schornsteinähnlichen Schächten offen verlegt, in die oberen Etagen. Durch die offene Anordnung können Zeit und Kosten für Reparaturen beträchtlich gesenkt werden. In den Wohnungen liegen Rohre und Leitungen natürlich, unsichtbar, in den Wänden. Alle Entwässerungsrohre bestehen aus Eternit.

Küchen, Bäder und WCs sind an eine zentralgesteuerte Entlüftungsanlage angeschlossen, die nach dem Vakuumprinzip arbeitet und die Luft ständig im Umlauf hält. Kalt- und Warmwasser werden durch eine Druckerhöhungsanlage gefördert. Müllschluckanlagen gehören ebenfalls zur Ausstattung.

Ein Kraftwerk im Wohnhaus

Zu dem Haus gehört eine eigene Versorgungszentrale, die nördlich des Eingangs am Fahrstuhlturm liegt. Hier wird in einer Schwerölheizung die Wärme für die Wohnungen und das Warmwasser gewonnen, und ein kleines Kraftwerk deckt den hauseigenen Strombedarf, der sich auf 1 Million KW beläuft. Man gewinnt also, unabhängig vom öffentlichen Netz, die elektrische Energie zum Betrieb der Fahrstühle, Entlüftung, Druckerhöhungsanlage und Pumpen sowie den nötigen Strom, um Treppenhäuser und Innenstraßen zu beleuchten. Im obersten Geschoss ist eine Waschanlage mit vier Maschinensätzen eingebaut, die so berechnet ist, dass jeder Mieter einmal im Monat darin bis zu 16 kg Trockenwäsche waschen kann. In welchem Umfang und an welcher Stelle man in die Berliner „Unité d'Habitation" Läden oder weitere Gemeinschaftseinrichtungen einfügt, wird noch entschieden.

Kurzbiographie Le Corbusier

Le Corbusier wurde 1887 in La Choux-de-Fonds (West-Schweiz) geboren. Mit $13^{1/2}$ Jahren ging er in die Lehre zum Graveur, Ziseleur und schließlich zum Goldschmied. Le Corbusier reiste dann mehrere Jahre durch Europa, um Kunst und Architektur zu studieren, und arbeitete darauf fünf Jahre in Architekturbüros, die sich um ein neues Bauen bemühten. So war er auch in Berlin im Atelier von Peter Behrens tätig. Weitere fünf Jahre war er in der Industrie beschäftigt.
Le Corbusier ist Gründungsmitglied der CIAM (Congrès Internationaux d'Architecture Moderne), die 1928 in La Sarraz (Schweiz) zum ersten Mal zusammentraten und seitdem die Entwicklung der modernen Architektur und des Städtebaus entscheidend beeinflusst haben. Le Corbusier ist Doktor honoris causa der Universität Zürich, Mitglied des Königlichen Institutes der Britischen Architekten, der Königlichen Akademie Stockholm und des Schweizer Werkbundes.

Von seinen Büchern über Bauen und Kunst seien genannt:
1923: „Vers Une Architecture"
1925: „Urbanisme", „L'Art Décoratif d'Aujourd'hui", „La Peinture Moderne"
1926: „Almanach d'Architecture Moderne"
1928: „Une Maison – Un Palais"
1930: „Précisions"
1932: „La Ville Radieuse"

Diesen grundsätzlichen Schriften folgte eine Reihe von Veröffentlichungen, in denen sich Le Corbusier mit speziellen und allgemeinen Themen des neuen Bauens auseinandersetzte. Le Corbusiers Schaffen ist in einer Folge von Büchern, dem „Œuvre Complète", veröffentlicht, von dem bisher 5 Bände, die die Jahre 1910 bis 1952 umfassen, bei Les Éditions Girsberger, Zürich, erschienen sind. Aus der Fülle der Le Corbusier'schen Planungen und Bauten seien hier nur die wichtigsten genannt – wobei in dieser Aufzählung seine Leistung als Maler unberücksichtigt bleiben muss.

1914: Die Häuser „Dom-Ino"; Entwicklung des Eisenbeton-Skelett-Systems, ein von den Funktionen des Grundrisses völlig unabhängiges Konstruktionssystem, dessen Prinzip Le Corbusier in aller Klarheit und mit allen Konsequenzen beschrieb.

1922: Beginn der städtebaulichen Erarbeitung des „Plan Voisin" für Paris. Haus „Citrohan", Haus in Vaucresson, Atelierhaus für einen Maler in Paris.
1923: Haus „La Roche"
1924: Die Siedlung „Lège", die unter Verwendung standardisierter Konstruktionselemente gebaut wurde. Häusergruppe in Boulogne sur Seine.
1925: Haus am Genfer See. Arbeitersiedlung Pessac. Pavillon de l'Esprit Nouveau Paris.
1926: Haus „Cook"
1927: Villa in Garches. Zwei Häuser auf der Werkbundausstellung, der Weißenhofsiedlung bei Stuttgart. Entwurf zum Wettbewerb des Völkerbundgebäudes.
1929: Villa „D'Avray". Villa „Savoye" in Poissy. Möbel für den Herbstsalon in Paris. Schwimmendes Asyl der Heilsarmee auf der Seine, Paris.
1930: Haus in Le Pradet. Etagenwohnhaus „Clarté" in Genf. Schweizer Pavillon der Cité Universitaire Paris (Studentenwohnheim). Städteplanung für Algier.
1932: Cité de Refuge, Paris
1933: Etagenwohnhaus Molitor, Paris. Städteplanung für Stockholm. Planung der Rentenanstalt Zürich.
1934: Städteplanung für Nord-Afrika.
1935: Haus in Mathes. Wochenendhaus bei Paris.
1936: Plan für die Universitätsstadt in Rio de Janeiro. Mitarbeit am Entwurf und Bau des „Erziehungs- und Gesundheitsministeriums" in Rio de Janeiro.
1938: Städteplanung für Boulogne und Buenos Aires und Algier.
1940: Ausstellung in Paris
1945: Le Corbusier ist Mitglied des französischen Wiederaufbauministeriums und entwickelt einen Plan zum Wiederaufbau von Saint-Dié. Es wird jedoch nur der Plan für eine Fabrik von ihm realisiert.
1947: Mitarbeit am Entwurf und Bau des UN-Gebäudes, New York
1947: Unité d'Habitation in Marseille
1949: Unité d'Habitation in Nantes-Rezé
1950: Beginn der Arbeit an der Kapelle für Ronchamp und für den Neubau der indischen Stadt Chandigarh
1951: Städtebauwettbewerb Straßburg
1956: Unité d'Habitation in Berlin

---

2. Da der Text aus dem Jahr 1957 stammt, umfasst die Liste nur Le Corbusiers Arbeiten bis zu diesem Zeitpunkt. Von den Projekten in Berlin wurde 1958 nur das Wohnhochhaus am Heilsberger Dreieck vollendet. Das dazugehörige Jugendheim ist nach Le Corbusiers Grundriss in der Architektur des Berliner Architekten Friz Henssen erbaut worden. Ein runder Wohnturm an derselben Stelle wurde von Le Corbusier nur in Skizzen angedeutet und in seinem Berlintext erwähnt. Er ist weder fertig geplant noch gebaut worden. Eine Tiefgarage auf dem Areal des Le-Corbusier-Hauses ist in der Entwurfsphase geplant und veröffentlicht, aber nicht ausgeführt worden, findet jedoch im Denkmalpflegeplan Erwähnung und kann noch gebaut werden. Für einen Dachaufbau sind mehrere Entwürfe und Modelle entstanden. Einer davon wurde realisiert und schließlich wieder abgerissen. Die Voraussetzungen für die Umsetzung eines dieser Entwürfe sind nach wie vor gegeben. Die Städtebauplanung für die Innenstadt ist nicht verwirklicht worden, aber viele der architektonischen Elemente sind generell in den Städtebau der Stadt Berlin eingeflossen. (Anm. d. Hg.)

Nachwort

PHILIPP MOHR

Le Corbusier wurde hier in Berlin erfunden!

Wichtig ist es, abschließend zu unterstreichen, dass Le Corbusier von Deutschland sehr viel stärker geprägt war, als er selbst später zugeben konnte und die internationale Architekturkritik bis heute wahrhaben will. Der tiefe kulturelle Einschnitt durch die zwei Weltkriege und die Trennung der Nationen durch die Kriegspropaganda, mit der daraus resultierenden nationalen Stigmatisierung, haben bis heute gravierende Einwirkungen auf die kulturelle Geschichtsschreibung. Denn in seinem Berliner Pressetext erwähnt Corbusier 1957 allenfalls seinen fünfmonatigen Büroaufenthalt bei Peter Behrens in Berlin, nichts aber von den tiefgründigen Erfahrungen und Einflüssen aus Deutschland, die die Entwicklung seiner radikalen Architektur fast komplett geprägt haben.
Genau so steht es dann auch bis heute in allen Kunstgeschichtsbüchern. Gelogen! Denn: Le Corbusier wurde hier in Berlin erfunden! Und zwar schon 1910!

Erst im Jahr 1997, gute 30 Jahre nach Corbusiers Ableben, schreibt der amerikanische Autor H. Allen Brooks nach einer erstmaligen und sehr gründlichen Recherche zu den bis dahin unbekannten frühen Jahren Corbusiers mit *Deutschland und Jeannerets Erwachen* ein langes Kapitel über die Einflüsse auf den jungen Corbusier während seiner Zeit kurz vor dem Ersten Weltkrieg in Deutschland und in Berlin.[1] Sein Fazit: Alle modernen Ideen und sein avantgardistischer Minimalismus wurden hier in Berlin geprägt.

Schlüsselerlebnis ist wohl die schockierend einfache, kubische, strahlendweiße Architektur Heinrich Tessenows in Hellerau bei Berlin. In seinem Skizzenbuch notierte Corbu 1910: „Der Theatersaal, den Tessenow, Jaques-Dalcroze und Alexander von Salzmann für Hellerau planen, wird einen Wendepunkt in der künstlerischen Entwicklung der Epoche markieren" und „Tessenow besiegelt mit dem großen Komplex des Instituts den Vertrag zwischen dem Guten und dem Nützlichen. Dieser große Baumeister hat wirklich nicht einen Augenblick daran gedacht, es nur schön zu machen, sondern er wollte nützlich sein für die, denen er eine Behausung baute […]."

1936 in *Quand les cathédrales* erwähnt Corbu dann nochmals die Künstlerkolonie Hellerau: "So entstand in Deutschland, in Hellerau bei Dresden, um 1910 eine mystische Stadt. Ein spirituelles Zentrum, oder eines, das es sein wollte."[2] Auch wenn Tessenows Architektur in Hellerau formal damals immer noch sehr direkt auf die idealisierten Bauformen der römischen Tempel und auch der italienischen Architektur des *Goethe-Gartenhaus* in Weimar zurückgehen, die bauliche Ausführung ist für die damalige Zeit revolutionär in ihrer Schlichtheit und Gradlinigkeit.

---

1. Brooks, H. Allen Le Corbusier's Formative Years, Chicago, 1997, S.209 ff. (Übers.d.Hrsg.)

2. Le Corbusier, When the Cathedrals Where White, (1947) 1964, New York: McGraw-Hill, S.144, (Übers.d.Hrsg.)

Jean-Louis Cohen erklärt 2009 in der französischen Publikation *France ou Allemagne?* die verqueren Zustände der zwei Weltkriege zwischen Deutschland und Frankreich im Bezug auf Corbusier. Dieser tiefe nationale Konflikt ist der tatsächliche Grund, warum Corbusier sich von Deutschland dann abgewandt hat und alle Ursprünge seiner stilistischen und architekturhistorischen Verbindungen ein für allemal verschwinden ließ. Denn er wurde damals mit dem bösen französischen Schimpfwort für Deutsche: „boche" betitelt. Das Schimpfwort „boche" bedeutet etwa „Kohlkopf".

Im räumlichen und zeitlichen Radius um Berlin 1910 herum häuften sich die unzähligen Zutaten, die später zum Stil Corbusiers beitrugen – angeheizt durch die einscheidenden Erlebnisse im Kontakt mit dem Berliner Avantgardearchitekt Peter Behrens.

Die architektonischen Ursprünge aus Berlin und Deutschland sind unzählig. Für Corbusiers „Strahlende Stadt" zum Beispiel ist die formale Grundlage der strahlenförmigen Straßenanordnung der barocken Planstadt Karlsruhe, die Corbu damals besuchte. Auch die Y-förmigen Glashochhäuser für das Zentrum von Berlin entsprechen in Plan und Dimension dem zentralen Stadtschloss im Karlsruher Stadtplan. Und die Idee der freistehenden Monumentalität stammt vom Völkerschlachtdenkmal in Leipzig von 1911, dem ersten solitären Stahlbetonmonument dieser Größe. Die radikale Innenstadterneuerung und Verschönerung ist, von den Entwürfen des „Wettbewerb Groß-Berlin 1910" inspiriert. Der schlichte Betonbau für das Maison Dom-Ino stammt von den Beispielen der Berliner Betonausstellung von 1910. Die Gartengestaltung bei Corbusier ist grundlegend immer inspiriert von Peter Joseph Lennés Design für den Berliner Tiergarten, das Corbusier sehr mochte, wenngleich er die damalige Großstadt Berlin ansonsten eher gräuslich fand. Die einheitliche Gebäudehöhe seines Städtebaus ist inspiriert von der damaligen Regelung der einheitlichen Traufhöhe für die gesamte Stadt Berlin, die Corbusier ebenfalls notierte. Verkehrstrennung und Knotenpunkte lobte er am Beispiel Bahnhof Zoo, mit der Überlagerung und Verbindung von unterirdischen und überirdischen Verkehrsverbindungen: Straßenbahn, S-Bahn, U-Bahn, Autostraßen, Gehwege. Weiterhin wurden damals die erstmals veröffentlichten Werke des Amerikaners Frank Lloyd Wrights im Büro Behrens vorgestellt und diskutiert. Die schlichten und sehr konzeptionellen historischen Gebäude Karl Friedrich Schinkels wurden ebenfalls im Kreis um Behrens studiert und im nahegelegenen Glienicke, Potsdam und Berlin Mitte besucht. Des weiteren erwähnt Corbu im Berlintext, dass er nach seiner Italienreise erst in Berlin bei Behrens bemerkte, dass er ja die perfekte räumliche Lösung für das moderne Wohnungsproblem bereits in Form des Mönchsklosters von Florenz gesehen hatte. Er fuhr dann extra nochmals nach Italien, um dieses Gebäude unter diesem Gesichtspunkt genauer zu studieren. Die intelligenten und neuen politischen und sozialen Organisationsstrukturen in Deutschland und vorrangig die ästhetische Erneuerung der Industrie durch den Deutschen Werkbund, aber auch die Gewerkschaften und das damalige deutsche Kaisertum wurden alle von Corbusier als hervorragend und äußerst modern beschrieben. Und nicht zuletzt die damals neue Architektur der Stuttgarter Schule, die mit vereinfachenden Formen in eine ganz neue Richtung wies.

Vergl. S. 194

---

3. Cohen, Jean-Louis: France ou Allemagne?. Un livre inédit de Le Corbusier, Paris: Passerelles, 2009.

Am 23. September 1955 schrieb Corbusier in das Goldene Buch der Stadt Berlin:
„Die Zeit ist gekommen, in der alle Energien, alle Hingabe, alle Fähigkeiten zusammenkommen können und müssen, um die große Aufgabe der Neuzeit zu erfüllen: die Maschinenzivilisation auszurüsten. Zunächst die Familie – diese Schlüsselzelle der Gesellschaft – glücklich und zufrieden zu machen. Die Orte und Bedingungen der Arbeit in allen Bereichen zu verbessern, die ja jetzt von ihren sterilisierenden Schranken befreit sind. Den Menschen Ruhe und die Freuden des uneigennützigen Handelns in fruchtbarer Muße zu geben. Mit anderen Worten: die natürlichen Bedingungen wiederzufinden, die Gesetze des Kosmos wiederherzustellen, den Menschen vor die Maschine (mit Hilfe der Maschine) zu stellen und endlich die Türen zu Sympathie und Begeisterung zu öffnen. Zu diesem Zweck muss die Fantasie genutzt werden."[4]

Le Corbusier folgt in seiner Karriere as Architekt von Anfang an einem ungebremsten Optimismus hinsichtlich der modernen Maschinengesellschaft. Der Haken an diesen optimistischen Lösungsansätzen des 20. Jahrhunderts ist, dass die automatisierte Maschine und genauso heute der Computer und die Smartphones, Laptops und Internetserver niemals ganz alleine agieren können, sondern unglaublich viel Energie und Rohstoffe verbrauchen, dadurch schädliches CO^2 verursachen und toxischen Müll erzeugen, der bis in alle Ewigkeit eingelagert wegen muss. Und ihre notwendigen Rohstoffe kann die Maschine nicht einfach aus der Luft zaubern. An der Oberfläche sieht das Konzept gut aus, aber in der Tiefe stößt man nur auf Probleme, die von den Maschinen kreiert und bestimmt werden.
Ein neuer Fortschrittspessimismus steht heute diesem oberflächlichen Optimismus von damals gegenüber. In Wirklichkeit muss die gesamte Welt für die Rohstoffe der Maschinen bis aufs Letzte ausgebeutet werden.

Aus der Überlegung heraus, wie man heute bauen kann, ohne die Resourcen immer wieder auszubeuten, gelangte ich zu der Überzeugung, dass die Schaffung von Wohnraum vorrangig eine Wiederverwendung sein sollte, nicht im Sinne einer „circular economy", aber einer Beibehaltung des Geschaffenen und eines Verbesserns, Ausbesserns und Beständigmachens der

---
4. Das Goldene Buch von Berlin, Band 2 (Januar 1954 bis Dezember 1959), Landesarchiv Berlin. (Übers. d. Hersg.)

▶ Typische deutsche Reihenhäuser der Nachkriegszeit im Stil-Corbusier. Beispiel: Sonnenberg-Pforzheim, Baujahr 1972. Einflüsse Corbusiers Dom-Ino Häuser von 1914 und der „Citrohan"-Wohnhäuser von 1923 und der Stuttgarter Weissenhofhäuser von 1927 sind deutlich sichtbar. Quelle: Verkaufsexposé der Nord-Süd - Stuttgart, 1971.

bereits existierenden Architektur. Kreatives Konservieren. Hoffentlich sind die schlichten und natürlichen Materialien, die ich in Berlin verwendet und wiederverwendet habe, so stabil, nützlich und ästhetisch, dass sie nicht in ein paar Jahren von einem neuen Bewohner wieder abgerissen und entsorgt werden. Materialien, die altern können und nicht alle 4-20 Jahre wieder entsorgt werden müssen, wie die vielen „künstlichen" Materialien, die leider nie gut altern. Hoffentlich übersteigt der kulturelle Wert den reinen Materialwert der Architektur und macht sie somit auch beständig.

Der unverbesserliche Berliner Naziarchitekt Albert Speer glaubte sich noch 1964 kulturgeschichtlich mindestens genauso bedeutend wie die modernen Architekten (Hans) Scharoun und Corbusier, (Hans) Poelzig und (Erich) Mendelsohn. Er war sogar überzeugt davon, dass doch schlussendlich die Architektur seines Lehrers Heinrich Tessenow die Welt erobern und den Modernismus als vorübergehende Erscheinung ablösen würde. „Ich sehe voraus, daß *er* und nicht Gropius, Mies van der Rohe oder Corbusier die Zukunft bestimmen werden."[5]

Le Corbusier dagegen schwärmte noch im Jahr 1958 von den freien Fantasieformen Antoni Gaudis, die ihn 1928 zu neuen Formen inspiriert haben: „Gaudi war ein großer Künstler. Nur diejenigen werden bleiben und überdauern, die die Gefühle und Herzen der Menschen berühren. Aber sie werden auf ihrem Weg schlecht behandelt werden - sie werden missverstanden, ihnen wird man vorwerfen, sie würden gegen den Zeitgeist sündigen."[6]

---

5. Speer, Albert, Spandauer Tagebücher, Berlin: Propyläen, 1975, S. 617, S. 113.

6. Le Corbusier in: Gomis, Joaquim, Prats Vallès, Joan. Gaudi. Barcelona. Ed. R. M. 1958. Vorwort. (Übers. d. Hrsg.)

Quellen und Bibliografie

QUELLE ZUM VORWORT VON STEPHEN CRAFTI, TRETEN SIE EIN IN PHILIPP MOHRS LIEBEVOLLE RESTAURIERUNG EINER LE CORBUSIER-WOHNUNG IN BERLIN:
Crafti, Stephen: Step inside Philipp Mohr's loving restoration of a Le Corbusier apartment in Berlin in: wallpaper.com, 06.12.2018 (https://www.wallpaper.com/architecture/le-corbusier-apartment-renovation-philipp-mohr-berlin).

BIBLIOGRAFIE ZUM TEXT VON PHILIPP MOHR, CAFÉ CORBUSIER:
Le Corbusier, *Étude sur le mouvement d'art décoratif en Allemagne*. La Chaux-de Fonds: Haegeli et Cie, 1912.
Le Corbusier, *Après le cubisme*. Paris: Éditions de Commentaires, 1918.
Le Corbusier, *Vers une architecture*. Paris: Ed. Crès, 1923, Arthaud, 1977.
Le Corbusier und Amédée Ozenfant, *La peinture moderne*. Paris: Ed. Crès, 1925.
Le Corbusier, *L'art décoratif aujourd'hui*. Paris: Crès, 1925. Paris: Arthaud, 1980.
Le Corbusier, *Urbanisme*. Paris: Athaud, 1980.Le Corbusier, *Almanach d'architecture moderne*. Paris: Crès, 1926. Turin Bottega d'Erasmo, 1975.
Le Corbusier, *Architecture d'époque machiniste*. Turin: Bottega d'Erasmo, 1975.
Le Corbusier und Pierre Jeanneret, *Requête adressée à la Societé des Nations*. Paris: Imprimerie Union, 1928.
Le Corbusier, *Une Maison, un palais*. Paris: Crès, 1928. Turin: Bottega d'Erasmo, 1975. Le Corbusier, *Précisions sur un état présent de l'architecture et de l'urbanisnisme*. Paris: Crès, 1930.
Le Corbusier, Salubra, Farbenklaviaturen, Basel, 1931.
Le Corbusier, *Requête à Monsieur le Président du Conseil de la Société des Nations*. Paris: Imprimerie Union, 1931.
Le Corbusier, *Croisade ou le crépuscule des académies*. Paris: Crès, 1933.
Le Corbusier, *La Ville radieuse*. Paris: Éditions de l'Architecture d'aujourd'hui, 1935.
Le Corbusier, *Aircraft*. London New York: The Studio, 1935.
Le Corbusier, *Quand les cathédrales étaient hlanches: Voyage au pays des timides*. Paris: Plon, 1937. Paris Denoél-Gonthier, 1977.
Le Corbusier und Pierre Jeanneret, *Îlot insalubre n° 6*. Paris: Imprimerie Tournon, 1938.
Le Corbusier, *Destin de Paris*. Paris: F. Sorlot, 1941.
Le Corbusier, *Sur les quatre routes*. Paris: Gallimard, 1941.
Le Corbusier, *La Maison des hommes*. Paris: Plon, 1942/1954.
Le Corbusier, *La Charte d'Athènes*. Paris: Plon, 1943.
Le Corbusier, *Propos d'urbanisme*. Paris: Bourrelier, 1946.
Le Corbusier, *United Nations Headquarters*. New York: Reinhold Publishing Corp, 1947.
Le Corbusier, *New world of space*. New York: Reynal Hitchcock, 1948.
Le Corbusier, *Le Modulor*. Paris: Architecture d'Aujourdhui, 1950.
Le Corbusier, *Une petite maison*. Zürich: Éditions Ginberger, 1954. Éditions d'Architecture/Artémis, 1981.
Le Corbusier, *Le Modulor 2*. Paris: Architecture d'Aujourd'hui, 1955.
Le Corbusier, *Von der Poesie des Bauens*. Zürich: Peter Schifferli Verlag, 1957.
Le Corbusier, *Ronchamp*. Stuttgart: Verlag Gerd Hatje, 1957.
Le Corbusier, *L'urbanisme des trois établissements humains*. Paris: Éditions de Minuit, 1968.
Le Corbusier, *Collection Forces Vives. 2 Farben Klaviaturen*. Basel: La Maison Salubra, 1959.
Le Corbusier, *L'atelier de la recherche patiente*. Paris: Vincent, Fréal, 1960.
Le Corbusier, *Orsay Paris 1961*. Paris: Éditions Forces Vives, 1961.
Le Corbusier, *Textes et dessins pour Ronchamp*. Paris: Éditions Forces Vives, 1960.
Le Corbusier, *Le voyage d'Orient*. Paris: Éditions Forces Vives, 1966.

Le Corbusier, *Mise au point*. Paris: Éditions Forces Vives, 1966.
Le Corbusier und Pierre Jeanneret (Hg. v. Jean Badovici), *1er Serie. L'Architecture vivante*. Paris: Éditions Albert Morancé, 1927.
Le Corbusier und Pierre Jeanneret (Hg. v. Jean Badovici), *2e Serie. L'Architecture vivante*. Paris: Éditions Albert Morancé, 1928.
Le Corbusier und Pierre Jeanneret (Hg. v. Jean Badovici), *3e Serie. L'Architecture vivante*. Paris: Éditions Albert Morancé, 1929.
Le Corbusier und Pierre Jeanneret (Hg. v. Jean Badovici), *4e Serie. L'Architecture vivante*. Paris: Éditions Albert Morancé, 1931.
Le Corbusier und Pierre Jeanneret (Hg. v. Jean Badovici), *5e Serie. L'Architecture vivante*. Paris: Éditions Albert Morancé, 1932.
Le Corbusier und Pierre Jeanneret (Hg. v. Jean Badovici), *6e Serie. L'Architecture vivante*. Paris: Éditions Albert Morancé, 1933.
Le Corbusier und Pierre Jeanneret (Hg. v. Jean Badovici), *7e Serie. L'Architecture vivante*. Paris: Éditions Albert Morancé, 1936.
Le Corbusier (Hg. v. Jean Badovici), *Le Corbusier: Œuvre Plastique, L'Architecture vivante*. Paris: Editions Albert Morancé, Paris, 1939.
Le Corbusier und Pierre Jeanneret (Hg. v. Stonorov und W. Boesiger), *Ihr gesamtes Werk von 1910 bis 1929*. Zürich: Éditions Girsberger, 1935/1967 (9. Auf.).
Le Corbusier und Pierre Jeanneret (Hg. v. Willy Boesiger), Ihr gesamtes Werk von 1929-1934. Zürich: Éditions Girsberger, 1935-1967 (8. Aufl).
Le Corbusier, *Dessins Le Corbusier*. Paris, Genève: Editions Forces Vives, 1968.
Le Corbusier, Kinder der Strahlenden Stadt (Les maternelles vous parlent). Paris: Denol-Gonthier, 1968.
Le Corbusier (Hg. v. Willy Boesiger), *Le Corbusier 1938-1946*. Zürich: Éditions Girsberger, 1946/1971 (6. Aufl.).
Le Corbusier (Hg. v. Willy Boesiger), *Le Corbusier 1946-1952*. Zürich: Éditions Girsberger, 1946/1955 (2. Aufl.).
Le Corbusier (Hg. v. Willy Boesiger), *Le Corbusier 1952-1957*. Zürich: Éditions Girsberger, 1957/1970 (5. Aufl.).
Le Corbusier (Hg. v. Willy Boesiger), *Le Corbusier 1957-1965*. Zürich: Éditions Girsberger d'architecture, 1965/1966 (2. Aufl.).
Le Corbusier (Hg. v. Willy Boesiger und Hans Girsberger), *Le Corbusier 1910-1960*. Zürich: Éditions Girsberger, 1960.
Le Corbusier (Hg. v. Willy Boesiger), *Le Corbusier Les dernières Œuvres*. Zürich: Éditions d'Architecture, 1970.
Imai, Kenjy, *Le Corbusier*. Tokyo 1930.
De Pierrefeu, François, *Le Corbusier et Pierre Jeanneret*. Paris: Crès et Cie, Paris 1930.
Gauthier, Maximilien, *Le Corbusier ou l'Architecture au Service de l'Homme*. Paris: Editions Denoël, 1948.
Papadaki, Stamo (Hg.), *Le Corbusier Painter, Writer, Architect*. New York: The Macmillan Company, 1948.

Walker Art Center, *Le Corbusier*. Minneapolis, U.S.A., 1948.
Patrini, Gianni mit Banfi-Bertolotti, Julia, *Le Corbusier*. Mailand-Florenz: Electa Editrice, 1950.
Roth, Alfred, *Zwei Wohnhäuser von Le Corbusier und Pierre Jeanneret in Stuttgart*. Stuttgart: Verlag Wedekind, 1934.
Clair, Jacques, *Que propose Le Corbusier?*. Paris: Editions Jeunes, 1946.
Van de Erve, W. S, *Le Corbusier idealistisch architekt*. Utrecht: A. Osthoek, 1951.
Gatti, Alberto, *L'Abitazione nell'Architettura di Le Corbusier*. Rom: Palombi, 1953.
A critical Review of Le Corbusier. São Paulo: Museu de Arte, 1955.
Jardot, Maurice, *Dessins de Le Corbusier*. Paris: Éditions de Deux-Monde, 1955.
Petit, Jean, *Le Corbusier, Architecture du Bonheur*. Paris: Les Presses d'Île de France, Paris, 1955.
Henze, Anton, *Ronchamp*. Recklinghausen: Paulus Verlag, 1956.
Henze, Anton, *Le Corbusier*. Berlin: Colloquium Verlag, 1957.
Mueller-Reppen, *Le Corbusier Wohneinheit Typ Berlin*, Berlin-Grunewald: Verlag für Fachliteratur, 1958.
Petit, Jean, *Le Poème Électronique Le Corbusier*. Paris: Éditions de Minuit, Paris, 1958.
Sekler, Eduard F., *Form in Architecture*. Cambridge, Massachusetts: Graduate School of Design Harward University, 1960.
Choay, Françoise, *Le Corbusier*. Mailand: Il Saggiatore, 1960.
Le Corbusier, un couvent Dominicain. Paris: Éditions du Cerf, 1960.
Blake, Peter, *Le Corbusier Architecture and Form*. Mitcham, Victoria: Penguin Books, 1963.
Daria, Sophia, *Le Corbusier Sociologue de l'Urbanisme*. Paris: Éditions Pierre Seghers, 1964.
Rogers, Ernesto, *Le Corbusier tra noi, All'insegna del Pesce d'oro*. Mailand: Vanni Scheiwiller, 1966.
Petit, Jean, *Le Corbusier Parle*. Éditions Forces Vives, Paris, 1967.
Weber, Heidi, *Œeuvre Lithographique de Le Corbusier*. Zürich: Galerie Heidi Weber, Zürich, 1967.
Jencks, Charles, *Le Corbusier and the Tragic View of Architecture*. Harvard University Press, 1973.

McLeod, Mary, *Urbanism and Utopia: Le Corbusier from Regional Syndicalism to Vichy – PhD Thesis.* Columbia University, 1985.
Curtis, William JR, *Le Corbusier.* Oxford: Phaidon, 1986.
Benton, Tim, *The Villas of Le Corbusier 1920-1930.* Yale University Press, 1987.
Thames & Hudson Gans, Deborah, *The Le Corbusier Guide.* Princeton Architectural Press, 2000.
Bacon, Mardges, *Le Corbusier in America.* MIT Press, 2001.
Frampton, Kenneth, *Le Corbusier,* London: Thames & Hudson, 2001.
Brooks, H. Allen, *Le Corbusier's Formative Years.* University of Chicago Press, 1999.
Cohen, Jean-Louis, *Le Corbusier.* Taschen, 2004.
Cohen, Benton, Le Corbusier Le grand 1887-1965, Torino: Editorial: Phaidon, 2008.
Von Moos, Stanislaus, *Le Corbusier: Elements of a Synthesis.* 010 Publisher, 2009.
Weber, Nicholas Fox, *Le Corbusier: A Life.* Alfred A. Knopf, 2008.
Murray, Irena und Julian Osley (Hg.), *Le Corbusier and Britain.* Abingdon: Routledge, 2010.
Tzonis, Alexander, *Le Corbusier: The Poetics of Machine and Metaphor.* Thames & Hudson, 2001.
Perelman, Marc, Le Corbusier, *Une froide vision du monde,* Michalon: Paris, 2015.
De Jarcy, Xavier, Le Corbusier, *Un fascisme français,* Albin Michel: Paris, 2015.
Chaslin, François, Un Corbusier, Éditions du Seuil: Paris, 2015.
Cueco, Jorge Torres, Calatrava, Juan, *¿Cañones, municiones? ¡Gracias! Viviendas... por favor!,* Abada Editores, 2020.
Perelman, Marc; de Jarcy, Xavier, *Le Corbusier, zones d'ombre,* Éditions Non Standard: Paris, 2018.
Frick, Dieter, *Theorie des Städtebaus: Zur baulich-räumlichen Organisation.* Berlin: Wasmuth & Zohlen, 2011.

Quelle zu Berlin Text: Le Corbusier, Unités d'habitation de Grandeur Conforme.
Deutscher Originaltext, Paris, 11.04.57, FLC U3 07 176.

Quelle zum Text: Le Corbusier, Wohnhochhaus „Typ Berlin".
Pressemitteilung der Internationalen Bauausstellung, Berlin, 10.04.1957.